管·理·学·论·丛

湖北省社科基金项目
三峡大学学科建设项目
三峡大学科学基金项目
湖北省教育厅人文社科项目
供应链联盟的政府管制研究（2014073）
三峡地区电力企业社会责任评价体系与创新研究（KJ2011B047）
商业银行社会责任评价体系研究（KJ2013A002）
三峡地区电力企业社会责任评价体系与创新实践研究（13y024）

供应链联盟的政府管制研究

Study on Government Regulation about Supply Chain Alliance

薛才玲 黄岱 著

WUHAN UNIVERSITY PRESS
武汉大学出版社

图书在版编目(CIP)数据

供应链联盟的政府管制研究/薛才玲,黄岱著.—武汉:武汉大学出版
社,2017.1

管理学论丛

ISBN 978-7-307-18890-7

Ⅰ.供… Ⅱ.①薛… ②黄… Ⅲ.供应链管理—政府管制—研究
—中国 Ⅳ.F259.22

中国版本图书馆 CIP 数据核字(2016)第 280708 号

责任编辑:朱凌云 责任校对:李孟潇 版式设计:马 佳

出版发行:**武汉大学出版社** (430072 武昌 珞珈山)

(电子邮件:cbs22@whu.edu.cn 网址:www.wdp.com.cn)

印刷:虎彩印艺股份有限公司

开本:720×1000 1/16 印张:19.25 字数:278 千字 插页:1

版次:2017 年 1 月第 1 版 2017 年 1 月第 1 次印刷

ISBN 978-7-307-18890-7 定价:50.00 元

前　　言

　　随着以全球经济一体化、网络化、信息化为特征的新经济的到来，企业界和学术界都认识到仅靠优化内部资源是不够的，人们把目光投向了企业外部资源，走上了从竞争到竞争中合作的道路。供应链管理的思想在20世纪90年代诞生。以美国为代表的西方发达国家兴起了一种新的企业合作模式——供应链联盟，并被认为是未来企业组织形式发展演变的主流趋向。近年来，国际上许多著名大公司纷纷组建供应链联盟，如微软与英特尔的联盟，还有日本、韩国各大钢铁企业与澳大利亚、巴西、印度、加拿大等国寻求合作，又如思科、惠普等众多公司都是以供应链联盟作为自己重要的战略手段。他们通过实施灵活有效的供应链联盟，极大地提高了经营效率，降低了运营成本，从而巩固或确立了自己的领导地位。由此可见，顺应时代的发展要求，探索实施供应链联盟可以为企业带来意想不到的收益，供应链联盟早已成为企业界和学术界关注的新热点。

　　政府管制是由行政管制机构强制执行的置于市场中的一般规则或特殊行为，通过直接干预市场配置机制或间接改变消费者和厂商需求与供给数量而起作用。1953年，贝恩等人从市场结构—市场行为—市场绩效来分析一些特殊因素，如进入壁垒对企业的行为和资源配置效率的影响，形成了产业经济学的一套研究体系，这套体系对研究市场经济条件下供应链联盟的政府管制问题具有重要的指导意义。

20 世纪 80 年代后期以来，由于"纵向一体化"的弊端不断显现，现代商业组织发生了根本性的变化，企业内向配置的核心业务与外向配置的非核心业务紧密相联，形成一个供应关系网络，即供应（网）链。企业的运作与管理亦由传统的"控制导向"转为现代的"关系导向"，形成一种全新的组织形式——供应链联盟。

发展供应链联盟能使整个供应链的交易成本显著下降，实现利润的增加，是因为供应链联盟强调的是企业之间的密切合作、信息共享、风险共担、利益共获，同时因为有现代信息技术作为支持，使其在这些方面成为可能。因此，提高供应链联盟成员对不确定环境的认知能力，抑制成员之间的机会主义行为，减少交易主体因有限理性而产生的交易费用，能使得企业在当今激烈的竞争环境中获取竞争的优势。

但是，由于信息不对称，供应链联盟在构建和发展过程中，不可避免会存在逆向选择和道德风险问题。因此，笔者认为，对供应链联盟成员间的逆向选择和道德风险问题进行适当的政府管制是必要的。本书正是围绕这一理论观点展开分析论述的。

第一章为绪论部分，对本书的研究基本状况作大致介绍。第二、三章是关于政府管制的理论部分。第二章以时间为线索对政府管制理论的发展进行综述。本章认为政府管制理论经过"初步形成阶段"（哈佛学派）、"进一步发展阶段"（芝加哥学派和新奥地利学派）和"新发展阶段"（新 SCP 范式的政府管制理论、后 SCP 流派的政府管制理论），随着可竞争市场理论、博弈论和交易费用理论等新理论、新方法的引入，彻底改变了只从技术角度考察企业和只从垄断竞争角度考察市场的传统观念，开始深入到企业内部，从企业（公司）内部产权结构和组织结构的变化来分析企业行为的变异及其对市场运作绩效的影响，为企业市场行为的政府管制研究提供了全新的理论视角。

第三章主要分析信息不对称的政府管制。在本章中分析信息不对称会造成市场失败，这种市场失败主要表现在逆向选择行为和道德风险行为上。虽然市场机制对信息不对称造成的市场失败有自动缓解作用，但是这种自动缓解的作用是有限的。因此，作者认为政府管制在解决信息不对称造成的市场失败上相对于市场机制具有以下优势：更能节约交易成本、能使信息披露更加真实、减少信息成本和使市场交易更易达成等。在本章的最后部分，还简要阐述了政府管制失效的主要原因和防范对策。

第四、五章是关于供应链联盟的理论分析部分。第四章分析供应链联盟对信息不对称造成的市场失败的缓解作用。在这章中，主要介绍供应链与供应链联盟的联系和区别，指出供应链联盟是在竞争、合作的市场环境下，由供应链上一些相互独立的实体为实现某种共同的市场目标（如缩短提前期、快速响应市场机遇）而结成的联盟，每个伙伴企业在各自的优势领域（如设计、制造或分销等）为联盟贡献自己的核心能力，相互联合起来实现优势互补、风险共担和利益共享的一种新型的准市场组织形式。

在深入分析供应链联盟的产生原因、类型、特征、运行模式及优势的基础上，阐述供应链联盟对信息不对称造成的市场失败的缓解作用及这种缓解作用的有限性。

第五章是承上启下的一章。它既是对前四章的总结，又为后五章奠定基本分析框架。第五章从供应链联盟的风险模型入手，分析供应链联盟的信息不对称风险的主要表现，指出"逆向选择"和"道德风险"是供应链联盟信息不对称风险的两大表现形式。

本章认为对供应链联盟的逆向选择［信息传递、信息甄别（搜寻）以及信息中介的信息搜寻专业化机制］和道德风险（有效的市场竞争、供应链联盟成员间利益协调激励机制）的市场具有自动缓解机制，但是其局限性也是显而易见的，主要原因为：信息传递过程中存在信息扭曲的现象，信息甄别也无法保证信息的完全真实性，牛鞭效应的存在，联盟内部协调激励机制不完善，等等。

因此，作者认为在供应链联盟的构建和管理中，理论依据应该是由交易成本、产权制度及合约完善和保障所构成的三维标准。也就是说，交易成本的高低、企业产权是否明晰、合约选择的理性化及合约的制度保障是构建供应链联盟的经济性前提，这就要求政府和企业必须进行深层次的制度创新，政府必须对供应链联盟成员间的信息不对称风险进行政府管制。

　　第六章至第九章是在第五章基础上展开的延伸论述部分，也是本书的主干部分。第六章主要分析供应链联盟成员间的逆向选择问题，指出合理的信号传递、信息甄别机制是供应链联盟成功的基础。本章在借鉴信息经济学中信息传递和信息甄别模型的基础上，深入细致地分析了信息传递失灵和信息甄别失准的主要原因，提出了供应链联盟成员间的核心企业选择合适合作伙伴的主要条件、基本步骤。

　　第七章详细论述供应链联盟成员间逆向选择的政府管制。这些主要措施有：政府强制性赋予信息优势者（潜在合作企业）说明的义务；政府或其他机构直接向信息劣势者（核心企业）提供信息；政府对虚假信息的直接禁止、直接提供正确信息和建立识假机制；政府引导建立企业信用制度；对信息中介的政府管制；对联盟核心企业滥用市场优势地位的市场行为进行政府管制。

　　第八章详尽阐述供应链联盟成员间的道德风险问题，指出强化联盟内部的激励机制是供应链联盟成功的核心。本章以委托代理理论为出发点，指出供应链联盟成员间不但存在单边的委托代理关系，还存在诸多复杂的双边甚至多边的委托代理关系，因此在联盟内部形成有效的激励机制是联盟成功的关键。循着这一理论思路，作者进一步认为联盟防范道德风险的激励机制的主要内容就在于，如何实现联盟成员间的参与约束和激励相容约束。

　　在第八章的最后一节，还就联盟内部的激励机制实施的基本条件、内容及局限性进行了分析，指出虽然信息共享的激励机制、利益协调的激励机制和相互信任的激励机制是激励机制由低到高的三个不同阶段，但是由于联盟成员间的侵占行为、垄断问题和关系租金的存在，联盟内部利益分配矛盾是不可调和的。政府管制是防范供应链联盟成员间道德风险行为的必然选择。

　　第九章全面研究供应链联盟成员间道德风险的政府管制。主要包括对联盟内部关系租金的政府管制和对联盟内部垄断问题、成员侵占行为的政府管制两个方面。

　　对关系租金的政府管制主要有以下几个方面的措施：一是制定供应链联盟发展计划。政府虽不直接干预联盟的组建，但可以通过发展计划，宏观间接引导联盟的发展，发挥政府在制度环境变迁中的主导作用。二是加强技术信息网建设。联盟是不同经济主体之间的行为，信息交流是建立联盟的必要条件。三是发展企业技术联盟的法律保障。发展联盟同样离不开法律，即只有建立和完善相应的联盟法，才能使企业联盟成立和发展得到法律保障。四是为联盟构建良好的社会环境。建立良好的社会环境，完善相应的法律制度，建立中介服务机构，为建立联盟提供咨询服务。五是引导社会信用制度的建立。守信可以大大节约联盟内部各成员企业的交易成本，从而提高经济运行的效率。

对联盟内部成员侵占行为的政府管制主要有以下几个方面的措施：对超高定价的政府管制、对价格歧视的政府管制和对搭售的政府管制。

第十章是对与供应链联盟有关的政府管制失效的简要分析。在本章的最后，对完善我国与供应链联盟有关的政府管制提出了原则性的政策建议。

目　　录

第一章 绪 论

▶ 第一节 研究问题的提出

一、研究背景

20 世纪 80 年代后期以来，国际上许多企业基于传统的"纵向一体化"管理模式之弊端日益突出，开始实施"横向一体化"的管理理念，即利用企业外部资源快速响应市场需求，强调根据企业自身的特点专业从事某一专门领域、某一专门业务，在某一点上形成自己的核心竞争力，而将其他非核心(并非不重要)的业务外包给其他企业。与传统"纵向一体化"管理模式相比，实行业务外包的企业更强调将企业资源集中于那些使其真正区别于竞争对手的知识和技能上，从而有效提高了企业自身的运作和管理水准。

在这种情况下，其结果是现代商业组织发生了根本性的变化，企业内向配置的核心业务与外向配置的非核心业务紧密相联，形成一个供应关系网络，即供应(网)链。企业的运作与管理亦由传统的"控制导向"转为现代的"关系导向"，形成一种全新的组织形式——供应链联盟①。

发展供应链联盟能使整个供应链的交易成本显著下降，实现利润的增加，因为供应链联盟强调的是企业之间的密切合作、信息共享、风险共担、利益共获，同时因为有现代信息技术作为支持，使其在这些方面成为可能。因此，不论是从交易主体行为还是从交易的全过程看，都有望使其交易成本控制在最低的限度。以交易主体行为为例，由于供应链联盟强调其成员之间的相互合作、相互信任，因此可以提高供应链联盟成员对不确定环境的认知能力，抑制成员之间的机会主义行为，减少交易主体因有限理性而产生的交易费用，使得企业在当今激烈的竞争环境中获取竞争的优势。

一般认为，构建一个成功的供应链联盟有两大关键环节：首先是市场优势企业选择合适的合作企业；其次是在选定了合作伙伴之后，供应链联盟如何在核心企业的主导下协调好各成员企业间的利益关系，这其中包括联盟内部激励机制、监督机制等。

但是，由于信息不对称②的原因，供应链联盟在构建过程中，即在市场优势企业在选择合适的合作企业的过程中，不可避免会存在对合作企业的逆向选择问题。现代信息经济学的研究表明，市场机制对逆向选择问题有自动的缓解作用。供应链联盟在构建过程中，市场优势企业对合作企业的选择存在这种市场缓解作用。但是，由于种种原因，诸如信号传递失真、信息甄别失准等，市场机制无法完全克服联盟合作企业的逆向选择。因此，作者认为，对供

---

① 当前在学术界关于供应链联盟还没有统一的定义。但是一般认为：供应链联盟是指供应链中各自为政的实体，为满足最终消费者的需求和使供应链整体优化，通过各种协议、契约，对其自身、各关系方以及相互之间的关系，按照供应链的总目标，进行多方位的整合，从而结成优势互补、资源利益共享、风险共担、期限较长的松散型网络组织。

② 信息不对称理论是指市场中交易的一方比另一方拥有更多的信息。也就是说，市场交易中的双方拥有的信息量不相等。按不对称信息发生的时间，在事前发生的信息不对称会引起逆向选择问题，而事后发生的信息不对称会引起道德风险问题。在不对称信息情况下，逆向选择和道德风险是随时可能发生的，西方信息经济学认为，减免的办法就是建立起激励机制和信号传递机制。

应链联盟成员间的逆向选择问题进行适当的政府管制是必要的。

同样也是因为信息不对称的存在，在供应链联盟形成以后，由于各盟员是各自相对独立的经济利益实体，相互之间是一种竞争与合作并存的关系，它们之间存在多委托代理关系，① 相互签订的是不完全的合作契约，不可避免会存在道德风险问题。现代信息经济学的研究表明，市场机制对道德风险问题有自动的缓解作用。在供应链联盟各盟员间的竞争合作过程中，市场机制可以通过完善联盟内部激励机制、产生关系租金等机制对联盟内部的道德风险进行自动的化解。但是，由于各盟员间对联盟产生的垄断利润分配存在不可调和的矛盾，市场机制对联盟内部的道德风险也是无法完全克服的。同样，笔者也认为，对供应链联盟成员间的道德风险问题进行适当的政府管制是必要的。

供应链联盟成员间信息不对称、逆向选择、道德风险之间的关系可参见图 1-1。

另外，由于在供应链联盟形成之后，联盟的核心企业可能会利用自己的市场优势地位，或滥用自己在联盟中的某些特权对其他盟员进行利益侵占，这就涉及一个"限制市场竞争行为"②的政府管制问题。

在本书中将一并对供应链联盟中"信息不对称"的政府管制和"限制市场竞争行为"的政府管制进行分析。

---

① 参见于立宏，管锡展. 多委托人激励理论：一个综述[J]. 产业经济研究，2005(3).

② "限制市场竞争行为"分为横向限制市场竞争行为和纵向限制市场竞争行为。横向限制市场竞争行为又称价格卡特尔，是指两个或两个以上因生产或销售同一类型产品或提供同一类服务而处于相互直接竞争中的企业，通过共谋而实施的限制竞争行为。本书中的"限制市场竞争行为"主要是指纵向限制市场竞争行为。所谓纵向限制市场竞争行为又称垂直限制竞争行为，是指两个或两个以上在同一产业中处于不同环节或层次而有交易关系的企业，如制造与销售商、批发商与零售商，通过合同或其他形式实施的限制竞争行为。比较常见的纵向限制竞争行为主要有：维持转售价格、搭售、独家销售协议、选择性交易、知识产权方面的协议。

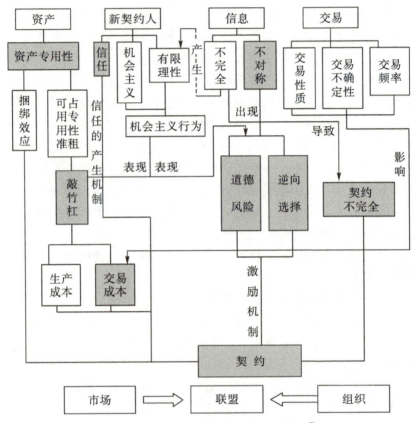

图 1-1 供应链联盟成员间关系示意图①

二、研究现状及趋势

1. 国内外对供应链联盟问题的研究现状及趋势

国外学者对供应链联盟问题的研究始于对供应链的研究。供应链的概念起源于波特（Potter）在 1980 年出版的《竞争优势》一书中

① 本图是作者根据本书的主要内容及现代市场理论的相关知识综合绘制而成的。

的"价值链"。最初的供应链方面的论文是1983年和1984年发表在《哈佛商业评论》上的两篇文章。其后，供应链的概念、基本思想和相关理论在美国迅速发展。到20世纪90年代初，关于供应链的文献大量出现，与供应链相关的学术组织开始涌现。

但到目前为止，关于供应链的定义尚未达成统一。传统供应链通常是指核心企业通过对物流、信息流、资金流的控制，将"众多"供应商、制造商、分销商、零售商、最终用户连成一个链状结构。Ganeshan 和 Hardson 将供应链定义为"供应链是一个获取原材料，并将其转化为成品和半成品，再将产品送到客户手中的设施和分销渠道组成的网络"。尽管供应链的复杂性随着行业、企业的不同而不同，但供应链在服务和制造企业均普遍存在。而 Jayashankar 等人将供应链定义为"由一些自动或半自动化的经济实体为共同完成某一种或多种产品的采购、制造和分销而组成的网络"。Haul Lee（1992，1995）、Stevens（1993）、Evens（1994）、Harrison（1996）、Phillip（1996）、Wendell（1995）等都对供应链提出了许多定义，但各自的侧重点不同，涉及的范围也不同，所以没有形成统一的定义，但普遍都强调了供应链的增值作用。

在国内关于供应链的定义中，马士华认为供应链是通过前馈的信息流（需方向供方流动，如订货合同、加工单、采购单等）和反馈的物料流及信息流（供方向需方的物料流及伴随的供给信息流，如提货单、入库单、完工报告等），经过供应商、制造商、分销商、零售商直到最终用户形成的一个整体模式。① 陈国权认为供应链是指通过整个供应商、制造商、分销商、零售商系统将顾客所需的产品能够在正确的时间，按照正确的数量、正确的质量、正确的状态，送到正确的地点并使总成本最小。②

综上所述，笔者认为：供应链是指围绕核心企业，通过对信息流、物流、资金流的控制，将产品生产和流通中涉及的原材料供应

5

---

① 参见马士华，林勇，陈志祥. 供应链管理[M]. 北京：机械工业出版社，2000：34-36.

② 参见陈国权. 供应链管理. 中国软科学，1999(10)：101-104.

商、制造商、分销商、零售商以及最终用户连成一体的功能网链结构。

供应链联盟是一个和供应链有差别的概念。供应链是一个管理学的概念，而供应链联盟则是一个经济学的概念。从文献所反映的状况来看，它正在逐步取代企业集团和战略联盟的位置，被视为未来企业组织形式发展演变的主流趋向。有相当一部分世界知名的大企业，如 IBM、思科、戴尔、沃尔玛、丰田、尼桑和耐克等公司，通过构建灵活和有效的供应链联盟，极大地提高了经营效率，巩固或确立了自己的领导地位。

虽然在各种文献中还没有关于供应链联盟的统一定义，但我们一般认为：供应链联盟是在竞争、合作的市场环境下，由供应链上一些相互独立的实体为实现某种共同的市场目标（如缩短提前期、快速响应市场机遇）而结成的联盟，每个伙伴企业在各自的优势领域（如设计、制造或分销等）为联盟贡献自己的核心能力，相互联合起来实现优势互补、风险共担和利益共享。

目前国内学者的研究是以供应链联盟成员的行为为基点，实际上研究了每一个供应链中的单个企业作为一个独立的行为主体问题，即在供应链联盟中单个企业既是一般意义上的行为主体，又是供应链联盟的一个成员。在研究供应链联盟的运行机制时，强调集体理性和效率、公正、公平，促使参与供应链的企业在组织和经营管理行为上进行转型与创新，在付诸实施的过程中，不仅要求整体战略及其理念的重整与变革，同时也需要足够的内外部资源作支撑。

因此，目前在我国经济学界关于供应链联盟的研究，还主要集中在对供应链联盟的概念定义、形成原因、类型、特征的研究上，对供应链联盟形成后所产生的优势还涉及较少；对供应链联盟的研究主要集中在联盟形成后的积极作用，而对供应链联盟形成后造成更深层次的市场失败缺乏研究；对供应链联盟的政府管制更是没有进行研究。

2. 国内外对信息不对称问题的研究现状及趋势

国外学者对信息不对称问题的研究始于斯蒂格勒（Stigler）1961

年发表的题为《信息经济学》的论文。斯蒂格勒在《信息经济学》一文中，批判了传统经济学的完全信息假定理论，提出了信息搜寻的概念。斯蒂格勒认为，经济行为主体掌握的初始经济信息是有限的，是不完全信息，这就决定了经济主体的经济行为具有极大的不确定性。经济主体要做出最优决策，必须对相关信息进行搜寻，而信息搜寻是需要成本的。

继斯蒂格勒之后，著名经济学家 K. 阿罗（K. Arrow）对不确定性条件下的经济行为进行了开拓性研究。他认为，不确定性具有经济成本，所以，可以把信息作为一种经济物品来加以分析。M. 勒姆特（M. Nermuth）对不完全信息进行了精确的数学描述，用"信息结构"一词来描述经济决策利用信息的复杂分布及其与决策的对应关系，等等。搜寻理论后来经过萨洛普（Sulop）、戴维德（Dawid）和马肯南（Mckenna）等人的研究得到系统的发展，成为微观信息经济学基础理论之一。詹姆斯·莫里斯（James A. Mirrlees）和威廉·维克瑞（William Vickrey）提出不对称信息理论，他们分别在 20 世纪 60 年代和 70 年代，揭示了不对称信息对交易所带来的影响，并提出了相应对策。此后三十多年来，不对称信息理论在经济活动中的作用越来越大，众多著名经济学家在不完全信息经济分析领域的创造性成果，诸如不完全信息条件下的决策、对策理论、非对称信息概念以及价格分散理论等，使得不完全信息条件下的经济分析成为一个独具特色的、有巨大影响的经济学领域。国内学者从 20 世纪 70 年代起不断吸收信息经济学的有关理论，用来分析我国的现实问题。首先，信息经济学的分析方法，为我们研究现实经济社会问题开拓了新的视野。如信息经济学中的委托—代理理论，对我国国有企业建立现代企业制度的改革具有借鉴意义。其次，信息经济学中的信息不对称理论，对市场主体的经济决策和加强政府宏观经济调控，正确处理好企业与市场、政府与市场的关系提供了理论支持。信息不对称带来的逆向选择和道德风险理论，无论对生产者还是消费者，都有助于其做出各自相应的选择与对策。但是，运用信息不完全理论研究供应链联盟的政府管制问题在我国几乎还是一片空白。

3. 国内外对政府管制问题的研究现状及趋势

政府管制是由行政管制机构强制执行的置于市场中的一般规则或特殊行为，通过直接干预市场配置机制或间接改变消费者和厂商需求与供给数量而起作用。1989 年史普博（Spulber）把管制分为三种类型，一为纠正进入壁垒所导致的不完全竞争的政府管制；二为减少具有外部性交易中对第三方产生的成本的政府管制；三为内部性引起的，诸如 2000 年余晖提出提高产品质量、增加工作场所安全或者完善合同条款程度的政府管制。第一类明显与市场结构即企业间的垄断和竞争关系有关（如自然垄断、违规行为）；第二类主要与企业对特定社会群体造成的外部不经济有关（如环境污染、公共资源的耗竭）；第三类则主要与企业和消费者之间因信息不对称而引起的内部不经济有关（如产品质量、作业场所的卫生和安全）。本书着重运用的是第三种类型的政府管制理论。

（1）国外对政府管制问题的研究现状及趋势。

经典西方经济学认为，政府管制根植于市场，市场失灵是政府管制存在的理由，市场失灵的范围也是政府管制的范围。

20 世纪 30 年代初，张伯伦与琼·罗宾逊对不完全竞争理论的深刻剖析，使人们认识到市场竞争的固有缺陷要通过政府管制来纠正。哈佛学派认为结构、行为、绩效之间存在着因果关系，即市场结构决定企业行为，企业行为决定市场运行的经济绩效，为了获得理想的市场绩效，最重要的是通过公共政策来调整不合理的市场结构。以斯蒂格勒、德姆塞茨、波斯纳等人为代表的芝加哥学派在对哈佛学派的批判过程中崛起。芝加哥学派继承了奈特以来芝加哥大学传统的经济自由主义思想和社会达尔文主义，提出了完全可竞争市场和沉没成本等概念，主张政府管制的着眼点在于要尽可能地降低企业竞争的沉没成本，而不在于市场结构。

新奥地利学派以奈特式的不确定性概念，从不完全信息出发，把竞争性的市场过程理解为分散的知识、信息的发现和利用过程。新奥地利学派反对政府管制，认为政府的信息也是不完全的，新奥学派认为，只要确保自由的进入机会，就能形成充分的竞争压力，因此最有效的促进竞争的政策首先应该是废除那些过时的规制政策和不必要的行政垄断，实行自由放任政策。

20世纪70年代以来，可竞争市场理论和博弈论等新理论、新方法的引入，大大推动了政府管制理论的新发展，发展成为"新SCP范式政府管制理论"，其特点可以归纳为三个主要方面：从重视市场结构的研究转向重视市场行为的研究，即由"结构主义"转向"行为主义"；突破了传统产业组织理论单向的、静态的研究框架，建立了双向的、动态的研究框架；博弈论的引入。

20世纪后半期，各种高新技术的膨胀性发展，特别是信息技术的进步，使得信息不对称成为经济活动的常态。这种变化，加强了社会对政府管制的反思，人们对政府管制不断地提出这样的问题：什么样的政府管制是社会所需要的？

政府管制理论的最新发展趋势是正在不断发展的"后SCP流派政府管制理论"，其代表人物有科斯、诺斯、威廉姆森、阿尔钦等人。该学派组织理论的主要特点在于引入交易费用理论，彻底改变了只从技术角度考察企业和只从垄断竞争角度考察市场的传统观念，认为信息不对称的存在使得有些市场参与者比另一些参与人拥有更多的信息，由于信息不对称在市场交易发生的前后分别可能引发"逆向选择"和"道德风险"，致使市场交易费用太高，市场机制运行的结果缺乏效率，甚至有可能造成市场失败。政府管制可以在一些方面对此进行有益的补充。其核心思想就是通过建立合理、有效的制度，来降低交易费用，激励经济主体从事生产性活动，通过对企业行为的研究来考察市场和政府管制的作用。

（2）国内对政府管制问题的研究现状及趋势。

我国目前对政府管制的研究还处于初级阶段。国内政府管制的研究一般集中在具有"网络行业"和"基础设施行业"垄断性行业的政府管制上。这些行业用西方的管制理论分析比较有针对性。对国内的由于信息不对称造成的政府管制，如何管制的研究，只是有所涉及。国内学者中对政府管制问题研究较深入的是中国社会科学院

9

工业经济研究所的余晖，中国社会科学院经济研究所的张昕竹和杭州商学院的王俊豪教授。余晖的主要成果有 1998 年《改革》第 3 期发表的论文《中国的政府管制制度》和福建人民出版社出版的专著《政府与企业：从宏观管理到微观管制》及《受管制市场中的政企同盟》等。余晖在按照市场失败的特征给政府管制分类时，认为一部分经济性管制涉及信息不对称问题，可能影响投资者财产安全的行业，像金融、证券、保险、流通产业等行业属于政府管制，并认为把这一系列潜在的危险和失真压到最低限度，政府也要进行准入和信息披露方面的管制；他还认为属于社会性管制的内在不经济的那部分，即市场交易双方在交易过程中，一方控制信息但不向另一方完全公开，由此造成的非合约成本由信息不足方承担，比如说假劣药品的制售、隐瞒工作场所的安全卫生隐患、医院看病开"大处方"等。所以，政府也要进行准入、标准以及信息披露方面的管制。

张昕竹的成果主要是他本人与其他人的论文集《中国规制与竞争：理论和政策》，王俊豪的主要成果是《英国政府管制体制改革研究》《中国政府管制体制改革研究》《政府管制经济学导论》等专著。还有其他一些研究成果，如 1998 年出版吕福新著的《中国经济过渡的典型分析：特殊商品的市场化和政府规制》，2001 年出版的陈富良、万卫红专著《企业行为与政府规制》。武汉大学经济学系曾国安教授发表于《经济评论》杂志 2004 年第 1 期的《管制、政府管制与经济管制》一文在对管制类型的分类中把信息不对称引起的政府管制列为按市场缺陷类型对经济管制进行的一种类型。另外，还有大量论文出现在各种学术刊物上。

三、研究的方法

科学的理论研究须运用科学的研究方法才有可能取得有效的进展。为了尝试从市场与政府的关系，即政府管制这一新的角度来考察供应链联盟成功的规律，本书主要采用的研究方法具体如下：

1. 综合分析法

本书综合运用了马克思主义政治经济学理论、市场经济理论、产业组织理论、规制经济学、信息不对称理论和交易费用经济学理论等多学科的理论知识，以供应链联盟为分析对象，以信息不对称的政府管制问题为主线，深入研究供应链联盟成员间的逆向选择行为和道德风险行为的政府管制问题，并在此基础上提出了与供应链联盟有关的政府管制失效问题。

2. 规范分析与实证分析相结合

本书主要采取的是规范分析方法，并辅之以实证分析方法。根据研究主旨的需要，本书借鉴和运用了信息经济学中信息不对称理论的概念、模型和研究框架，对供应链联盟的政府管制问题进行了规范分析。同时，在规范分析的大框架下，对供应链联盟成功的两大核心环节——合适合作伙伴的选择和联盟内部各成员间的利益协调、激励机制问题分别进行了实证分析。这样的分析使本书的内容显得紧凑而全面。

3. 逻辑的分析方法与历史分析方法相结合。

本书主要运用逻辑分析方法，并辅之以历史分析方法。

文章的逻辑严密。在本书的开始部分将运用历史分析的方法分析政府管制理论的发展演变规律。在对该理论演变规律的叙述中，引出信息不对称的政府管制问题。随后文章转入到供应链联盟的概念介绍、形成原因、主要优势、生命周期等问题的分析上来。在上述分析中本书认为：供应链联盟成功的两大关键环节是，核心企业对合作企业的选择和联盟成立之后各盟员之间的利益协调机制及激励机制的完善。

在前述分析的基础上，笔者进一步认为在供应链联盟成功的两大关键环节中，由于信息不对称的原因，前一环节存在联盟成员间的逆向选择问题，后一环节存在联盟成员间的道德风险问题。

随后，文章分别对供应链联盟成员间的逆向选择、道德风险的政府管制问题进行深入的展开论述。

在本书的最后还分析了与供应链联盟有关的政府管制失效问题。

▶ 第二节　研究的内容和理论意义

一、本书内容和结构

本书的研究目标是要建立起以信息不对称为线索的供应链联盟政府管制的理论框架。

（一）本书内容

1. 对政府管制的简要综述

在这一部分的研究中，将对政府管制理论的发展研究进行综述并简要分析该理论对我国的借鉴作用。主要包括以下内容：不同流派对如何进行政府管制的不同观点；各种流派主张政府管制的主要内容综述；政府管制理论对我国的借鉴作用等。

2. 对信息不对称和政府管制的关系的研究

本书认为信息不对称是造成政府管制的主要原因。在这一部分，分析信息不对称产生的逆向选择和道德风险会导致市场失败的基本机理。

本书认为，市场机制虽然对信息不对称造成的市场失败有自动缓解作用，但由于信息披露可能不真实、信息收集具有成本，在激励合同执行过程中委托人同样也存在着道德风险、不完全合同执行的法律成本可能很高、完全合同制订的成本可能很高等原因，市场机制对市场失败的自动缓解作用效果是有限的。

本书进一步认为政府管制对信息不对称造成的市场失败有矫正优势，原因主要有：政府管制更能节约交易成本、适当的管制能使信息披露更加真实、进入管制可以减少信息成本、产品质量标准管制能使市场交易更易达成。

3. 从逆向选择和道德风险两个方面来分析供应链联盟政府管

制问题

在这一部分主要阐述供应链联盟的逆向选择的具体表现和对其进行政府管制的主要内容，供应链联盟的道德风险的具体表现和对其进行政府管制的主要内容。

4. 对供应链联盟的政府管制失效问题的简要分析

在分析供应链联盟的管制失效时将着重从契约经济学的角度分析政府管制失效问题。

（二）本书结构

本书的主体内容共分为十章。

第一章是对书的整体介绍。

第二、三章是关于政府管制的理论部分。

第二章以时间为线索对政府管制理论的发展进行综述。本章认为政府管制理论经过"初步形成阶段"（哈佛学派）、"进一步发展阶段"（芝加哥学派和新奥地利学派）和"新发展阶段"（新 SCP 范式的政府管制理论、后 SCP 流派的政府管制理论），随着可竞争市场理论、博弈论和交易费用理论等新理论、新方法的引入，彻底改变了只从技术角度考察企业和只从垄断竞争角度考察市场的传统观念，开始深入到企业内部，从企业（公司）内部产权结构和组织结构的变化来分析企业行为的变异及其对市场运作绩效的影响，为企业市场行为的政府管制研究提供了全新的理论视角。

第三章主要分析信息不对称的政府管制。在本章中分析信息不对称会造成市场失败，这种市场失败主要表现在逆向选择行为和道德风险行为上。虽然市场机制对信息不对称造成的市场失败有自动缓解作用，但是这种自动缓解的作用是有限的。因此，作者认为政府管制在解决信息不对称造成的市场失败上相对于市场机制具有优势：更能节约交易成本、能使信息披露更加真实、减少信息成本和使市场交易更易达成等。

在本章的最后部分，还简要阐述了政府管制失效的主要原因和防范对策。

第四、五章是关于供应链联盟的理论分析部分。

第四章分析供应链联盟对信息不对称造成的市场失败的缓解作用。在这章中，主要介绍供应链与供应链联盟的联系和区别，指出供应链联盟是在竞争、合作的市场环境下，由供应链上一些相互独立的实体为实现某种共同的市场目标（如缩短提前期、快速响应市场机遇）而结成的联盟，每个伙伴企业在各自的优势领域（如设计、制造或分销等）为联盟贡献自己的核心能力，相互联合起来实现优势互补、风险共担和利益共享的一种新型的准市场组织形式。

在深入分析供应链联盟的产生原因、类型、特征、运行模式及优势的基础上，阐述了供应链联盟对信息不对称造成的市场失败的缓解作用及这种缓解作用的有限性。

第五章是承上启下的一章。它既是对前四章的总结，又为后五章奠定基本分析框架。第五章从供应链联盟的风险模型入手，分析供应链联盟的信息不对称风险的主要表现，指出"逆向选择"和"道德风险"是供应链联盟信息不对称风险的两大表现形式。

本章认为对供应链联盟的逆向选择［信息传递、信息甄别（搜寻）以及信息中介的信息搜寻专业化机制］和道德风险（有效的市场竞争、供应链联盟成员间利益协调激励机制）的市场具有自动缓解机制，但是其局限性也是显而易见的，主要原因为：信息传递过程中存在信息扭曲的现象、信息甄别也无法保证信息的完全真实性、牛鞭效应的存在、联盟内部协调激励机制不完善等。

因此，作者认为在供应链联盟的构建和管理中，理论依据应该是由交易成本、产权制度及合约完善和保障所构成的三维标准。也就是说，交易成本的高低、企业产权是否明晰、合约选择的理性化及合约的制度保障是构建供应链联盟的经济性前提，这就要求政府和企业必须进行深层次的制度创新，政府必须对供应链联盟成员间的信息不对称风险进行政府管制。

第六章至第九章是在第五章基础上展开的延伸论述部分，也是主干部分。

第六章深入分析供应链联盟成员间的逆向选择问题，指出信号传递、信息甄别机制是供应链联盟成功的基础。

第七章详细论述供应链联盟成员间逆向选择的政府管制。这些主要措施有：政府强制性赋予信息优势者(潜在合作企业)说明的义务；政府或其他机构直接向信息劣势者(核心企业)提供信息；政府对虚假信息的直接禁止、直接提供正确信息和建立识假机制；政府引导建立企业信用制度；对信息中介的政府管制；对联盟核心企业滥用市场优势地位的市场行为进行政府管制。

第八章详尽阐述供应链联盟成员间的道德风险问题，指出强化联盟内部的激励机制是供应链联盟成功的核心。

第九章全面研究供应链联盟成员间道德风险的政府管制。这些措施主要有：供应链联盟内部关系租金的政府管制、供应链联盟成员间侵占行为的政府管制。

第十章是对与供应链联盟有关的政府管制失效的简要分析。本章对完善我国与供应链联盟有关的政府管制提出了原则性的政策建议。

二、理论创新之处

本书把供应链联盟作为研究对象，从信息不对称理论的相关模型出发，对供应链联盟成员间的信息不对称的政府管制问题展开论述。通过这一新的分析角度，研究以往供应链联盟、政府管制研究较少涉足的新内容。因此，笔者认为本书的理论创新之处，主要表现在以下几点：

1. 从政府管制的角度来分析供应链联盟问题

当前国内外经济学界和管理学界对供应链联盟的研究主要是对供应链联盟的经营策略研究(主要研究供应链管理的具体运作，如准时采购、快速响应、有效客户响应、IT 应用、延迟技术等)、供应链联盟体系结构设计(链状模型和网状模型)、库存管理、信息支持技术、合作伙伴选择、绩效评价体系、敏捷供应链等问题的研究。本书从政府管制的角度来分析供应链联盟，正是抓住了供应链联盟作为一种介于市场与企业之间的准市场组织形式的本质特性，进一步拓展了市场与政府关系、市场失灵与政府管制关系的相关理论的运用范围，对供应链联盟形成后的市场失败的原因及政府管制基本措施进行了深入研究。

2. 以供应链联盟为研究对象分析了信息不对称问题的政府管制

当前国内的经济学界在研究政府管制问题时主要是借鉴国外在政府管制自然垄断行业和公用事业方面已有较成熟的论述，分析我国带有自然垄断性质行业的政府管制问题。但是，对于政府对我国经济转型期企业行为的管制问题，特别是企业之间信息不对称问题，国内外都鲜有涉猎。

因而，研究政府对供应链联盟各盟员之间由于信息不对称造成的市场失败的管制问题，对规范我国政府行为和市场秩序，无论在实践中还是在理论上都有很有意义。

上述研究方法、分析角度的创新还体现在本书中的基本理论观点上。本书认为：

(1)市场机制对信息不对称("逆向选择""道德风险")造成的市场失败有一定程度的自动缓解作用。

(2)对信息不对称的政府管制相对市场机制自动缓解有其优势，但是完全用政府管制办法替代市场方式去解决信息不对称的问题，这可以说几乎是不可能的。

(3)供应链联盟成功的两大核心环节为：合作企业的选择和联盟内部利益的协调与激励。

(4)关系租金的存在和垄断利润的分配不均是供应链联盟内部各成员利益不可调和的主要原因。

(5)企业间签订的契约通常是不完全的。

第二章 政府管制理论的发展研究综述及对我国的借鉴作用

▶ 第一节 政府管制理论的产生与发展

政府管制是由行政管制机构强制执行的置于市场中的一般规则或特殊行为，通过直接干预市场配置机制或间接改变消费者和厂商需求与供给数量而起作用。政府管制理论是到 20 世纪 30 年代初，张伯伦与琼·罗宾逊对不完全竞争理论的深刻剖析，使人们认识到市场竞争的固有缺陷的理论基础上发展起来的。以垄断理论的突破为契机，同时微观经济学在公共财政外部性等方面的进展，已经清楚地表明市场机制有其自身无法医治的痼疾，可以通过政府管制来纠正这些偏差。加之 20 世纪 30 年代中期凯恩斯主义的兴起，政府干预宏观经济成为自然而然的事情，似乎也应包括各个微观主体。1953 年，贝恩等人从市场结构—企业行为—经济绩效来分析一些特殊因素，如进入壁垒对企业的行为和资源配置效率的影响，形成了产业经济学的一套研究体系，这套体系对研究市场经济条件下的政府管制问题具有重要的指导意义。

一、哈佛学派：政府管制理论的初步形成

（一）哈佛学派的主要研究成果

20世纪30年代形成的以梅森（E. S. Masson）和贝恩（J. S. Bain）为主要代表的哈佛学派认为市场结构（Structure）、市场行为（Conduct）和市场绩效（Performance）之间存在着因果关系，即市场结构决定企业行为，企业行为决定市场运行的经济绩效，所以，为了获得理想的市场绩效，最重要的是通过公共政策来调整不合理的市场结构。

1938年，梅森和克拉克（Clark）等开始对市场竞争过程的组织结构、竞争行为方式和市场竞争结构进行经验性研究。在张伯伦（Edwin Chamberlain）等人的垄断竞争理论基础上，提出了产业组织理论体系和研究方向。梅森1939年出版了《大企业的生产价格政策》一书，克拉克1940年发表了《论有效竞争的概念》一文，克拉克认为，不完全竞争存在的事实表明，长期均衡和短期均衡的实行条件是不协调的，这种不协调反映了市场竞争与实现规模经济的矛盾，而为了研究现实条件下缩小这种不协调的方法和手段，就有必要明确有效竞争的定义和实现有效竞争的条件。梅森将有关有效竞争的定义和实现有效竞争条件的论述，归纳为两类基本的有效竞争标准：一是将能够维护有效竞争的市场结构的形成条件归纳为市场结构标准；二是将从市场绩效角度来判断有效竞争的标准归纳为市场绩效标准。继梅森的研究之后，一些经济学家将有效竞争的标准进一步扩展为市场结构标准、市场行为标准和市场绩效标准，并概括了判断有效竞争的标准，即：

（1）市场结构标准：①集中度不太高；②市场进入容易；③没有极端的产品差别化。

（2）市场行为标准：①对于价格没有共谋；②对于产品没有共谋；③对于竞争者没有压制政策。

（3）市场绩效标准：①不存在不断改进产品和生产过程的压

力；②随着成本大幅下降，价格也向下调整；③企业与产业处于适度规模；④销售费用在总费用中的比重不存在过高现象；⑤不存在长期的过剩生产能力。

1959年贝恩因出版了第一部系统论述产业组织理论的教科书《产业组织》，而成为产业组织理论的集大成者。贝恩研究产业组织的方法，为个别产业的具体分析和实证研究提供了理论基础和研究路径，尤其是对作为市场结构形成要素的产业集中、产品差别化、进入壁垒、规模经济性的有关研究和市场结构与市场绩效的关系的分析，推动了许多国家相关研究成果的发表，为丰富产业组织研究提供了大量案例。同年，经济学家凯森(C. Kaysen)和法学家特纳(D. F. Turner)合作出版了著名的《反托拉斯政策》一书。此外，凯维斯(R. E. Cawes)、谢勒(F. M. Scherer)、谢菲尔德(W. H. Shepherd)、科曼诺(W. S. Comanor)等人对产业组织理论的体系和发展都做出了重要贡献。谢勒在1970年出版了《产业市场结构和经济绩效》一书，进一步揭示了市场行为和市场绩效之间的关系，总结了有关市场行为特别是价格形成、广告活动、研究开发等方面的研究成果，弥补了贝恩《产业组织》一书对市场行为论述的不足，并考察了微观和宏观的周边条件对市场结构、市场行为和市场绩效的影响，从而将哈佛学派的产业组织理论体系向前推进了一步。

(二)哈佛学派的基本政策主张

哈佛学派的产业组织理论，以新古典学派的价格理论为基础，以实证研究为主要手段把产业分解为特定的市场，按结构、行为和绩效三个方面，即所谓的产业组织研究的"三分法"对其进行分析，构造了一个既能深入具体环节又有系统逻辑体系的市场结构(Structure)—市场行为(Conduct)—市场绩效(Performance)的分析框架(也称SCP分析框架)，并对市场关系各方面进行实际测量，从而规范了产业组织理论体系。

在哈佛学派的SCP分析框架中，产业组织理论由市场结构、市场行为和市场绩效这三个基本部分和政府的公共政策组成，其基本分析程序是按市场结构—市场行为—市场绩效—公共政策展开的。在这里，结构、行为、绩效之间存在着因果关系，即市场结构决定企业行为，而企业行为决定市场运行的经济绩效。因此，为了获得理想的市场绩效，最重要的是通过政府管制来调整和直接改善不合理的市场结构。

二、芝加哥学派和新奥地利学派：政府管制理论的进一步发展

（一）芝加哥学派的政府管制理论

由于 SCP 范式与 20 世纪 30 年代就被普遍接受的微观经济学理论不能很好地融合，以及它对大型企业的成长与行为和日益突出的产业集中趋势缺乏解释能力，导致 70 年代后期开始 SCP 范式在产业组织理论中的地位不断衰落；再加上人们在实践中无法发现那种稳定的、具有普遍意义的模型关系，导致对统计结果的解释自相矛盾；另外博弈论（Game Theory）的广泛运用，企业在市场中的策略性行为以及企业内部代理人的策略性行为，为博弈论的应用提供了广泛的机会，如斯宾塞（Spence）、萨洛普（Salop）、泰勒尔（Tirole）等都在这方面取得了重要的研究成果。可以说，SCP 范式的衰落正是产业组织理论迅速发展的结果。

对 SCP 范式的批评主要来自芝加哥大学的经济学家们，包括斯蒂格勒（J. Stigler）、德姆塞兹（H. Demsetz）、波斯纳（R. Posner）等人，正是在这一批判的过程中，芝加哥学派崛起，并逐渐取得了主流派地位，其代表人物斯蒂格勒还因其对产业组织理论的开创性研究而被授予 1982 年诺贝尔经济学奖。芝加哥学派继承了奈特（F. Knight）以来芝加哥大学传统的经济自由主义思想和社会达尔文主义，认为市场竞争过程就是市场力量自由发挥作用的过程，是一个"生存检验"的过程。作为对传统的 SCP 范式的批判，鲍莫尔（W. J. Baumol）、帕恩查（J. C. Panzar）和韦利格（R. D. Willig）等人在芝加哥学派产业组织理论的基础上，于 1982 年合作出版了《可竞

争市场与产业机构理论》一书，系统阐述了所谓的"可竞争市场理论"。该理论以完全可竞争市场和沉没成本（Sunk Cost）等概念为中心，来推导可持续的、有效率的产业组织的基本态势及其内生的形成过程，对贝恩的进入壁垒理论提出了强烈批评，认为问题不在于是否存在进入壁垒，而在于是否存在人为的进入壁垒，这一理论对20世纪80年代鲍莫尔（1982）提出的"进退无障碍理论"有很大影响。在政策上该学派主张政府的竞争政策与其重视市场结构，倒不如说更应该重视是否存在充分的潜在竞争压力，而确保潜在竞争压力存在的关键是要尽可能地降低沉没成本。

（二）新奥地利学派的政府管制理论

对 SCP 范式的批评另一主要力量来自新奥地利学派。新奥地利学派注重个体行为的逻辑分析，在理解市场时着重过程分析，而不是新古典主义的均衡分析。针对新古典学派通过均衡对市场进行分析，把经济学当做客观的科学并模仿物理学的分析方法来构筑经济理论模型的分析方法，新奥学派对此进行了批评。他们从主观主义的立场出发，把经济学看做是不同于自然科学的"人类行为科学"的一个领域。新奥产业组织理论的基础是奈特式的不确定性概念，新奥学派从不完全信息出发，把竞争性的市场过程理解为分散的知识、信息的发现和利用过程，而市场不均衡就是因为存在着未被发现的信息或信息不完全而造成的决策失误所导致的利润机会的丧失。在政策上，新奥地利学派对传统的哈佛学派的反垄断政策基本持批判态度，强烈反对政府干预，认为政府的信息也是不完全的。新奥学派认为，市场竞争源于企业家的创新精神，只要确保自由的进入机会，就能形成充分的竞争压力，唯一能真正成为进入壁垒的就是政府的进入管制政策和行政垄断。因此最有效的促进竞争的政策首先应该是废除那些过时的管制政策和不必要的行政垄断，实行自由放任政策。新奥学派认为，社会福利的提高源于生产效率而非哈佛学派强调的配置效率，只要不是依赖行政干预，垄断企业实际上是生存下来的最有效率的企业，这导致新奥学派对大规模的企业组织持宽容的态度，认为市场竞争过程本来就是淘汰低效率企业的过程，反对企业分割、禁止兼并的结构主义政策主张。

三、政府管制理论的新发展

（一）新 SCP 范式的政府管制理论

20 世纪 70 年代以来，由于可竞争市场理论和博弈论等新理论、新方法的引入，大大推动了 SCP 范式的新发展，发展成为新 SCP 范式。新 SCP 范式在研究方向上不再强调市场结构，而是突出市场行为，将市场的初始条件及企业行为看做是一种外生力量，而市场结构则被看做内生变量，并且不存在反馈线路，寻求将产业组织理论与新古典微观经济学进行更加紧密的结合。在研究方法上，20 世纪 80 年代前后，以泰勒尔、克瑞普斯等人为代表的经济学家将博弈论引入产业组织理论的研究领域，用博弈论的分析方法对整个产业组织学的理论体系进行了改造，逐渐形成了新 SCP 范式的理论体系。新 SCP 范式的特点可以归纳为三个主要方面：从重视市场结构的研究转向重视市场行为的研究，即由"结构主义"转向"行为主义"；突破了传统产业组织理论单向的、静态的研究框架，建立了双向的、动态的研究框架；博弈论的引入。

（二）后 SCP 流派的政府管制理论

SCP 范式发展的另一条主线是近年来崛起的以科斯（R. H. Coase）等人的交易费用理论为基础，从制度角度研究经济问题的"新制度产业经济学"，也被称为"后 SCP 流派"，其代表人物有科斯、诺斯（North）、威廉姆森（O. E. Williamson）、阿尔钦（Alchina）等人。该学派组织理论的主要特点在于它引入交易费用理论，对交易费用经济学的理论体系、基本假说、研究方法和研究范围作了系统的阐述，彻底改变了只从技术角度考察企业和只从垄断竞争角度考察市场的传统观念，为企业行为的研究提供了全新的理论视角，对产业组织的深化起了直接的推动作用。如果说主流产业组织理论注重产业组织之间的关系的话，新制度经济学则将研究重点深入到企业内部，从企业（公司）内部产权结构和组织结构的变化来分析企业行为的变异及其对市场运作绩效的影响。

第二节　不同流派对如何进行政府管制的不同观点

管制是由管制机构强制执行的置于市场中的一般规则或特殊行为，通过直接干预市场配置机制或间接改变消费者和厂商需求与供给数量而起作用。管制的类型有三种：直接干预经济机制（包括价格管制、产权管制、合同规定的限制等）、影响改变消费者决策来影响市场均衡或通过改变厂商决策来影响市场均衡。大多数流派主张要进行政府管制，但理论侧重点不一。

一、哈佛学派有关政府管制的主要观点

哈佛学派有关政府管制的主要观点体现在市场结构对市场绩效的影响上，如贝恩认为，市场竞争是结构问题，判断一个行业是否具有竞争性，不能只看市场行为或市场绩效，而应看该行业市场结构是否高度集中，是否实际上由一个或数个寡头所控制；此外还要看进入该行业的壁垒是否很高，是否扼制新厂商进入该行业。哈佛学派主张，为了保持有效竞争，获得令人满意的市场结果，政府必须运用竞争政策对市场结构和市场行为进行经济性管制。

其主要观点包括：

（1）在一个部门内过高的生产集中程度会导致糟糕的市场结果，但规模效益显著的部门除外。适度集中的寡头市场和带有某些原子市场的市场结构，可以实现按照竞争要求所期望的市场结果。因此，具有决定性的结构的边界不是位于原子市场和寡头市场之间，而是位于较高集中度的寡头市场和适度集中的寡头市场以及某些原子式结构的市场之间。

（2）过高的产品差异程度通常并不会带来很好的市场结果，因

23

为消费者常常只有在两个十分近似的产品之间进行选择，所以可供消费者选择的产品数量并不会随产品差异程度提高而相应地扩大。有效竞争所要求的并不是特别高的产品差异程度，而只是要求适度的产品差异。

(3)高度的市场进入限制，与中等的和较低的市场进入限制相比，对市场结果具有负面影响。通过高度市场进入限制得到保护的高度集中的生产部门比带有中等程度市场进入限制的高度集中生产部门，一般来说会导致更为糟糕的市场结果。因此，要获得有效的市场结果就必须消除市场进入的限制，其中主要是人为的市场进入限制。

二、新 SCP 范式有关政府管制的主要观点

新 SCP 范式在综合了芝加哥学派和新奥地利学派的主要理论观点的基础上，以可竞争市场理论为核心提出了自己的政府管制的政策主张。

可竞争市场理论是以完全可竞争市场及沉没成本等概念的分析为中心，来推导可持续的、有效率的产业组织的基本态势及其内生的形成过程。该理论认为，良好的生产效率和技术效率等市场绩效，在传统哈佛学派理想的市场结构以外仍然是可以实现的，而无需众多竞争企业的存在。它可以是寡头市场，甚至是独家垄断市场，但只要保持市场进入的完全自由，只要不存在特别的进出市场成本，潜在竞争的压力就会迫使任何市场结构条件下的企业采取竞争行为。在这种环境条件下，包括自然垄断在内的高度集中的市场结构是可以和效率并存的。

可竞争市场是相对于传统的完全竞争概念所提出的一种理念性的市场概念，是新古典主义关于完全竞争特别是在自由进入条件下完全竞争的理论上的发展。但与完全竞争必须满足存在大量且小规模的买者和卖者，而且不存在产品差别化和进入壁垒等市场结构条件不同，可竞争市场可以不依存于原子型这种特殊的市场结构。在存在新企业随时进入市场的潜在竞争压力的条件下，即使市场上仅

有一个企业独家垄断，并没有其他竞争对手，这家垄断企业所能获取的资本收益率也不会高于完全竞争市场众多企业所能获取的正常收益率。因为任何能使垄断企业获取高于资本正常收益的利润的垄断定价行为，都会立即招致其他竞争者的进入。在这里我们看到，可能进入者的潜在竞争，而不需要现存企业之间的争夺，就足以使边际成本定价成为完全可竞争市场均衡的一个条件。因此，可竞争市场条件下理想的竞争，可以作用于所有的市场结构形态。

可竞争市场理论的出现具有一定的时代背景。20 世纪 70 年代以后，对政府管制特别是进入管制所导致的不公平以及管制制度本身的低效率的批评越来越多。同时，以计算机和电子技术为中心的技术革命的兴起以及由此导致的经济管理业务中的系统技术的普遍运用，使得原来政府对航空、通信、汽车运输等产业进行管制的依据不断淡化。因此，在美、英等发达市场经济国家出现了放松管制的倾向。而可竞争市场理论，则成为这种政策转换的重要理论支柱。

三、后 SCP 流派有关政府管制的主要观点

综合科斯、威廉姆森等人的观点，后 SCP 流派的交易成本理论主要包括以下基本论点：

（1）市场和企业为相互替代而不相同的交易机制，因而企业可以替代市场实现交易。

（2）企业取代市场实现交易有可能减少交易的成本。

（3）企业在"内化"市场交易的同时产生额外管理成本。当管理成本的增加与市场交易成本节省的数量相当时，企业的边界趋于平衡（不再增长扩大）。

（4）现代交易成本理论认为交易成本的存在及企业节省交易成本的努力是企业结构演变的唯一动力。

毫无疑问，后 SCP 流派的交易成本理论是对现代经济学的重要补充。它的主要贡献在于摒弃了新古典经济学中"无摩擦"的假设，而专门探讨市场"摩擦"—交易成本—对组织结构和行为的

25

影响。

交易成本理论的形成和发展始终围绕市场与企业的关系，重点研究了市场和企业这两种不同的运行机制及其存在的问题。但是在将交易成本概念一般化以后，经济中的许多现象都可以从交易成本理论的角度重新解释。因此现在交易成本的概念应用的领域日益广泛，如代理关系、寻租活动、企业内部考核、外部性问题、纯粹市场与科层组织之间的各种类型的经济组织形态、经济史甚至政治制度等。因此，政府管制的着眼点在于减少交易费用也就成为其应有之义。

后 SCP 流派将制度视为经济活动的内生变量。一方面经济主体在交易过程中对经济组织的选择将直接影响交易成本的大小和交易的效率，另一方面交易双方产权的状况也会影响到市场绩效，清晰的产权有助于交易双方形成稳定合理的预期，减少交易中的不确定性，降低交易成本，有利于交易顺序进行。因此不同的制度下市场结构各不相同，产权制度不同，交易成本也是有差别的，从而市场绩效也就不同了。

后 SCP 流派的核心思想就是通过建立合理、有效的制度，来降低交易费用，激励经济主体从事生产性活动，从而保障分工和合作的顺利进行，实现良好的市场绩效，促使资源的优化配置和社会福利达到最优。后 SCP 流派通过对企业行为的研究来考察市场和政府干预的作用，用另一种理论视角论证了政府进行经济性管制的必要性。

▶ 第三节　各种流派主张政府管制的内容综述

不同的理论流派的政府管制学术观点都可归纳为以下三类：

一、市场结构的政府管制

从市场结构来分析，市场大体有四种类型：完全竞争、垄断竞争、寡头垄断、完全垄断。其中，完全竞争和完全垄断属于两个极端类型。在现实中，垄断竞争和寡头垄断两种类型是常态。因此，作者认为，市场结构大体可分为垄断结构的市场结构和竞争性市场结构。政府管制的目的是为了经济效率和社会福利的最大化，即为了公共利益，因此，针对不同的市场结构，需要采取不同的管制方式。

1. 垄断结构的产业管制

主要包括进入管制和价格管制。价格管制是要确保能提供给投资者足够回报的价格，进入管制就是为了避免在沉淀成本上过度投资。

哈佛学派和新 SCP 范式为这种类型的管制提供理论依据。对具有垄断结构的产业进行管制的基本目的，就是为了使垄断可以在一定技术条件下达到更高的效率，同时防止垄断下企业自由决策所造成的不良经济后果。对价格和进入的管制总是与两种成本条件相联系。

首先是沉淀成本造成进入壁垒。其次是成本次加性。实际上这两种成本均是市场条件，因为沉淀成本与市场租金明显相关，而成本次加性必然产生于平均收益超过平均成本的产出区域内。沉淀成本的存在使我们认识到竞争和潜在进入都不能确保有效的价格和产品质量。成本的次加性使我们认识到应该通过自然垄断来限制进入以保证足够的产量，很明显这需要价格管制，因为竞争的益处受到进入管制的限制，在这种情况下的费率和进入管制与许可证管制明显不同。

由上所述可以看出垄断结构的产业是以自然垄断为特征的。由于资源稀缺性和规模经济效益、范围经济效益等原因，垄断就出现了，提供同一物品和服务的企业或者单独经营或者联合形成统一企业。资源的稀缺性构成自然垄断是不言而喻的，现代自然垄断主要集中在公用事业、电信等领域，其主要技术经济理由是以下两个方面：

第一，这些产业在提供服务时形成网络系统。各种公用事业（电、煤气、自来水等）都有一整套的网络设备，其固定资本投资

27

巨大，但随着用户的增加，单位边际资本投入下降，这就是通常所说的规模经济效率。

第二，上述公用事业能取得生产与分配的纵向统一利益，对多种用户提供多种服务的复合供给利益，也称"范围经济效益"。范围经济效益意味着追加新的物品和服务进行联合生产要比单独生产成本低，这就是"成本次加性"，但仅是其中一部分而已。因而对于高沉淀成本，具有明确规模效率和范围规模效率的公益事业和部分制造业，实行限价的管制，一方面须满足效率对这些产业规模和投入的要求，另一方面又要保证这些厂商不能抽取过多的租金。在此领域政府管制主要是价格管制和进入管制。

2. 竞争性产业结构的政府管制

对竞争性产业进行管制常常使人们不可理解，但是在实际生活中对运输、金融、流通业等管制均属于这一类。

后 SCP 学派的"信息不对称理论"是对这些竞争性产业进行政府管制的理论根据。因为在上述产业中企业众多，提供各种不同的服务，收取各种不同的费用，而用户对此知之甚少，甚至根本不知。这时，政府管制的介入主要是把受管制企业的状况告诉消费者，并作为消费者利益的代理人帮助其维护自己的利益，减少可能遇到的风险。

但应该承认在竞争性结构的产业中确定管制价格十分困难而且费用巨大，因而通常价格应由市场来决定，管制机构则适当引导。这样能使其真正达到：（1）服务的公共性，（2）共同利用设备的公平负担，（3）避免过度竞争，维持产业内的秩序和稳定企业经营。

由于竞争性产业进入壁垒低，只要不限制进入与退出的成本，不可能存在超过正常利润的租金，也不存在公平问题；并且一个企业或几个企业要使自己的企业运作状况、价格、产出等信息完全与消费者隔离几乎是不可能的，因而他们必须按市场竞争的原则定价。

竞争性结构的产业在全世界范围内都趋向于放松管制，较为明显的是公路运输、通信、航空运输和流通产业等行业。因此，竞争性产业的政府管制主要是针对信息不对称和可能对消费者利益造成的较大危害进行管制，要实现真正合理价格管制是十分困难的。

二、市场行为的政府管制

市场行为是指企业在充分考虑市场的供求条件和其他企业关系的基础上，所采取的各种决策行为；或者说是企业为实现其既定目标而采取的适应市场要求的调整行为。市场行为主要包括市场竞争行为和市场协调行为，具体包括企业定价行为、兼并行为、协调行为、广告行为、创新行为等。

在完全竞争的市场上，一个企业可以以市场价格卖出它所有想出售的产品。在这种环境中，企业没有动力去刊登广告，没有动力对竞争者所做的事情做出应有的反应，或者没有动力对新的进入行为进行有效的阻止。在一个无成本进入和容易进入的竞争性市场中，企业具有合谋的动力，但是任何这种合谋的企图都注定要失败。但在不完全竞争的市场的情况有很大的不同，企业市场行为就成为一个非常有趣的主题。在一个竞争性产业中，即使所有的小公司都能够协调成为一个卡特尔，新企业也照样能够进入市场。

在这种现实市场条件下，政府主要对以下市场行为进行经济性管制：

1. 企业限制竞争行为的政府管制

企业限制竞争行为可以分为横向联合限制竞争行为和纵向联合限制竞争行为；从参与联合限制竞争的企业的意思表达形式来看，它可以分为协议型联合限制竞争行为和默契型联合限制竞争行为；从联合限制竞争的内容来看，它可以分为价格型联合限制竞争行为和非价格型联合限制竞争行为。

具体分为：（1）统一确定、维持或者变更商品的价格；（2）串通投标；（3）限制商品的生产或者销售数量；（4）分割销售市场或者原材料采购市场；（5）限制购买新技术或者新设备；（6）联合抵制交易；（7）其他限制竞争的协议；（8）掠夺性定价。

政府要对企业之间为自己的利益而合谋进行经济性管制。各国都运用法律手段规范市场秩序和竞争秩序。由于联合行为表现形式的多样性和各国社会经济发展的差异性，各国的规定也不尽一致。

美国《谢尔曼法》第 1 条规定："任何契约、以托拉斯形式或其他形式的联合、共谋用来限制州际间或与外国之间的贸易或商业，是非法的。任何人签订上述契约或从事上述联合或共谋，是严重犯罪。"联邦法院在审理这类案件时，往往适用"合理原则"，来判断行为人的联合协议是否非法。尽管《谢尔曼法》最初在制裁方面虚弱无力，实施也乏善可陈，但它显然实质性地消除了相关产业中的卡特尔。①

德国《反限制竞争法》在 1998 年重新进行了修订。德国法对卡特尔不是全盘否定，一概禁止，而是采取灵活和适度的处理方式。《反限制竞争法》禁止的纵向协议主要是维持转售价格协议，该法对其他纵向协议规定了两种情况：一种是原则上允许，但要受反滥用规定管制；另一种是原则上无效。②

日本《关于禁止私人垄断和确保公正交易的法律》第 3 条规定："事业者不得实行私人垄断和不当交易限制。"第 2 条第六项规定："本法所称不当的交易限制，是指事业者不论以契约、协定或其他任何名义与其他事业者共同决定、维持或提高对价，或者限制数量、技术、制品、设备或交易的对方等，互相间限制或进行其事业活动，违反公共利益，实际上限制一定交易领域内的竞争。"从以上规定可知，该法所称的"不正当交易限制"实质上就是限制竞争行为。另外，该法第六章"适用除外"条款中，又对"为了克服不景气的共同行为""为了企业合理化的共同行为"等作了除外规定。

我国现行有关限制竞争行为的立法，既不系统，也不完善。依国际惯例应属于反垄断法或反限制竞争法所调整的集体报标、串通投标、瓜分市场、低价倾销等横向联合和搭售等纵向联合，在我国

---

　　① 　参见［美］理查德·A. 波斯纳. 反托拉斯法［M］. 北京：中国政法大学出版社，2003：59-60.

　　② 　参见王晓晔. 竞争法研究［M］. 北京：中国法制出版社，1999：218.

被规定于《反不正当竞争法》中。

2. 企业并购行为的政府管制

企业兼并是指两个以上的企业在自愿基础上依据法律通过订立契约而结合成一个企业的组织调整行为。

企业兼并的市场行为主要是通过影响市场结构对市场绩效产生影响，企业兼并行为对市场结构的影响，主要表现在以下两个方面：

(1)市场支配力量的加强和垄断的出现。大企业之间的横向兼并很可能使兼并后的企业获得更强大的市场支配力量。这种市场支配力量表现在提高产品价格，采取行动阻止新企业进入或驱逐竞争对手，从而最终形成垄断势力，同时在原材料供给方面大企业又会形成买方垄断。

(2)进入壁垒的形成。兼并还会导致进入壁垒的形成。比如，纵向兼并导致市场上产品的生产过程高度一体化，这样试图进入该产品市场的新企业也就必须在多个生产阶段同时进入，否则就不足以同原有企业竞争，但是这样无疑会大大提高新企业进入市场的资金投入和经营风险，实质上就是一种阻止其进入的壁垒。对于实现了混合兼并的企业而言，可以利用多产品和多市场的有利条件，实施限制性定价和掠夺性定价，从而巩固自己在市场上的垄断地位，这对意图进入市场的潜在企业而言，也构成了一种进入壁垒。当然，从另一个角度看，如果企业通过混合兼并可以进入一个新的市场，并且具备承担短期亏损的实力，这无疑有利于降低该市场的集中程度，促进竞争。

因此，它对市场结构的影响既有积极的一面，又有消极的一面。

就积极的方面看，兼并是推动产业存量结构调整的重要手段，通过企业兼并，生产要素得以向优势企业集中，社会资源配置得到优化，新兴产业中的企业通过兼并衰退行业中的企业而使自身发展壮大，衰退行业中的企业通过被兼并顺利退出这个行业。

从消极的方面看，兼并导致的市场集中如果超过一定的限度，就会产生垄断势力，并由此带来垄断的低效率和社会总福利的损

31

失，因此市场经济国家都非常重视通过适当的产业组织政策来调节企业的兼并行为，使其保持在一个适度的水平上。

由于组织调整行为是对市场关系影响最大的市场行为，因此如何对企业兼并的市场行为进行政府管制是各理论流派研究的主要内容。

哈佛学派主张对企业并购行为实行严格的兼并控制，对长期存在的过度集中的大企业实行拆散政策。而芝加哥学派相信市场机制的作用，认为如果长时期内存在着企业的集中，那或者表明由于存在规模效益只有少数企业能够存在这一领域，因而消费者福利并不能通过新的竞争者加入而提高；或者表明，只有这些企业能够通过降低成本或改善产品获得有效利润，现存的竞争者或新加入的竞争者不能仿效，只好退出，这样，就否认了企业集中与竞争之间存在矛盾，并通过所谓效率标准论证了企业集中存在的必要性和合理性。

3. 企业广告和研发的政府管制

广告和研究开发将形成产品差别化，可能会使现有公司在一定程度上操纵潜在竞争者的进入决策。

对于企业而言，广告最直接的作用就是信息披露，具有信息传递的功能。广告既可以传达一些确凿的事实，也可以让受众形成一些模糊的认识，还能试图为企业本身、企业的产品和品牌创造良好的公众形象，这在一定程度上可以改善市场绩效。

类似的，社会经常从研究开发中获益。研究开发导致新产品出现（产品创新），或者以更有效率的方式生产现有产品（工艺创新）。新产品和新的生产技术，本质上都是技术进步，都是构成合意的市场绩效的因素。

对广告和研究开发进行政府管制是为了维护各企业产品表明自身产品差别化的信息真实性。这类政府管制的主要措施有：强制性赋予信息优势者说明的义务、政府或其他机构直接向信息劣势者提供信息、政府对虚假信息的直接禁止、直接提供正确信息和建立识假机制、政府引导建立企业信用制度、建立和完善信息中介的认证标志制度等。

三、市场绩效的政府管制

市场绩效是指在一定的市场结构下，通过一定的市场行为使某一产业在价格、产量、成本、利润、产品质量、品种及其技术进步等方面达到的现实状态。它实质上反映了市场运行的效率。市场绩效是对经济主体实现其预定经济目标或社会目标的程度的一种度量，所以对于绩效的管制就在于为不同经济部门界定一个清晰的经济目标或社会目标，同时建立相应的评价指标体系。

在一个竞争性市场中（长期均衡），价格等于生产的边际成本时，需求的数量等于供给的数量，这时生产是有效率的：所有的企业都使用相同的技术，不能够有效率地使用有效技术的企业在短期内会发生利益损失，在长期内企业会消失。由于假设对有效的技术具有完全和完善的知识，因此技术进步问题不适合完全竞争模型。当市场处于不完全竞争时，判断市场绩效就远非如此简单。

1. 企业获利能力的政府管制

在完全竞争条件下，企业对其投资仅仅能够获取正常回报。高于正常回报的经济利润是企业追求和保持市场势力的理由。在不完全竞争的市场中，企业必然会获得一些经济利润。但是在合理的政府管制下，利润越是接近于正常回报，就越不可能把产出限制在竞争水平以下，价格就越接近于边际成本，市场绩效也就越好。

2. 企业效率的政府管制

"所有垄断利润的获取者最愿意过的是平静的生活"，这是希克斯著名的被广泛引用的名言。一个脱离竞争威胁的企业必然会对市场变化做出迟缓的反应。市场势力有时将会显示出资源配置的浪费：高成本伴随高价格。毋庸置疑的是，政府管制在这种情况下是必要的。这是我们把效率作为判断市场绩效的重要因素。

3. 企业动态效率的政府管制

从严格意义上说，上面所讨论的效率是一种静态效率。静态效率是指以最小成本所进行的生产，而不论产出是否因提高价格而受到限制。动态效率涉及技术进步的速度问题。经济学家对此有一个难以达成一致的看法，即市场势力与技术进步之间是一个两难选择问题。我们应该允许公司去垄断以鼓励其创新吗？如果必须这样做，那么我们应该怎么去做？政府该如何进行经济性管制，是个值得深入研究的课题。

四、三者之间的相互关系

线性的"结构—行为—绩效"范式依据松散的经济理论，只能够推测非常简单的因果关系。从我们对这一模型简要的讨论中可以发现，对"结构—行为—绩效"的政府管制远非如此简单。经济理论界对"结构—行为—绩效"范式一直还存在很大的争议，主要焦点集中在市场结构、行为、绩效的相互关系，能不能用来反映现实世界中的复杂的市场关系。

结构、行为、绩效的关系是复杂的和交互作用的。在一定的需求和技术条件下，结构和行为相互决定。结构影响行为，但是行为如策略性行为也影响结构。结构和行为共同决定绩效。

绩效对技术和结构也会产生反馈的影响。动态效率创造了有效的技术。获利能力决定了进入市场的吸引力大小，对市场结构具有动态的效应。这些问题都有待于更深入的研究。

▶▶ 第四节　政府管制理论对我国的借鉴作用

随着政府管制理论的不断演进，政府管制不再是"用政府命令取代竞争，以取得良好的经济效率"，而是在详细分析现实市场不完全竞争的基础上，运用管制手段来促进市场的可竞争性，以取得良好的市场绩效。

根据政府管制演进的现状，结合我国政府管制实践，我们至少可以得到如下实施管制的一般原则和办法，以资借鉴。

一、对市场结构管制要遵循的基本原则

对市场结构的政府管制主要是围绕进入管制为中心来进行的。所谓"进入"，是指一个厂商进入新的业务领域并开始生产或提供某一特定市场上原有产品或服务的充分替代品的行动集合；相反，"退出"则是一个厂商从原来的业务领域中撤出来，放弃生产或提供某一特定市场上的产品或服务的行动集合。

政府的进入管制有两种形式。一种是一般的产业进入管制，如政府对所有企业实行注册登记制度，企业必须具备规定条件，经政府有关部门认可，履行注册登记手续，领取营业执照，方可从事生产经营活动，目的是将企业纳入依法经营、接受政府监管的范围。另一种是特殊的产业进入管制，如政府对某些自然垄断行业实行特许经营制度，企业需履行特殊的报批手续，经政府有关部门赋予特许经营的权利，方可进入并开展经营活动，目的是为了控制进入自然垄断行业的企业数量，防止过度竞争。

与进入管制相对应的退出管制主要是针对自然垄断行业，采取使获准进入的企业负供给责任的形式限制其退出，以保证这些行业的商品和服务的有效供给。

1. 尽可能使市场的进入和退出变得容易

新 SCP 范式的分析表明，限制进入或退出将妨碍可竞争性，最终损害市场绩效。而传统 SCP 范式的管制政策不仅对进入实行限制，而且也不允许受管制的亏损企业退出。决策者这样做的理由通常是为了维护公共利益。

然而，根据可竞争性理论，即使确实是出于公共利益的需要，直接对被管制者提供补贴比禁止退出更有利于提高效率。因为禁止退出会鼓励交叉补贴。为促进市场的可竞争性，必须消除妨碍潜在进入者进入市场的法律，使潜在竞争尽可能起作用。潜在进入者对利润机会的迅速反应有效地约束在位厂商的行为。因此，进入程序应该是透明的、规范的书面程序。当存在利润机会时，进入程序应该尽可能地缩短进入过程。

35

2. 利用有关的管制政策来消除沉没成本的不利影响

可竞争性理论区分了固定成本和沉没成本，认为只有沉没成本才构成进入的技术方面障碍，在位企业可以凭借沉没设备获得超额利润。

管制者应消除这种不利影响：（1）确保各企业以合理的价格平等地得到沉没设备；或者把产业的沉没资本较大部分与可竞争部分分离开来，对资本的沉没性较大部分实施管制，对可竞争部分给予更大的进入和定价自由。（2）通过制度创新，降低转移和出售资产的难度有助于降低沉没成本的不利后果。

3. 对在位企业和进入者的管制应遵循非对等原则

即使进入是完全自由的，由于在位企业具有某种"先占优势"，潜在进入者和在位企业的地位事实上是不平等的。这种不平等将严重损害潜在竞争的作用，应该通过对在位企业和进入者实行不对等管制加以抵消。其中的一个重要方面是：抑制在位企业对进入的价格反应，因为在位企业的反应性定价会阻止由利润机会引起的进入行为。同时在一定程度上使进入保持某种"不确定性"。

4. 应保持定价政策和进入政策的协调

在管制实践和放松管制的过程中，仅仅通过取消各种进入限制使进入更容易，就能够促进可竞争性。但是，进入政策必须与其他政策，特别是价格政策相协调才能有效地提高市场效率。

二、对市场行为管制要遵循的基本原则

对市场行为的管制探索主要是在管制问题中考虑信息约束，引入相应的激励、协商机制来设计管制措施，提高管制效率。

1. 激励性管制

激励性管制理论是利用信息经济学的研究成果，吸收可竞争市场理论的合理成分而形成的管制理论。可竞争市场理论为放松管制提供了改革方向，但现实中的市场存在许多需要管制的"失灵"因素，全部取消管制将导致市场严重混乱和低效率。在确定一些领域（如强自然垄断产业）非需要管制不可后，如何引入激励机制提高

管制效率成为激励性管制理论的研究主题。激励性管制理论的发展很大程度上得益于信息经济学的发展，使其研究创新引入了信息约束、作用及博弈机制。

　　激励性管制理论的要点是，由于存在信息不对称，管制双方都存在逆向选择和道德风险问题，信息租金争夺成为管制效率提升的瓶颈，管制虽可避免某一方面的市场失效，但必须付出逆向选择和隐藏信息等信息租金会带来的社会成本。关于这一点，巴隆（Baron）和梅耶森（Myerson）建立了复杂的数学模型对信息不对称条件下的政府管制做了深入分析，他们发现，由于存在信息不对称，效率与信息租金是一对共生的矛盾，即在得到效率的同时，必须留给企业信息租金，而信息租金会带来社会成本。① 政府为了制定有效率的管制政策，必须尽可能地利用企业的私有经营信息，而企业为获得信息租金有隐藏信息的积极性，所以，政府的管制政策只能在管制信息搜索和实行某种鼓励信息显露政策之间做出成本最小的选择。即政府在进行管制时都要面临信息不对称与委托代理问题，在管制这个委托—代理关系中，被管制者（代理方）处于信息优势，而政府（委托人）却处于信息劣势，委托人看不到代理人做出了何种程度的努力（代理人隐藏行动），同时，委托人不能了解代理人在决策时所利用的到底是什么样的信息（代理人隐藏信息）。信息的不对称造成政府管制的不到位，管制过度与管制缺位同时存在，管制效率较低。另外，传统的理论并没有过多地考虑管制成本的问题。实际上管制成本随着管制领域的不断扩大而不断增加，管制成本包括管制者实施管制的成本以及被管制者的成本，被管制者的成本中包括寻租成本、因管制而受的损失以及管制滞后带来的损失。

　　激励性管制理论就是研究政府如何采取激励手段，如成本补偿机制和激励性定价政策等，来达到以较小的成本获得管制信息和激励企业提高效率的目的。

　　具体操作上，激励管制主要包括两个方面的内容：一是使现有

---

　　①　Posner B. A. Theories of Economic Regulation[J]. Bell Journal of Economics, 1974, 5: autumn.

企业充分考虑其成本以提高劳动生产率；二是赋予企业更多确定服务收费的自由度，从而使企业更加趋于按商业原则经营。

激励性管制理论所提倡采用的激励性管制工具有：特许投标、区域间竞争和价格上限等。

2. 协商性管制

激励性管制仍然有一个关键的问题没有解决，即相对于管制者，被管制者仍然处于被动从属的地位，如果能将被管制者从被动的角色转化为主动的角色，就更能提高管制的效率，协商性管制恰好实现了这一点。

协商性管制是指管制者与被管制者就如何管制进行充分的、正面的协商，共同制定管制政策的一种互动性管制形式，它在激励被管制者不断提高效率的同时，实现了政府的管制目标。与激励性管制相比，协商性管制有如下的特点：

(1)协商性管制是政府协调模式与组织协调模式的组合，是基于协商的一种管制。通过管制者与被管制者协商，制定管制政策。

(2)协商性管制明确赋予被管制者参与、制定管制政策的权利，改变了被管制者被动接受管制的局面。由于被管制者成为制定管制政策的一方，它有充分的动力来表现自己的私人信息。

(3)协商性管制可以看成是一个管制者与被管制者之间的一个合作博弈，由非合作博弈向合作博弈转变，是一个帕累托改进的过程。

管制者与被管制者的协商内容主要包括以下几方面：确定合理的社会目标与经济目标；确定行业的进入标准；确定政府补贴的程度和补贴的方式；确定产品的质量标准；确定违约的惩处方式和程度，等等。

第三章　信息不对称的政府管制

▶ 第一节　信息不对称会导致市场失败

政府管制可以分为三类，一为纠正进入壁垒所导致的不完全竞争的政府管制；二为减少具有外部性交易中对第三方产生的成本的政府管制；三为内部性引起的，诸如提高产品质量、增加工作场所安全或者完善合同条款程度的政府管制（余晖，2000）。第一类明显与市场结构即企业间的垄断和竞争关系有关（如自然垄断、违规行为）；第二类主要与企业对特定社会群体造成的外部不经济有关（如环境污染、公共资源的耗竭）；第三类则主要与企业和消费者之间因信息不对称而引起的内部不经济有关（如产品质量、作业场所的卫生和安全）。我们要分析的是第三种类型的政府管制问题。

内部性的基本含义是指由交易者所经受的但没有在交易条款中说明的交易的成本和效益。内部性的存在使得交易者不能获取全部潜在的交易所得。按照以上定义，有三类主要的"交易成本"是造成内部性的原因：（1）在存在风险的条件下签订意外性合约的成本；（2）当合约者行为不能完全观察到时，所发生的观察或监督成本；（3）交易者收集他人信息和公开自身所占有的信息时发生的成本（张维迎，2001）。可见，这三种类型的交易成本的产生都是由信息不对称造成的。

　　信息不对称是指市场活动的参与人对市场特定交易信息的拥有是不相等的，有些参与人比另一些参与人拥有更多的信息，而且双方都知道这种信息分布状态。由于信息不对称，在市场交易发生的前后分别可能引发"逆向选择"和"道德风险"，致使市场机制运行的结果缺乏效率，甚至有可能造成市场失败。政府管制可以在以下几个方面对此进行有益的补充。

一、"逆向选择"①导致的市场失败分析

　　"逆向选择"通常是指在信息不对称的状态下，接受合约的人一般拥有私人信息并且利用另一方信息缺乏的特点而使对方不利，从而使市场交易的过程偏离信息缺乏者的愿望②。由于这种交易如果达成则对一方有利，而另一方受损，从而不能满足帕累托效率使交易双方共同得到剩余的条件。

　　在市场上，如果交易双方都知道产品的质量，市场又是完全竞争的，那么所有的产品都应当能够出售，且质量高的产品的价格也较高。然而实际上，卖主清楚地知道自己出售的产品的实际质量如何，而买主并不能够确切地知道该产品到底是好还是差，买主最多是根据以前销售的产品的质量分布来推测当前市场上产品的平均质量。在这样的市场上，卖主拥有信息优势，买主处于信息劣势，双方也都知道信息是不对称的。这样的市场交易往往会出现"逆向选择"问题。假定，交易的顺序是买主根据自己对产品质量的判断给出一个价钱，卖主接受则成交，否则卖主退出。当市场上既有高质量产品又有低质量产品出售时，买主愿意出的价钱介于最高和最低之间。这个价格高于低质量产品卖主的保留价值而低于高质量产品

---

　　①　阿克尔洛夫在 1970 年提出的"柠檬（次货或二手货）模型"首先分析了旧车市场的"逆向选择"问题，阿克尔洛夫认为诚信的缺失可能导致整个市场崩溃。

　　②　此处分析参考了经济日报社詹国枢副总编辑的主要观点。

卖主的保留价值，从而使愿意成交的产品都是低质量的产品，高质量的产品被驱逐出市场。再假定交易顺序是卖主提出价格，买主决定是否接受。由于低质量产品的卖主知道买主不具备产品质量信息，他的要价就可以与高质量产品相等。买主面对统一的价格，在不能判明产品质量时只好碰运气，随机购买。假定产品质量的分布是均匀的，高质量产品与低质量产品出售的概率相同，但由于成本不同，卖主的利润就不相同。由于低质量产品的生产成本低，利润较大，使得市场的卖主都会出售低质量产品以牟取高额利润，好产品同样被差的产品驱逐出市场。

二、"道德风险"导致的市场失败分析

"道德风险"来源于经济活动其中一方的信息优势。信息优势分为"隐蔽行动"和"隐蔽信息"。前者是指信息优势方有不能为他人准确观察或了解的行动；后者则指从事经济活动的人对事态的性质有某些信息，这些信息足以决定他们采取的行动是恰当的，但别人则不能完全观察到。隐蔽行动的例子有：工人的努力，雇主无法不付代价就可监督；投保人采取预防措施以降低由于他们的缘故而发生事故和遭受损失的可能性，承保人也不能无代价地进行监察。隐蔽信息的例子是专家服务，如医生、律师、经理和政治家的服务。由于人的机会主义动机，个人有实现自身效用最大化（如偷懒、工作不认真）的愿望，再加上信息不对称形成的隐蔽行动和隐藏信息使另一方无法进行限制或索赔，道德风险就会出现。

一般来说，每个人都会做出实现自身利益最大化的理性选择，所以任何人在拥有个人独占的私人信息时，采取有利于自己而可能损害他人的行为，即产生败德行为。这从败德行为对策环境中看得很清楚：委托人与代理人签订合同时，双方所掌握的信息是相互对称的（至少双方都认为他们自己已经掌握了对方了解的信息）；然而，建立委托人—代理人关系后，正如我们指出的那样，委托人无法观察到代理人的某些私人信息，特别是有关代理人努力程度方面的信息，这些信息及结果只有代理人能观察到。因此，代理人拥有

41

独占性的私人信息是败德行为的关键。从本质上讲，败德行为属于经济环境中的外生不确定性，它的存在将破坏市场均衡或导致市场均衡的低效率。如败德行为可能导致社会福利的定量配给，以及保险、金融资本等风险市场的不完备性，所以，败德行为使即使完备的市场机制也难以达到最优的资源配置，造成市场失败。

▶ 第二节　市场机制对信息不对称造成的市场失败的自动缓解作用有限性

笔者认为，市场机制本身对信息不对称造成的市场失败问题有自发的缓解作用。但最终要在最大程度上优化信息配置，使信息尽量完全，政府必须要对整个经济活动进行必要的管制。

就"逆向选择"造成的市场失效而言，如果市场中拥有信息优势的一方能够（更确切地说应是愿意）将信息传递给缺乏信息的另一方，或者处于信息劣势的一方能够诱使对方提供信息，那么"逆向选择"问题也许可以缓解。如在保险市场上，保险公司提供不同类型的保险合同让投保人选择，不同风险水平的投保人会选择自己认为最合适的一类。这种信号显示与上述信号传递不同的是处于信息劣势的一方诱使另一方提供信息，而不是信息优势方主动提供信息，因而被称为"信息甄别"①。

对"道德风险"造成的市场失效而言，西方契约理论认为，解决办法就是委托人设计一个或一系列最优的激励合同以诱使代理人的行动不会因为委托人不能观察后者的隐蔽行动（或获得后者的隐蔽信息）而损害委托人的利益。比如，如果企业经理（代理人）是风险中性的，股东（委托人）不能观察到代理人的行动选择和影响企业利润水平的外生变量，只能观察到企业的实际利润，由于委托人

---

①　斯蒂格利茨和罗斯切尔德合作的关于"逆向选择"的经典论文《竞争性保险市场的均衡：论不完全信息经济学》中，提出了著名的"信息甄别"模型。

不能确定代理人的实际努力水平，代理人有可能不以委托人所希望的利润最大化为行动目标，也就是说可能偷懒。为解决这种道德风险问题，委托人可以与代理人签订一个合同，这个合同包括企业利润和其他相类似企业的利润水平等有关参数，当企业利润小于某个数值时，委托人能够断定代理人没有努力工作，并予以惩罚。"信号传递"①"信息甄别""激励合同"是用市场机制的方式来提高信息不对称状态下的市场失效。但由于下列原因的存在使市场机制的作用大打折扣：

一、信息披露可能不真实

如广告是厂商披露自己产品信息的一种方式，虽然它有利于改善购买者的信息劣势，但这种作用是有限的。因为有很多广告与其说是解释产品的性能、用途等，不如说是引诱消费者购买。更严重的是，有些广告是虚假的。这使得市场自发的信息披露不足以保证消费者的信息状态有根本的改变。

二、信息收集具有成本

交易活动中处于信息劣势的一方为了避免信息不对称可能对自己利益的侵犯，往往在交易前通过调查、咨询、分析来增加对另一方的行为、产品的信息掌握程度，在达成交易后又要监视另一方是否信守合同等。所有这些都需要支付信息成本。如果每一个经济行为主体都进行信息的投资、生产的话，就会造成重复劳动，这其实也是一种社会资源的浪费。

43

---

① 迈克尔·斯彭斯在 1973 年的研究认为：信息传递指通过可观察的行为向对方传递商品质量和价值的确切信息。市场中具有信息优势的个体为了避免与"逆向选择"相关的一些问题的发生，能够通过"信息传递"来显示自身的信息，实现有效率的市场均衡。

三、在激励合同执行过程中，委托人同样也存在着道德风险

激励合同中的报酬以代理人的实际工作业绩为基础，业绩越好，报酬相应也越高，但是对业绩的评价一般是由委托人实施的，在这方面存在着信息不对称：评价可能具有很大的主观性，代理人可能无法证实委托人观察到的结果。在这种情况下，委托人有产生道德风险的机会。本来为解决一个道德风险而引入激励合同，结果又出现了新的道德风险，使问题更加复杂。

四、不完全合同执行的法律成本可能很高

由于信息不对称和人们的有限理性，绝大多数合同是不完全合同，违反合同就有了可乘之机。受损害的一方诉诸法律，通过法律方式解决矛盾的成本往往是昂贵的。当受到损害者人数众多时，"搭便车"现象不可避免，进一步加剧了法律成本。

五、完全合同制订的成本可能很高

一个完全的合同应该包括在交易过程中所有可能发生的各种偶然性以及应该采取的措施的条款，这样，当有一方的行动与合同条款不符时，另一方可以依据合同提出赔偿。但是，充分估计将来所有可能出现的偶然性事件以及双方就这些偶然事件如何处理进行磋商的成本是非常高的。

既然由于市场机制本身有不可克服的局限性，使信息不对称造成的市场失败不可能得到完全的矫正，使市场信息完全，最终实现资源配置帕累托改进，那么，政府管制就是必要的。

44

▶▶ 第三节　政府管制对信息不对称造成的市场失败的矫正优势

与市场解决信息不对称的合同方法不同，政府管制具有强制性，它直接命令市场交易方(特别是产品、服务供应方和具有信息优势的企业)必须披露某些重要信息，采取措施防止意外事件的发生，否则会受到罚款等处罚。产品和服务质量管制、工作环境安全管制、金融机构信息披露管制、特殊职业许可证等都是政府为缓解信息不对称问题的直接干预市场交易的措施。

与市场解决办法相比，政府管制具有以下几方面优势：

一、政府管制更能节约交易成本

政府管制与法律都对造成他人伤害的责任方进行惩罚，这种威慑可以有效地减少可能出现的风险。但是，"因无法找到证据而使诉讼不能成立或环境和健康案例中受到损害的范围甚广时"，管制具有较低的交易成本。斯宾塞认为"当参与方不容易估计受侵害程度或参与方人数众多，导致搭便车和协调困难无法采取集体行动时，安全管制更有吸引力"(斯宾塞，1973)。

二、适当的管制能使信息披露更加真实

如金融领域对信息有更高的要求，证券市场中存在极为普遍的"逆向选择"和"道德风险"，使证券市场运行偏离最优效率状态。政府对金融活动中的企业(银行、证券公司、保险公司、上市公司等)有很多的管制，如进入管制、价格管制、资本充足性管制等，其中要求金融领域的管制机构及时、真实地披露信息，以降低逆向选择和道德风险发生的可能性，保护广大投资者的利益。

三、政府管制可以以颁发许可证的办法进行进入管制，减少信息成本

政府一般对医生、律师、会计师等职业进行进入管制，即进入者必须满足一定的条件，在获得许可证后，方可进行营业。这虽然限制了竞争，但是由于这些职业的特殊性，控制从业人员数量对于保证服务质量，保护处于信息劣势的消费者是有利的。因为，进入管制使这些行业的从业者有较高的收入，如果因服务质量问题而被撤销许可证就成为一项严厉的惩罚。许可证为消费者提供了服务者专有信息，消费者不必再自行搜索信息，从而降低了信息成本。

四、政府管制制定的产品质量标准使市场交易更易达成

政府对产品的质量制定各种标准(如国家标准、行业标准等)，对于没有达到质量标准的产品不允许进入市场，在一定程度上提高了市场产品的平均质量，既保护了消费者的利益，又使得市场交易的达成更为便利。因为，产品存在统一标准时，消费者不必对市场上的产品平均质量的分布进行估测和计算，他可以根据产品标准的高低判断产品质量的高低，愿意支付的购买价格与卖主的保留价格最为接近，双方可以减少交易成本。

总之，对于信息不对称造成的市场失败，利用市场机制进行纠正的成本较高，而政府由于具有强制权力，与市场相比具有某些成本优势，从这个角度来看，笔者认为政府管制是解决信息不对称造成的市场失败的必要手段。

第四节　政府管制失效及对策思路

上述的政府管制能弥补市场失灵的命题，是建立在以下假设前提之上的：第一，管制者是追求社会福利最大化的，是大公无私

的、仁慈的；第二，管制者是无所不知的，拥有完全信息，譬如知道消费者的偏好，知道企业的生产成本，知道需求弹性，知道最优的价格定在何种程度，等等；第三，管制者说话是算数的，管制政策具有公信力。可是，这几条假设都是不可靠的，政府管制失效广泛存在。①

一、政府管制失效

1. 由于政府对市场结构、市场行为和市场绩效进行管制时，也对市场上的信息无法完全了解，会导致政府管制失效

政府管制本身应该是克服信息不对称的工具，但管制本身也需要以充分的信息为基础。管制规则、目标应建立在对问题正确诊断的基础之上，但由于缺乏充分的市场信息与必要的科学分析，管制机构常常做出错误诊断，结果无法对症下药，管制目的难以实现。再者，政府管制并非处在真空之中，市场环境的不断变化要求管制规则、目标必须及时更新；但由于管制机构缺乏回应能力，往往无法及时废旧立新，导致管制规则落伍，难以解决不断出现的新问题。管制规则的数量日益膨胀，而管制规则的表述复杂晦涩，管制者、管制对象和公众都难以理解，最终管制规则成为繁文缛节，给公民带来的麻烦远大于其解决的麻烦。管制机构数量的膨胀与相互沟通的缺乏，往往会造成管制规则之间的冲突与矛盾；管制规则制定过程的疏漏，又往往会导致管制规则与现行法律、政策的失调。最终的结果，只能是管制失效。

2. 管制者可能会利用相对于被管制者的信息优势，而被处于信息劣势的被管制者"俘获"，为被管制的利益集团服务以谋求自身利益，从而导致政府管制失效

管制者和被管制者之间同样存在信息不完全的问题。政府的任何一项管制政策，都要通过具体的政府官员来实施，但是现实中的

47

---

① 张维迎. 张维迎教授关于管制与放松管制系列谈话录［N］. 21 世纪经济报道，2001-03-12.

管制者并不是以社会福利最大为目标。任何一个政府官员，他和普通人没有什么两样，他有自己的效用。管制以后自然会有一个政府官员责任增加的问题，但情况与市场上企业家责任的增加不一样。市场上当企业家的责任增加，他一定会找到一个最优的成本—收益平衡，而这个平衡恰恰可能也符合企业的最优经济效益。但官员在增加了大量的责任之后，一般不会相应地增加收益。这样就会形成官员成本—收益的严重不对称，官员就有可能做出许多非常没有效率的决策。除非我们能够设计一个非常好的制度，在这个制度下，官员追求自身利益同时也能满足社会的利益，否则管制的目的就不能达到。但是，我们很难设定一个标准，让官员追求社会的福利化。因此，管制者可能会利用相对于被管制者的信息优势，而被被管制者"俘获"，为被管制的利益集团服务以谋求自身利益。各国的经验均表明，只要存在着政府管制，腐败问题就会随之而来。管制越多腐败越严重，腐败问题越难解决。所以，管制者会从供给一方推动管制的膨胀。斯蒂格勒曾经分析过"管制俘虏理论"①，证明到最后好多管理者和被管制者本身变成了管制的既得利益者。他们总是会找到更多的借口，建立起更多的规则，利用政府赋予的合法权利、信息优势来创造出更多的管制来，反复创租。② 政府管制就此失效了。

3. 即使管制者拥有完全信息，但由于政府权力不同于市场合约，在管制者没有其他有效制度约束的情况下往往言而无信，也会导致政府管制失效③

一般而言，政府管制是被视为限制个人与集团利益的有效工具。有效率的政府管制，必须要使政府行政机构依据法律授权，通过制定规章、设定许可监督检查、行政处罚和行政裁决等行政处理

---

① 见斯蒂格勒. 产业组织和政府管制[M]. 上海：上海三联书店、上海人民出版社，1996：210-214.

② 参见贺卫. 寻租经济学[M]. 北京：中国发展出版社，1999：206-242.

③ 樊纲. 市场秩序与政府行为[EB/OL]. http://www.xslx.com/htm/jjlc/lljj/2002-12-29-11852.htm.

行为，对社会经济个体的行为实施直接控制。所以，政府管制的一个根本特征就是依法管制，也即通常所说的依法行政。但这里的"法"必须是合理的法，是所有利益相关集团都接受的法。否则，依法行政或依法管制就成为少数强势利益集团侵害弱势利益集团的"合法"工具。但管制者即使信息完全、大公无私，在没有其他相应制度约束前提下，他也可能言而无信。管制是靠政府的权力实施的。权力不同于合约，它靠单方面强制执行。因而，靠权力做出的"承诺"如果"食言"，它不会受到另一方的惩罚。加之政府行为的目标多元化，此时的决定在彼时可能不符合其目标而不被执行。[①] 许多所谓受到"整顿"和取缔的什么"市场""工厂"，都是经过当地政府或政府有关部门批准的，甚至在建设时还得到了当地政府的动员和鼓励，他们既有政府有关部门的基建批文、技改批文、生产许可证，又有产品质量合格证、金融准入等"合法"证件。还有许多明明是扰乱市场秩序、破坏公共利益的行为，有关执法部门、监督管理部门却视而不见，更有少数执法者甚至在背后撑腰，充当非法经营者的保护伞。这些现象都说明了政府管制的失效。

二、防范政府管制失效的基本对策思路

针对上述政府管制失效的主要方面。应至少考虑以下方面的措施手段，以抑制政府管制可能产生的不良后果。

1. 在许可范围内，尽量公开公共权力委托代理运行的信息，使其在委托人与代理人之间对称分布，以减少公共权力委托失灵的机会

我们必须通过制定一系列合理的制度结构来对参与管制立法和具体执行管制的成员的自利性行为和机会主义行为进行约束，重新设计政府体制与组织制度，以便让更广泛的社会阶层通过更多的信息和更灵活的方式参与政策制定、实施与评估过程，参与政府提供

49

---

① 杨继国. 诚信、非正式制度与政府管制[J]. 厦门大学学报(哲学社会科学版)，2004(3)：88.

物品和服务过程的监督与检验，解除单一集团对政府行为的垄断。只有这样，管制目标才有可能得以更好地实现。

首先，政府管制主体的设立应相对独立。在政府管制的实施中，至少要有三个相互独立的主体，即决定对某行业进行管制的立法机构，具体实施这种管制的行政性执行机构，以及被管制的对象。这三者尽管相互之间有千丝万缕的联系，但在法律概念上必须要是完全相互独立的三个主体，每个独立的主体完成其独立的使命，在管制目标的实现中扮演着不同的角色。而从整体上讲，中国政府管制作为政府经济行为中的一种，并不是通过三个相互独立的主体来共同完成的，实际上是三位一体，彼此间缺乏必要的制度制衡。这样的管制，即使管制的目标再宏伟，其最终的效果也是十分令人怀疑的。

其次，要从政府管制机构成员的任用和构成上防止公共利益目标的偏离。根据政治学家威尔森的观点，管制机构的成员可以划分为三类：第一类为职业主义者，第二类是政治家，第三类是专家。第一类属于职业主义者的成员偏好的是管制机构长期存在并发展。因为他们期望的是与管制机构建立长期的关系，以使自己的职业生涯比较稳定。他们不喜欢放松管制等任何有可能削弱管制机构权力的举措。第二类属于政治家的一类的成员，他们所关心的是自己政治生涯的发展。管制机构只是他们通向更高、更好职位的一个阶梯或跳板。大多数管制机构的成员可以归为此类。第三类属于专家一类的成员，更多地带有知识分子的色彩，他们与其他两类成员相比更追求"真理"一些。他们真正从规范经济分析的角度来考虑到底实行什么样的管制政策。如果说他们也有什么私利，那就是他们极为看重自己的专业声誉，并力求在专业研究领域不断进步。不同类型的政府管制，偏好不同类型的管制政策，都会对管制政策的制定产生不同的影响。

如在中国金融管制机构中，成员类型大多属于职业主义者和政治家的类型，属于专家类型的则比较少。因此，为了避免金融管制机构成员依据其所居的位置，出于自己的私利而使政府的管制目标发生偏离，应对中国现行的金融干部人事任免制度进行改革，切实打破以往主要看资历看表现、注重关系网的陋习。应采取聘任制，通过竞争和考核的方式任免干部。这样有利于提高金融管制机构的成员的整体素质和水平，使金融管制机构中专家类型的成员数量逐步增多，从而有利于促使金融管制机构的管制目标最大可能地接近社会福利最大化的目标。

2. 针对政府管制的寻租问题，要建立租金消散机制

寻租的根本原因是大量的制度租金的存在，"经济人"从生产性的寻利转向非生产性的寻租，主要根源在于制度缺陷。"经济人"具有自利性动机，在某种约束下以寻求自身利益最大化作为行为准则，只要制度租金存在，就会有寻租的机会和激励，就会产生寻租现象。因此，解决寻租问题的根本办法是制度创新，从制度上建立租金消散机制。

首先，要严格控制自由裁量权的使用，严格根据法律而不是"根据法官或政府官员的自由意志"实施社会的治理。统治者自由支配的事情越少，即不受法律约束的事情越少，他们才会变得不那么专制，才会比较稳重地处理政务，才会更多地考虑公共利益，社会才能不断地繁荣。实现政府行为法治化，最重要的是实现司法过程社会化。保证作为规则裁判的司法的公正、平等、公开与独立，是重构政府和法院合法性、权威性和可依赖性，维护政府和法院作为正义、民主、自由、公正、幸福的缔造者和象征的根本途径。

其次，要倡导政府管制中的"公益精神取向"①。正如布坎南所说："人们在从有组织的市场活动领域进入有组织的政治活动领域时，必须改变他们的心理配备的道德配备。……在市场组织本身性质里有一样东西，它提示人的利己动机。同时，在政治组织本身性质里也有一样东西，它压制利己动机，并提示更'崇高的'的动机。"为公益精神的象征与体现，公共权力行为对社会道德和人类文明具有很强的培植、示范、升华及威慑效应。

51

---

① ［美］查尔斯·沃尔夫. 市场或政府［M］. 北京：中国发展出版社，1994：34.

3. 建立对政府管制的激励机制

激励，就是委托人拥有一个价值目标或一项社会福利目标，这些目标可以是最小个人成本或社会成本约束下的最大预期效用，也可以是某种意义上的最优资源配置，委托人如何制定规则，使市场参加者(代理人)都能使利己行为的最后结果与委托人的目标一致（赵一夫、杨经福，2001）。换句话说，委托人怎样使代理人在达到自身效用最大化的同时，达到委托人规定的或希望的具体价值目标或社会目标，也就是要委托人设计一套信息机制，使代理人在决策时，不仅需要参考原有已获知的信息，而且需要参考由信息激励机制所发出的新信息，这些新的信息能够使代理人不会因为隐瞒私人信息或显示虚假信息而获利，甚至会招致更大的损失，从而保证代理人无论是隐瞒信息还是采用虚假信息进行欺骗都是徒劳无益的。这样，代理人就没有必要采取欺骗行为，最终保证了委托人的利益。斯蒂格利茨就认为，激励问题是一个信息问题。如果顾客总能了解他们所购买产品的质量，那么，生产优质产品的厂商就总能索取到更高的价格，而生产劣质产品的厂商就难以滥竽充数。在市场经济中有两种解决激励的常见方法，一是将私有财产与价格体系有效结合在一起来解决激励问题，二是通过签订某个合同的方法来解决激励问题。

从政府行为的整个过程分析，政府管制实际上处于多重委托—代理关系之中。由于委托人与代理人之间的目标并不一致，代理人的某些私人信息并不为委托人所知，或者委托人不能完全了解代理人的行为动机，很有可能导致逆向选择或道德风险。因此，委托人必须事前设计一种激励机制以对代理人的信息和行为作出反应，采取奖励或惩罚性措施，最终使代理人的行为目标与自己的行为目标最大限度的一致。

奖励性措施是为了提高市场经济效率而给予被管制者的激励。方法可以多种多样，其根本目的就是要给予被管制者以竞争刺激，使其提高生产效率和经营绩效。

惩罚性措施是建立和健全公共责任制度。所谓公共责任，就是让掌握公共权力的政府官员对其行动负责，其经济目标是确保公共政策及其实际实施，以及公共资源的有效分配和实施之间的和谐一致。具体措施包括：提高政府的透明度；实行听证会制度；建立申诉程序和制度；接纳公众代表参与决策和监督机构的工作，等等。公共责任制度的建立和不断完善是使市场免受任意干预的有效手段，是提高市场经济效率的关键所在，也是使政府更负责及制止腐败的有效途径。

第四章　供应链联盟对信息不对称造成的市场失败的缓解作用

▶ 第一节　供应链竞争是当前市场竞争的新焦点

当前，在经济全球化竞争的趋势下，市场竞争空间与范围空前扩大，竞争层次与强度日趋提升，导致企业经营方式及竞争规则推陈出新，不断变革。其中，最引人注目的是跨越传统企业边界，从对内部职能卓越的追求逐步发展为强调供应链管理的供应链联盟，进而通过供应链联盟将企业外部资源与内部核心战略资源整合在一起，强力培育协同与专业化等核心能力，将企业间的竞争推向更高层次的供应链之间的竞争，已显示出强大的战略竞争力。

一、供应链的概念

供应链的概念起源于波特在 1980 年出版的《竞争优势》一书中的"价值链"。最初的供应链方面的论文是 1983 年和 1984 年发表在《哈佛商业评论》上的两篇文章。① 其后，供应链的概念、基本思

---

① Kraljie Peter. Purehasing Must Become Supply Management[J]. Harvard Business, 1983(5); Shapiro Roy D.. Get Leverage from Logisties[J]. Harvard Business Review, 1984(3).

想和相关理论在美国迅速发展。到 20 世纪 90 年代初，关于供应链的文献大量出现，供应链相关的学术组织开始涌现。

但到目前为止，关于供应链的定义尚未达成统一，许多学者从不同的角度出发给出了许多不同的定义。

早期的观点认为供应链是制造企业中的一个内部过程，它是指把从企业外部采购的原材料和零部件，通过生产转换和销售等活动，再传递到零售商和用户的一个过程。传统的供应链概念局限于企业的内部操作层上，注重企业自身的资源利用。

有些学者把供应链的概念与采购、供应管理相关联，用来表示与供应商之间的关系，这种观点得到了研究合作关系、JIT 关系、精细供应、供应商行为评估和用户满意度等问题的学者的重视。但这样一种关系也仅仅局限在企业与供应商之间，而且供应链中的各企业独立运作，忽略了与外部供应链成员企业的联系，往往造成企业间的目标冲突。

后来，供应链的概念注意了与其他企业的联系，以及供应链的外部环境，认为它应是一个"通过链中不同企业的制造、组装、分销、零售等过程将原材料转换成产品，再到最终用户的转换过程"，这是更大范围、更为系统的概念。例如，美国的史迪文斯（Stevens）认为："通过增值过程和分销渠道控制从供应商的供应商到用户的用户的流就是供应链，它开始于供应的源点，结束于消费的终点。"伊文斯（Evens）认为："供应链管理是通过前馈的信息流和反馈的物料流及信息流，将供应商、制造商、分销商、零售商，直到最终用户连成一个整体的模。"这些定义都注意了供应链的完整性，考虑了供应链中所有成员操作的一致性（链中成员的关系）。

而到了最近，供应链的概念更加注重围绕核心企业的网链关系，如核心企业与供应商、供应商的供应商乃至与一切前向的关系，与用户、用户的用户及一切后向的关系。此时对供应链的认识形成了一个网链的概念，像丰田、耐克、尼桑、麦当劳和苹果等公司的供应链管理都从网链的角度来实施。哈里森（Harrison）进而将供应链定义为："供应链是执行采购原材料、将它们转换为中间产品和成品、并且将成品销售到用户的功能网。"这些概念同时强调供应链的战略伙伴关系问题。菲利普（Phillip）和温德尔（Wendell）认为供应链中战略伙伴关系是很重要的，通过建立战略伙伴关系，可以与重要的供应商和用户更有效地开展工作。在研究分析的基础上，我们给出一个供应链的定义：供应链是围绕核心企业，通过对信息流、物流、资金流的控制，从采购原材料开始，制成中间产品以及最终产品，最后由销售网络把产品送到消费者手中，将供应商、制造商、分销商、零售商直到最终用户连成一个整体的功能网链结构模式。它是一个范围更广的企业结构模式，它包含所有加盟的节点企业，从原材料的供应开始，经过链中不同企业的制造加工、组装、分销等过程直到最终用户。它不仅是一条连接供应商到用户的物料链、信息链、资金链，而且是一条增值链，物料在供应链上因加工、包装、运输等过程而增加其价值，给相关企业都带来收益。

综上所述，我们认为：供应链是指围绕核心企业，通过对信息流、物流、资金流的控制，将产品生产和流通中涉及的原材料供应商、制造商、分销商、零售商以及最终用户连成一体的功能网链结构，如图4-1所示。

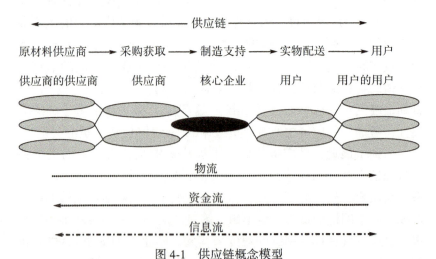

图 4-1 供应链概念模型

资料来源：李长玲. 知识供应链及其管理[J]. 情报杂志，2004（11）.

二、供应链的主要形式

作为一种过程竞争模式的供应链，其组织形式随着竞争的深入及人们能动的管理而不断演变，如果按一体化程度可以有许多表现形式，但最具代表性的有 3 种：市场交易型的传统供应链、内部一体化供应链及竞争合作型的供应链。其市场交易程度及资产关联程度见图 4-2。

图 4-2　三种典型的供应链形式

资料来源：尹柳营，杨志红. 供应链的构建及相应的问题[J]. 技术经济与管理研究，2001(1)．

1. 市场交易型的传统供应链

传统供应链通常是指核心企业通过对物流、信息流、资金流的控制，将"众多"供应商、制造商、分销商、零售商、最终用户连成一个链状结构。其管理理念是以供应链中的某个"环节"为中心，追求供应链的效率。在这种范围更广阔的企业结构模式下，能大大降低供应链内各环节的交易成本、缩短交易时间、降低中心企业存货水平及采购成本等。根据著名咨询公司埃森哲的研究，通过整合供应链，企业可以达到以下多方面的效益：总体供应链管理成本降低 10%；准时交货率提高 15%；销售周期缩短 25%～35%。但其存在如下局限性：这种管理只限于对与上下游企业直接交易的管理；这种管理的着眼点主要在于本企业利益的最大化。即便考虑到交易对方的利益，也是由双方竞争优势或交易地位使然，其直接动因也在于通过维持或维护与对方的交易而更好地实现本企业的收益。

2. 内部一体化供应链

内部一体化供应链是传统供应链的另一个极端，就是交易完全内部化，资产完全控制型的。如果从供应链角度观察国际优势企业发展的历史，就能看出，为强化供应链合作，加强对原材料供应、产品制造、分销和销售全过程的控制，不少企业都曾采取了以"资产"为纽带的"自给自足"的上下游一体化的供应链管理模式，这也是在工业化初、中期资源约束型的经济条件下非常盛行的成长模式。但在当今买方市场背景下，这种非专业化经营模式既不能形成竞争规模优势，又存在着巨大的投资及管理风险，更重要的是影响核心能力的培育与扩展，因而已被众多企业所抛弃。

3. 竞争合作型的供应链

这种类型的供应链最为稳定、成熟。各企业之间长期形成的竞争合作关系使它们之间形成了战略供应链，从而形成了供应链联盟的雏形。这种由战略供应链形成的供应链联盟是以企业交易链条上的所有重要组织的利益为中心，强调以核心竞争力为基础的资源全面优化及协同发展。战略供应链既不同于以供应链上某个"环节"为中心、片面追求最高效率的传统供应链，也不同于强调全面控制、片面追求稳定性的上下游一体化。而是处于两者之间，从自身核心竞争力出发，强调分工合作，追求稳定与效率的平衡。大量的事实证明，建立这种基于供应链的纵向战略合作组织是适应当今全球竞争的有效途径。

三、供应链的经济性质

根据现代企业理论，企业和市场是实现资源配置和生产组织的两种工具。作为产权和利益独立的一体化企业组织，其资源配置和生产组织是通过内部的计划、指令与组织活动，或称管理交易活动而实现的。而在市场中，上述功能是通过市场交易活动实现的。企业与市场这两种工具或制度安排各有其优势与劣势，并且是相互对立和替代的。企业制度的优越性在于企业内各组织间的交易关系稳定，可预见性强，信息搜寻、谈判、签约成本小，生产的组织程度强、效率高；其劣势则在于缺乏利益约束和激励机制，官僚主义盛行，对市场需求反应迟缓。市场制度的优劣则正好与企业制度相反。在市场制度中，各企业以平等的地位进行交易，利益激励约束机制强，但信息搜寻、谈判、签约及履约成本高。

由此看来，单纯依靠企业制度或单纯依靠市场制度均无法实现交易成本的最小化和收益的最大化。在这种情况下，企业在经营过程中会不断比较和权衡企业内管理交易成本与企业间市场交易成本的大小，通过市场竞争、淘汰与选择机制而实现最优化。其具体方式包括企业的扩张或缩小，以及兼并或分拆。扩张和兼并通过将原来独立企业间的市场交易内部化、一体化来用企业内管理交易取代市场交易。与之相反，缩小或分拆则是通过将企业内交易外部化而用市场交易取代企业内的管理交易。这种企业组织形式的变化，是调整企业内管理交易成本与市场交易成本比例的主要途径。

然而在现实中，介于这两者之间，还有一种理论上最优的准市场组织，是企业之间为追求协同互补，增强整体竞争优势而建立的准市场协调组织。它使供应链成员企业间的关系既不再是完全的市场关系，但也不是通过并购而建立的完全一体化的关系，而是一种类似于企业集团或战略联盟的准一体化组织或交易关系。有人形象地将市场、企业、准市场组织分别描述为："看不见的手""看得见的手""握手"。①

图4-3将供应链按交易性质或一体化程度分为市场交易关系、准市场交易关系及完全一体化关系。准市场组织是冲破企业边界，有效整合企业间关系的崭新组织形态，本书所说的战略供应链本质上就是一种准市场交易关系，是整合上下游企业的战略思想和工具。

59

---

① 江若尘. 大企业利益相关者问题研究[M]. 上海：上海财经大学出版社，2004：134.

市场交易　　　　准市场交易　　　　完全一体化

无 --> 强

供应链一体化的程度

图 4-3　供应链关系

资料来源：李克宁，张琦. 供应链的准一体化组织特征及相关企业决策［J］. 物流技术，2004(5).

第二节　供应链联盟的产生原因、类型、特征、模式和优势

随着供应链管理①的不断发展，一种新型的准市场组织形式——供应链联盟(Supply China Alliances)蓬勃兴起。供应链联盟是在竞争、合作的市场环境下，由供应链上一些相互独立的实体为实现某种共同的市场目标(如缩短提前期、快速响应市场机遇)而结成的联盟，每个伙伴企业在各自的优势领域(如设计、制造或分销等)为联盟贡献自己的核心能力，相互联合起来实现优势互补、风险共担和利益共享。

从文献所反映的状况来看，它正在逐步取代企业集团和战略联盟的位置，被视为未来企业组织形式发展演变的主流趋向。有相当

---

①　一般认为，进行供应链管理的时间要早于供应链正式概念的提出时间。关于供应链管理的定义有多种不同的表述。马士华认为供应链管理是通过前馈的信息流(需方向供方流动，如订货合同、加工单、采购单等)和反馈的物料流及信息流(供方向需方的物料流及伴随的供给信息流，如提货单、入库单、完工报告等)，将供应商、制造商、分销商、零售商直到最终用户连成一个整体的模式。陈国权认为供应链管理是指对整个供应链系统进行计划、协调、操作、控制和优化的各种活动和过程，其目标是要将顾客所需的正确的产品能够在正确的时间，按照正确的数量、正确的质量、正确的状态，送到正确的地点并使总成本最小。

一部分世界知名的大企业，如 IBM、思科、戴尔、沃尔玛、丰田、尼桑和耐克等公司，通过构建灵活和有效的供应链联盟，极大地提高了经营效率，巩固或确立了自己的领导地位。

一、供应链联盟的产生原因

（一）"纵向一体化"管理模式的困境是供应链联盟产生的直接原因

长期以来，为了在市场竞争中取得主动，核心企业总是试图对产品生产过程中所需资源进行全程控制，对提供原材料、半成品或零部件及分销渠道中的企业或组织等，采取筹资自建、投资控股或兼并等方式以形成一个统一的企业组织，即所谓的"纵向一体化"管理模式。如果说在市场环境相对稳定的条件下采用"纵向一体化"战略是有效的话，那么在进入 20 世纪 80 年代以后，随着社会生产的日益复杂化和消费者对交货期要求越来越苛刻，"纵向一体化"模式已越来越不能适应当代全球竞争的新形势，主要表现在以下几个方面：

（1）对于复杂多变的市场需求，庞大的企业组织无法敏捷地作出响应。

（2）有限的资源消耗在众多的经营领域中，企业难以形成突出的竞争优势。

（3）无论是自建、控股还是兼并，企业都必须进行巨大的投资，但日益频繁的经济波动使企业难以承受过重的投资和长期的建设周期带来的风险。

（二）市场环境的巨大变化使企业信息协调发生严重困难是供应链联盟产生的外部原因

长期以来，市场供不应求，企业所面临的市场相对稳定，所以企业中各组织之间、各部门之间的协调问题相对比较容易。进入 20 世纪 80 年代以来，技术进步和需求多样化使得产品寿命周期不

61

断缩短，对产品和服务的期望越来越高，企业所面临的市场环境发生了巨大的转变，从过去以供应商为主导的、静态的、简单的卖方市场环境，变成了现在以顾客为主导的、动态的、复杂的买方市场环境。在传统的企业管理思想指导下，采购、生产、销售职能部门没有形成"链"，各自为政，相互脱节，片面追求本部门利益。企业和各供应商没有协调一致的计划，缺少有效的信息沟通与集成，其后果是出现美国著名的供应链管理专家 Haul. Lee 教授所描述的需求变异加速放大现象，即当供应链上的各节点企业只根据来自其相邻的下级企业的需求信息进行生产和供应决策时，需求信息的不真实性会沿着供应链产生逐级放大。到达最源头的供应商时，其获得的需求信息和实际消费市场中顾客的需求信息已发生了很大的偏差。由于这种需求放大效应的影响，上游供应商往往维持比下游供应商更高的库存水平，如图 4-4 所示。显然，这种现象将会给企业造成产品库存积压严重、服务水平不高、产品成本过高及质量低劣等问题，这必然会使企业在市场竞争环境中处于不利的地位。因此必须考虑对传统供应链进行改进来缩小需求信息的失真程度，增强企业的敏捷性和响应性。

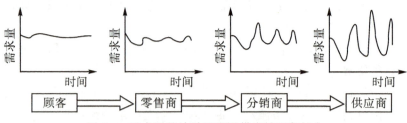

图 4-4 需求量的波动程度沿供应链不断扩大

资料来源：傅烨，郑绍濂. 供应链中的"牛鞭效应"——成因及对策分析[J]. 管理工程学报，2002(1).

(三)信息技术的飞速发展是供应链联盟产生的技术保障

20 世纪 90 年代以来，随着计算机技术、通信技术的日益发展与融合，特别是 Internet 在一系列技术突破支持下的广泛应用和日益完善，信息技术革命的影响已由纯科技领域向市场竞争和企业管理各领域全面转变。这一转变正在直接对企业管理中的传统观念和行为产生巨大的冲击。信息技术革命带来的信息传递和资源共享突破了原有的时间概念和空间界限，将原来的二维市场变为没有地理约束和空间限制的三维市场。

信息技术实现了数据的快速、准确传递，提高了仓库管理、装卸运输、采购、配送、订单处理的自动化水平，使订货、包装、保管、运输、流通、加工实现一体化，企业间的协调与合作在短时间迅速完成。

一个全球性的电子工商业正在出现，跨企业信息系统、电子数据交换、Internet、Intranet 等新技术对传统的经营模式产生了深刻的影响。企业内部和企业间实行计算机之间的商业数据交换后，数据交换的速度和可靠性会大幅度提高，成本降低，效益增加，这一切无疑有益于加强企业之间的合作，进而为供应链联盟的产生创造良好的技术环境。

（四）企业权衡交易成本和组织成本的大小是供应链联盟产生的内在动力

交易成本的概念是科斯首先在他著名的论文《企业的性质》中提出的。科斯指出：既然经济理论强调了市场竞争机制的效率，为什么许多经济活动仍发生在这个价格系统之外，即发生在以集中指挥取代市场交易的厂商内部。科斯的结论是：使用市场一定产生了成本，并可以在厂商内部得以消除。这些成本就被称为交易成本。

成本问题是企业组织存在的基础。供应链中的成本包括：企业内部运作组织成本、结点间的交易成本。

交易成本经济学理论认为：通过实施纵向一体化在企业内部配置资源具有交易成本方面的优势。而经由市场配置资源具有效益方面的优势，当市场管理效益大于企业交易成本，小于市场交易成本，且高于企业管理效益时，必然发生中间性的组织模式。供应链联盟正是这样一种中间性组织，能够兼具以上两方面的优点（合同

63

约束和产权约束共同发挥作用，或者一种机制促使另一种机制发挥更大的作用)，又能克服两者的弊端(科层组织信息不对称和市场中一次交易的巨大成本)，使资源配置活动可以更有效率地进行。

无论是完全竞争市场，还是不完全竞争市场，都存在着市场交易成本。当企业的组织成本大于交易成本时，企业更倾向于把经济活动拿到市场上进行交换，企业的规模就会减小；当组织成本小于交易成本时，企业就想把一切业务揽在自己手中，企业的规模就会不断扩大。

按照交易经济学的观点，企业是越大越好，纵向一体化肯定比市场契约更具优越性，因为依靠内部组织可以节约很多交易成本。但是，单纯的纵向一体化也有弊端。所以，必须权衡交易成本与组织成本的矛盾，我们可以采用"和函数最小选优原则"。

供应链联盟没有产生时，企业的组织规模有其局限性，随着企业扩大规模，企业与其他企业较少发生交易，交易成本很低，而企业内部运作成本增加，发展到一定程度，规模经济难显其优势，组织的总成本(组织成本和交易成本之和)反而会呈递增趋势，如图4-5所示。

因此，市场中企业运行的总成本有节约的可能性。根据对交易成本和组织成本的分析，我们发现，供应链联盟产生后，企业的交

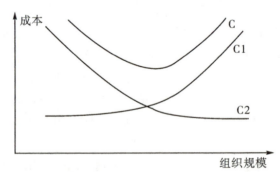

C：组织成本和交易成本之和；C1：组织成本；C2：交易成本

图4-5 组织规模对成本的影响

资料来源：陈娅娜，鞠颂东. 供应链管理的经济学动因[J]. 铁道物资科学管理，2004(4).

易成本会增加，而组织成本会降低，那企业运作的总成本会降低吗？下面就从正面来定性地分析供应链联盟的产生对降低总成本的好处。

通过供应链联盟运作，可以找出企业内部的不增值作业、非核心业务，把这些不增值作业和非核心业务外包出去，这虽然带来了交易成本一定量的增加，但一般比企业自己进行这些业务活动的成本来得低，所以企业运作的总成本会降低。

通过供应链联盟运作，利用上下游企业的价值链来降低交易成本。例如，通过与上游供应商共同协商能降低供应商产品成本的办法，并付诸实施，通过供应商的及时供货降低本企业的库存和采购成本；可以和分销商一起协商降低销货成本；可以通过零售商了解顾客的消费倾向及对产品的要求，达到降低产品生命周期的成本。一方面，相比较原来各企业对立竞争的状态，供应链联盟的企业会因为彼此间的合作而自愿地降低交易价格，使得企业的交易成本降低。另一方面，供应链联盟的企业会由于彼此的协商，带来企业内部相应成本的减少，从而达到企业运作总成本的降低。

（五）市场的竞争合作是供应链联盟产生的根本原因

市场作为一个复杂的系统，呈现出多维、复杂、纵横交错的多重特征，必然体现出竞争中有合作，合作中有竞争的"竞合"特征。"竞合理念"是竞争理念的进化，是市场理性发展的结果，是社会发展的必然要求。就企业而言，同业竞争者、潜在进入者、替代品的威胁、供方议价能力、买方议价能力等诸多因素，都是影响其竞争力的基本力量，如图4-6所示。就是说，企业的竞争不仅存在于横向的同业之间，同时还存在于纵向的交易各方之间，以及与其他相关各方进行互动的市场空间中。这样的情况下，企业为了在纵横交错的竞争中谋求自身权益的最大化，必须兼顾、平衡各个方向的利益。况且，在追求企业价值最大化的过程中，存在创造价值与分配价值两种行为，它们有时交替发生，有时同时发生。而在创造价值活动中，合作是不可缺少的；在分配价值过程中，竞争的成分会多一些。由此可见，竞争进化为竞合不仅是必要的，而且在一定意义上也是必然的。

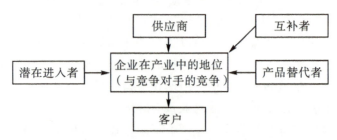

图 4-6 与企业有关的六种力量

资料来源：谢企华. 企业竞争的新焦点——战略供应链[J]. 管理学报，2004(3).

供应链联盟与传统供应链最大的区别在市场"竞合"理念上。与传统供应链以自我为中心、交易双方互相挤压价格和利润的零和博弈不同，供应链联盟以"供应链整体"为中心，强调整体博弈，谋求"多赢"，并以未来的长期利益为指向，精心选择合作伙伴，将其联结为一个不可分割的、协调发展的整体。强调快速反应市场需求及战略差异化，追求高稳定、低风险、低成本、高效益，从而达到供应链整体价值的最大化。

由此可见，现代意义上的供应链联盟介于上下游一体化及市场交易之间，是市场"竞合"的产物。它不仅能稳定交易关系、促进技术创新、提高进入壁垒，还能有效避免一体化供应链所存在的增加经营杠杆、降低交易灵活性、弱化激励等负效应，从而在核心竞争力得以巩固与发展的基础上，实现稳定与效率的平衡。

二、供应链联盟的概念、特征和类型

（一）供应链联盟的概念

供应链联盟是以供应链为合作基础的企业战略联盟，它是指供应链上的两个或多个企业之间，为了实现供应链的战略目标，通过各种协议、契约而结成的优势互补、风险共担的松散型网络组织。

普遍认为，供应链联盟是由供应商、制造商、运输商、分销商以及零售商组成的网络，它把物料加工成中间品或成品，再把成品送到用户手中，其目的是更好地满足用户的需求，从而占领更大的市场份额。这是 20 世纪 80 年代才大量出现的一种企业发展方式。供应链联盟存在的基础是联盟成员的相互依赖性，即联盟内各企业之间存在着上下游供应的经济相互依赖性。

（二）供应链联盟的特征

供应链联盟具有不同于一般法人企业、也不同于一般经济组织的特征。供应链联盟的运行机制所强调的集体理性和效率、公正、公平促使参与供应链的企业在组织和经营管理行为上进行转型与创新。在付诸实施的过程中，不仅要求整体战略及其理念的重整与变革，同时也需要足够的内外部资源作支撑，这无疑是一项艰巨而复杂的系统性工作。

供应链联盟的基本特征可归纳为：

1. 组织的松散性

供应链联盟以共同利益为基本目标，其所建立的通过事先达成协议而结成的平等关系，并非是独立的企业实体，联盟各成员之间的关系也就不很稳固。成员企业借助供应链联盟获得所需的资源、技术和竞争能力，并实现预期的战略利益后，往往会甩开联盟伙伴，去寻找新的合作机会和合作伙伴。于是原有的供应链联盟消亡了，而新的联盟又会出现了。例如出现了新的上游或下游企业，各成员又可能会为了各自目标，与其他企业结成新的供应链联盟。因此，供应链联盟本身是动态的、开放的临时体系，是一种松散的企业间组织形式。

2. 合作与竞争共存

传统的企业竞争是以竞争对手消失为目标的、对抗性极强的竞争，供应链联盟的出现改变了这种竞争方式。企业间除了对抗性竞争外，还可能存在合作，尤其是上下游企业之间更是如此。为竞争而合作，靠合作来竞争，从而形成了"竞合"的局面。供应链联盟各方是在共同利益基础上，以实现资源互补、相互信任、相互独立为目的。这就从根本上改变了合资企业之间或企业集团内部依赖股权多少来决定企业间的从属关系。

3. 联合的协同性

一方面，当产业结构变化时，企业原先拥有的竞争优势将逐渐丧失。那些不能依靠自身资源对产业结构变化作出反应的企业，就会强烈地要求利用外部资源弥补自身的不足。另一方面，随着全球经济一体化趋势的深入发展，单个企业的实力难以与已形成规模的其他国外企业抢夺其已占据的市场份额，从而形成了市场进入的难度。这就要求企业从维系原有内部管理的资源积累向适应新环境的资源积聚转变，如与国外营销渠道建立联系。这样，企业对外部资源的依赖性越来越大，企业间协同性也就日益显得重要了。

4. 形式的多样性

供应链联盟可以产生于价值链的各个环节(从研究开发到售后服务)，涉及众多行业。从产生方式来看，包括技术转移、相互特许、中间产品联营、合作生产、管理协议或市场协议等多种方式，形式多种多样。有时，甚至会出现同时采用几种形式的情况。

5. 具有自身明确的核心业务及核心竞争力

供应链联盟的理念之一是培植、发展、巩固核心竞争力和核心产品，其重要的运行机制就是核心竞争力的协同。身处其中的企业只有在有效界定自身的核心业务及核心竞争力的基础上，才能选择适当的合作伙伴，加入适当的供应链，以放大自身价值，弥补自身不足，也才能有效提升整体供应链的市场领导地位和竞争实力。

6. 联盟重视战略管理

可以说，供应链联盟的合作各方是基于长远战略利益而结合在一起的，但仍然具有独立性，其权利与义务是平等的。这种情况下，供应链联盟的管理与传统的行政管理或具体业务程序的管理有很大的不同，需要极强的战略协调能力，许多合作的失败都是管理的失败。所以必须设定动态的战略评估指标，委派最优秀的管理代表。同时，选择合作对象也至关重要，一般要选择企业文化、价值观相同或相近的，正所谓"道不同，不相与谋"，双方没有互相理解的战略理念，很难想象能够顺利合作，即使合作，也会因管理成本过高而失败。①

7. 供应链联盟具有一体化、信息化的平台

这是实施供应链联盟一体化管理的关键技术基础。没有各节点企业内部的信息化、一体化，没有内部的统一规划、统一采购、统一生产、统一物流配送和统一销售，就不可能从整体供应链上来控制采购、生产、仓储、运输、配送、销售等物流环节的效率和成本。

8. 供应链联盟的核心理念是以诚信为基础的竞争合作

经济全球化改变了产业组织模式，供应链管理是在"竞争—合作—协调"机制作用下，以分布企业集成和分布作业协调为保证的新的管理思想和企业运作模式。为顺应这一管理变革，企业应进行一次志在获得文化重塑、组织创新和业务重组的企业再造。作为竞争与合作相结合的竞合理念，是市场经济的本质特征，是竞争理念的进化，是产业及企业可持续发展的保证。只有诚实互信，树立竞合理念，才能进一步摆脱各自为政的束缚，更好地打造供应链联盟。同时也要求各节点企业要建立"大企业"的概念，形成"大企业事业体系"。无论是消费者、销售商，还是供应商，都属于"大企业事业体系"的成员，是整体供应链的关键组成部分。

因此，供应链联盟有 4 个要素的关系，如图 4-7 所示。即诚信是前提，信息化是基础，战略管理是保证，核心能力是关键。

图 4-7　构建供应链联盟的基本要素

资料来源：谢企华. 企业竞争新焦点——战略供应链［J］. 冶金经济与管理，2005(1).

---

① ［英］唐纳德·索尔. 创造优势［J］. 北京：企业管理出版社，2004.

（三）供应链联盟的类型

根据不同的分类标准，供应链联盟可以有不同分类：

1. 按照联合的职能分类

供应链联盟可分为资源补缺型、市场营销型和联合研制型三种。这是美国学者劳兰基（P. Lorange）的分类方法，他把研究、发展、制造等视为上游活动，而把市场营销等视为下游活动。

第一种是联合研制型供应链联盟。为了研究开发某种新产品，联盟各方根据各自的优势，分别提供诸如资金、设备、技术、人才等要素，充分利用联盟的综合优势，联合开发新产品，从而提高了技术研究成功的可能性和加快了开发速度，并在研制成功后，实现技术共享的目的。

联合研制型供应链联盟中的成员多为风险型企业，这类联盟在微电子、生物工程、新材料等产业较为常见，其具体可细分为知识联盟和产品联盟。两者各有不同的特点。第一，知识联盟的中心目标是学习和创造知识，以提高核心能力；产品联盟则以产品生产为中心，合作的目的在于填补产品空白、降低资金的投入风险和项目的开发风险，以实现产品生产的技术经济要求，而学习所扮演的角色微不足道。第二，知识联盟比产品联盟更为紧密，企业之间为学习、创造和加强专业能力，相关人员必须一起紧密工作；知识联盟追求的是互相学习交叉知识。第三，知识联盟的参与者更为广泛。产品联盟通常是在竞争者或潜在的竞争者之间形成的；而知识联盟能够在任何组织之间形成，只要该组织有利于提高参与者的专业能力。第四，知识联盟比产品联盟具有更大的发展潜能。产品联盟可以帮助企业抓住商机、保存实力；而知识联盟能够帮助企业扩展和改善其核心能力。

第二种是市场营销型供应链联盟。该类联盟多流行于汽车、食品和服务业等领域，重点在于互相利用各自供应链体系中的下游环节，其目的在于提高市场营销的效率和市场控制的能力。这类联合是抢占市场的有效手段，能够较好地适应多样化的市场需求。不足之处在于，这类联盟是以降低环境的不确定性为目的，而不是致力于提高联盟各成员的核心能力，因而不能带来持久的竞争力。

第三种是资源补缺型供应链联盟。即以上游活动与对方的下游活动结成的供应链联盟。这里有两种情形，一种是拥有独特技术的企业，为了接近海外市场或利用对方的销售网络而结成的联盟。这类联盟在取得资源互补、风险共担、规模经济及范围经济等优势的同时，往往忽视自身核心能力的提高。另一种情形是企业与用户的联合型供应链联盟。通过这种方式，企业将生产与消费、供给与需求直接联系起来。如世界机器人的最大生产厂家日本发那科（FANVC）公司与世界机器人最大用户美国通用汽车公司于1982年在美国创办的通用—发那科（FANVC）机器人开发公司即属于此类。

2. 按照所有权分类

供应链联盟按所有权的关系可分类为对等占有型和契约型两种。

第一种是对等占有型供应链联盟，它是指合资生产和经营的项目分属联盟成员的局部功能，双方母公司各拥有50%的股权，以保持相对独立性。相互持股型供应链联盟中，各成员为巩固良好的合作关系，长期地相互持有对方少量的股份。与合资、合作或兼并不同的是，这种方式不涉及设备和人员等要素的合并。这类联盟中有时也可见采取单向的、少量投资于其他公司的情况，目的在于与这些公司建立良好的合作关系。

第二种契约型供应链联盟又称为虚拟公司，是由一些独立的企业在自愿的基础上，为了实现某一特定的目标而突破企业界限，在广阔范围内联合产品设计、工艺技术、生产制造、经营销售等方面优势的诸多企业间所形成的松散联合体。它是依靠信息技术而结成的企业间临时网络，是一种机动灵活的新型企业组合方式。常见的形式包括：技术交流协议、合作研究开发协议、生产营销协议、产业协调协议，其中以联合研究开发和联合市场行动最为普遍。

虚拟公司实际上是寻求各生产经营环节、各生产要素优化组合的一种形式。由于它不是固定组织，因而大大节省了组织成本。虚拟公司作为一种新型组织形式，具有很高的要求，它既要

71

求管理者具有较强的协作精神，又要求管理者有较高的系统协调能力和统合能力，要求合作者间建立互相信任的关系，要求有先进的信息技术手段，以及各生产经营环节都能高效率地运行。"虚拟企业"主张为顺应空前激烈的竞争形势，把握市场机遇，利用当今发达的网络技术，实现由不同企业为某一特定任务组织成灵活的联合企业。在这种环境下，小企业也可以做到一些以前只有大企业才能做的工作。"小"不再是弱势，而出现了所谓"小的就是美好的"之说。

3. 根据联盟企业所处的供应链环节划分

(1)横向(或水平)供应链联盟。横向联盟是指在供应链中承担相同环节任务的企业(如供应商与供应商)之间的联盟，如 R&D 联盟、制造联盟、销售联盟等。

(2)纵向(或垂直)供应链联盟。纵向联盟是指在供应链中承担不同环节任务的企业(如生产商与供应商或分销商)之间的联盟，如产销联盟等。

(3)混合供应链联盟。事实上，供应链中的企业与其他企业之间既可以存在横向联盟也可以存在纵向联盟，并且常常是两种关系同时存在。因此，这种分类还包括兼具横向联盟和纵向联盟双重性质的混合联盟。

4. 根据联盟的稳定性划分

(1)稳定供应链联盟。此类联盟是指基于相对稳定、单一的市场需求而组成的，具有相对固定的合作成员和固定的分工组合以及较长时间合作关系的供应链联盟，若干供应链实体(如供应商、生产商、分销商等)之间结成一种长期稳定的战略合作伙伴关系。

(2)动态供应链联盟。此类联盟是指基于相对频繁变化、复杂的市场需求而组成的供应链联盟。因企业战略调整或适应市场竞争环境变化的要求，供应链联盟需要及时调整或重组，成员企业也需要动态地更新，因而它是一个动态的、开放的体系，具有很高的组织柔性和市场适应性。而且，这些供应链实体是为了快速有效地响应市场机遇而进行合作，预定目标一旦实现，供应链联盟也随之解体。当出现新的市场机遇时，又组建新的供应链联盟。这种动态虚拟性保证了供应链联盟的形式灵活、构造快捷和迅速响应市场。

5. 三种典型的供应链联盟

（1）供应商—制造商供应链联盟。这种类型的联盟强调结盟的供应商和制造商之间信息共享，通过合作和协商协调相互的行为以达到双赢的目的。在这种模式下，制造商一般只选择较少的供应商甚至单源供应，并与供应商达成长期合作的协议。联盟最大的好处在于使准时采购变得可能。所谓准时采购是从准时生产发展而来的一种管理哲学。它的基本思想是在恰当的时间、恰当的地点，以恰当的数量、恰当的质量提供恰当的物品。通过实施准时采购，供应链可以减少库存，加速周转、缩短提前期，从而降低成本，加快反应速度并增强供应链的柔性。通过联盟的建立，制造商还可以把供应商集成入新产品开发中。

（2）供应商—零售商供应链联盟。这里的供应商是指零售商的供应商。零售商与其供应商之间建立联盟在许多行业中非常普遍，主要形式有快速反应、连续补充、高级连续补充以及供应商管理库存四种。各种形式的主要特点见表4-1。

表4-1　　**供应商—零售商供应链联盟的主要特点**

	决策者	存货所有权	供应商的新技能
快速反应	零售商	零售商	预测技能
连续补充	通过契约型协商达到一定服务水平	每一方	预测与库存控制
高级连续补充	通过契约型协商达到一定服务水平并持续改善该服务水平	每一方	预测与库存控制
供应商管理库存	供应商	每一方	零售管理

资料来源：史晓东，关志民. 供应商管理库存新模式（VMI）及其在我国的应用［J］. 冶金经济与管理，2004（5）.

上述四种形式中"供应商管理库存"（VMI）系统是最高级的形式。所谓供应商管理库存是指供应商决定每一种产品的恰当库存水平（在商定的界限内），以及维持这些库存水平的恰当策略。零售商—供应商伙伴关系可以看做是一个连续体。一头是信息共享，零售商帮助供应商更有效地计划，另一头是寄售方式，供应商完全管理和拥有库存，直到零售商将其售出为止。

（3）第三方物流。第三方物流就是利用外部的公司完成企业全部或部分物料管理和产品配送职能。这是一种互惠互利、风险共担、回报共享的第三方联盟。现代的第三方物流往往不单是长期合作的，而且是多功能的。这种联盟最大的优点在于能使企业将其资源集中于核心能力，而把相对不够擅长的物流及附属业务外包给专业的物流公司，从而提高了整个供应链联盟运作的效率。当然，如果物流是企业的核心能力之一，外购相关的职能则是没有意义的，因为第三方物流公司的能力可能还不及自己。例如零售巨头沃尔玛就是自己建造和管理配送中心。

此外，还有一种广泛存在的联盟形式——经销商一体化（DI）。它一般是指由制造商牵头，组织经销商形成一个信息共享、调剂余缺的经销商横向联盟。这种模式可以用更低的成本提供更好的服务。由于形成了一个覆盖整个经销网络的库存蓄水池，因此能够在有效地抵御缺货的风险的同时大幅度地降低库存水平。

下面，以制造商为核心企业为例，用图 4-8 表示供应链联盟的一般运作模式：

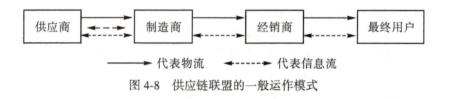

图 4-8　供应链联盟的一般运作模式

而供应链成员企业与核心企业之间的关系可用图 4-9 表示：

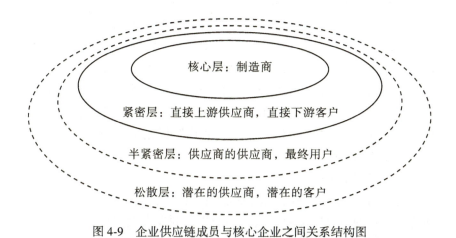

图 4-9 企业供应链成员与核心企业之间关系结构图

三、供应链联盟的基本运行模式、生命周期及优势

(一) 供应链联盟的基本运行模式

1. 分包制

分包制是现代供应链联盟的初级形式，它是日本企业在 20 世纪 80 年代采用的以长期交易为基础的"准结合"方式。它将存在供求依赖关系的企业连接起来，有效解决了"纵向一体化"所不能解决的内部摩擦、反应速度迟缓和 X 非效率等一系列问题。这种模式以一组存在于供应链联盟上所有企业之间的正式或非正式的"关系性契约"为保证。与早期的单纯注重生产的协调性不同，分包制是以面向最终需求的灵活调整能力为核心，这刚好适应当时的市场和技术变化速度加快，消费者需求多样化的要求。

分包制的典型代表就是丰田汽车的"系列化"生产体制和"准时制"的生产方式。丰田汽车通过长期的交易纽带结成了一条从初级供应商到最终销售商和消费者的链条，并以此为基础，通过"传票卡"方式将订单信息逐节向前反馈到供应链的起点，然后根据反馈

75

的物料流来实现最终产品的生产。在这种分包制下所形成的产业组织体系中，丰田公司整个生产过程被专业化分工分割为数目众多的生产加工单元(工序及协作企业)。同时，这些数目众多的生产单元又被专业化协作一环扣一环地紧密连锁起来，从而形成了一个"离而不断，合而不乱"的有机整体。通过分包制，丰田实现了真正的"无缝衔接"、零库存和快速市场反应等目标，形成了高效运转的供应链系统，传统的"大规模标准化"转化为"大规模定制"这一更为灵活的生产方式。

2. 合作协议制

进入 20 世纪 90 年代，信息技术获得了突飞猛进的发展，产品创新和技术创新速度加快，新产品的生命周期大大缩短。技术更新速度的加快、信息普及程度的提高以及消费者收入水平的上升，使需求呈现出高级化、个性化和多样化的趋势，单个企业仅靠自身内部资源的整合难以满足快速变化的市场需求。随着信息技术的广泛使用，互联网的出现及通信成本的降低，企业的生产方式发生变革：一方面，企业可以通过建立内部网络、CIM 和 ERP 来实现内部流程的集成；另一方面，企业可以利用电子数据交换系统借助互联网进行交易和信息传递。这些大大降低了企业之间的外部交易成本，使供应链联盟上的企业可以更加紧密地连接在一起。这样就出现了新型的供应链联盟，即企业根据市场环境的变化和技术主流的走向来调节自己在产业链中所处的位置。他们通过签订一系列的业务或战略合作协议来结成一个联盟，这种联盟形式被称为合作协议制。

美国是实行合作协议制的代表性国家，它进行的"横向革命"的基本方法就是企业将有限的资源集中于核心业务，将尽可能多的业务单位分离出去，并与其他企业建立合作伙伴关系，通过不同企业的合作和分工，实现优势互补，以减小系统风险，突出核心业务，发挥核心能力的作用，达到"双赢"的效果。这种变化在以后的发达国家信息产业和制造业里较为普遍。以汽车工业为例，目前整车厂商和零部件供应商的关系正由"控制"向"伙伴与联盟"发展。整车制造商将核心竞争力集中于研发和市场营销中，而将非尖端技术的零部件生产通过"全球最佳采购法"分包给供应企业，从而在全球范围构建以自己为核心的供应链联盟。如福特汽车 Festive 是在美国完成设计，在日本生产发动机，在韩国完成汽车零部件的生产和装配，然后运往美国和世界各地市场销售。

（二）供应链联盟的生命周期

作为一种先进的组织形式，供应链联盟会长期存在；但是，作为具体的供需网络，供应链联盟有其发生、发展和消亡的过程，即供应链联盟具有生命周期。根据供应链联盟成长各阶段的发展特征，供应链联盟的生命周期可划分为孕育期、高速发展期、成熟期和衰退期。供应链联盟的生命周期与产品生命周期有着密切的联系。

1. 孕育期

孕育期是供应链联盟的筹备组建阶段。为有效整合内外资源优势，企业根据外部经营环境和内部条件，寻找合作伙伴，签订契约，构建供应链联盟，与合作伙伴共同管理某个或某几个相关产品的采购、生产和分销活动，并确定供应链联盟的核心企业，明确各参与方在供应链联盟中的职责分担。

2. 高速发展期

供应链联盟由具有相当经济实力、存在产品供需关系的若干独立和半独立企业构成，一旦形成，就会快速进入高速发展期，即成员企业之间的合作关系进入正轨，合作更加深入，合作范围更广，供应链联盟的利润分配和风险分担也处于一个不断调整完善的过程。本阶段供应链联盟的整体优势得到充分体现，生产和流通成本显著降低，消费者满意度提高，供应链联盟的整体收益快速增加。信息共享、合作企业间的相互协调是保证本时期供应链健康发展的关键。

3. 成熟期

成熟期是供应链联盟的黄金时期。这时期上下游合作伙伴之间的关系趋于完善，生产和流通成本稳定，供应链联盟的整体收益高且稳定持久，最高收益出现在这一时期。本阶段利润的分配、风险的分担基本得到完善解决。

4. 衰退期

作为以产品为核心形成的供需网络，供应链联盟的生命周期与产品的生命周期密切相关。当相关产品的生命周期结束，原来以这种产品（或几种产品）的原材料供应、制造和销售为基础所形成的合作关系也相继解体，并使供应链联盟最终走向衰亡。

（三）供应链联盟的优势

供应链联盟使得企业内部供应链管理延伸和发展成为面向全行业的产业链的管理，管理的资源也从企业内部扩展到了外部。

1. 形成系统思想

各个企业及独立部门相互协调、信息共享，将供应商、制造商和销售商看做是一个系统的有机整体，可以培养各个企业的独立部门之间的竞争、合作的思想。

2. 减少各种成本

从交易过程看，可减少相关交易费用。由于供应链联盟合作伙伴关系之间经常信息共享，协调合作，使交易的信息费用、履约的风险费用降低。如果发生冲突，也因长期合同关系的建立，博弈方会通过协商加以解决，从而避免了仲裁、法律诉讼等费用。

从交易主体看，可减少附加费用。合作伙伴关系的长期共同的经济利益及互通合作，一方面提高了博弈方对交易不确定性因素的认知水平，减少了因交易主体的"不确定理解"而产生的附加费用；另一方面，极大地抑制了交易博弈方的短期机会主义行为，使博弈方以全局的目标自律性地实现供应链的最优化。

从交易资金看，可提高资金周转率。合作伙伴关系博弈方的相互合作和诚信，可使交易资金支付速度加快，使有形货币在流通中通过增加周转次数而产生更多的无形货币，即增加了博弈方的利润。

从交易的效果来看，可以降低机会成本。合作伙伴关系博弈方的固定收益，可使博弈方比较固定地进行长期的合作，因此，不会将有限的资金和精力投入到其他的交易中去，从而减少了机会成本的发生。

供应链联盟合作伙伴彼此了解，利益分配比较合理，不再将存货看做是供应链中供应与需求不平衡的首选方案，这可以为企业减少存货、降低成本。另外，合作企业之间是相互信任的，在信息共享和利益相关的情况下，各个成员的信息基本可以达到对称，降低了交易成本。

3. 提升核心能力

核心能力是指一个组织内部在自己所从事的生产和服务中具有的一系列互补的技能和知识的结合，它具有使一项或多项业务达到竞争领域一流水平的能力。联盟合作关系的形成是不能以降低或丧失自己的核心能力为代价的，反之，能够借助联盟方的核心能力来形成、维持甚至提升自己的核心能力。

供应链联盟所产生的竞争优势在实践中得到了检验。在 Pittiglio Rqbin Todd & Mc Grath 组织资助下，研究人员对其应用效果进行了为期两年的研究，调查了 90 家离散型制造企业和 75 家流程型企业，得出如下结论①：

（1）供应链的总成本下降了 10%（以 1996 年为对比基点，以下同）；

（2）供应链系统中企业的按时交货率提高了 15% 以上；

（3）订货—生产的周期缩短了 25%~35%；

（4）供应链中企业的生产率提高了 10% 以上；

（5）供应链中的企业资产增长率为 15%~20%。

从中可以看出，供应链联盟各方在不同程度上都获得了利益。

第三节　供应链联盟对信息不对称造成的市场失败的缓解作用

通过上述分析，我们认为，供应链联盟作为一种准市场组织，

---

① 沈厚才，陶青，陈煜波. 供应链管理理论与方法［J］. 中国管理科学，2003（3）.

其最突出的特点在于：供应链联盟各企业突破传统企业组织的有形界限，更有利于实现信息共享，促进彼此之间建立合作伙伴关系，通过有效整合企业内、外部资源，最终实现企业的战略目标。

一、供应链联盟成员的博弈分析

供应链联盟的特点，决定了供应链联盟成员的行为基础。研究供应链联盟成员的行为基点，实际上是要研究每一个供应链联盟中的单个企业作为一个独立的行为主体问题，它既是一般意义上的行为主体，又是供应链联盟的一个成员。

1. 供应链联盟成员作为独立经济主体的行为规范

经济主体行为的一般行为基点不外乎：

（1）经济人的假设，追求自身利益最大化；

（2）理性行为的假设，但理性是有限的；

（3）风险厌恶，在确定性和不确定性之间，尽量将不确定性转化为确定性，哪怕是一个概率意义上的相对确定；

（4）收益成本的行为原则，即一个行为（行动）必须是收益大于成本；

（5）经济行为主体由于所处的地位不同，面临信息不对称问题，为了自身利益存在机会主义倾向，具体表现为订约前的逆向选择和订约后的道德风险问题，以及集体行动中的免费搭车问题；

（6）在具体的规则之下，经济主体的多维行为向量表现为一些具体的行为向量；

（7）经济主体的行为过程是一个自己学习的过程，这样，理性的开始就会转化为信念的自主。从理性开始就是行为主体从已有的经验（过去学习效应的累积）和目前的环境中，先以一个先验的行为概率行为（行动），经过多次行为以后逐渐修改原有的先验概率，进而演化成后验概率，升华为信念，成为自主行为的向导，等等。

2. 供应链联盟成员作为组织行为主体的行为规范

供应链联盟成员，可作为一般行为主体来看待，而整个供应链联盟（企业集合）也可以看成是一个行为主体，在这个意义上，供应链联盟也属于组织行为主体，其行为基点除具备一般行为主体的特点以外，还有以下要点需要把握：

（1）合作博弈。当一个行为主体以一个组织的形式出现时，组织内部的次级行为主体（供应链联盟成员）之间的行为就由非合作博弈转化为合作（协调）博弈；合作博弈与非合作博弈的区别主要在于当主体的行为相互作用时，当事人能否达成一个具有约束力的协议，如果能，就是合作博弈，反之则为非合作博弈。合作博弈面临的问题就是如何分享合作带来的利润，合作博弈强调的是集体理性，强调的是效率（efficiency）、公正（fairness）、公平（equality）①。

遵守协议（规则）的前提是这一协议、规则能够为遵守者带来的利益比不遵守大。在一个具有协议或规则框架的组织中，次级行为主体实际上是要让渡一部分权利的，也就是说次级行为主体要用自己的部分权利和协议或规则相交换，求得利益最大化。当然，这一协议或规则，必须是组织中所有次级行为主体一致同意且有共同信念而加以执行的。这样，客观上也就要求在协议或规则框架下的组织会有更大的效率或价值增值。

（2）交易创造。从静态上来看，供应链联盟具有交易（或价值）创造的功能。交易创造是指供应链联盟成员之间由于相互遵守协议或规则，降低了交易费用所带来的它们之间的交易规模的扩大和由此带来的福利增加。交易规模的扩大，产生于供应链及其联盟成员之间相互利用交易费用相对低于市场机制的供应链协调机制，交易障碍的减少必然引起交易规模的扩大。由于交易规模的扩大，供应链联盟成员得自供应链联盟的利益也会增加，供应链联盟的成员作为消费者（中间产品的消费者），可以享受低价产品带来的消费者剩余增加，如图 4-10 所示。

横轴表示参加供应链联盟内部市场上某种商品（W）的供求数量，纵轴表示这种商品的价格。供应链联盟中的某一成员（甲）在参加供应链联盟以前，在利用具有较大成本的市场机制下，W 商

---

　　①　与合作博弈相对应的是非合作博弈，它所强调的是个人理性和个人最优决策，其结果可能是有效率的，也可能是无效率的。

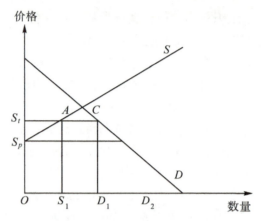

图 4-10　供应链联盟的交易创造

资料来源：李海婴，汤继文. 供应链联盟的交易创造研究[J]. 现代管理科学，2004(12).

品的市场价格为 OS_t，需求量为 OD_1，自己生产量为 OS_1，买进量为 S_1D_1。参加供应链联盟以后，联盟成员之间用供应链联盟的协调机制取代了市场机制，此时伙伴成员 W 商品的价格为 S_p，成员甲对 W 的需求量为 OD_2，自己不再生产，所有的 W 产品全部从联盟成员那里买进。参加了供应链联盟，甲企业的交易规模扩大了，即 W 商品的买进量增加了 $OS_1+D_1D_2$ 的量。可见，参加供应链联盟的好处，"不仅仅在于分担重负，更在于为所有成员的利益创造自己的价值"。①

（3）集体理性和效率、公正和公平。合作博弈所强调的集体理性和效率、公正和公平就决定了供应链联盟作为组织层次上的行为主体的行为基点：

①成员必须以供应链联盟总体利益最大化为所有行为的基点，这一基础来自供应链联盟巨大的交易创造所带来的利益，而使行为主体形成了自觉行为的共同信念；

---

①　经济学家情报社（EIU）等. 未来组织设计[M]. 北京：新华出版社，2000：88.

②网络经济强大的正反馈机制和开放性，从正反两方面规范了供应链联盟成员的行为，供应链联盟起码构成了一个局域网。网络经济的正反馈机制使得供应链联盟外的企业有加入供应链联盟的激励，网络的开放性同时又给众多主体平等的机会，入网的竞争压力会使网内的成员自觉维护其信誉；

③供应链联盟成员具备达成一致同意规则的良好基础，这就是供应链联盟成员各自的核心竞争力；

④供应链联盟本身的协调机制和惩罚机制是保证一致同意规则有效执行的行为基础；

⑤免费搭车、逆向选择和道德风险问题在供应链联盟中被逐渐弱化。供应链联盟的形成，使原有的企业生产组织和资源配置方式发生了质的变化。供应链联盟以及供应链管理思想，强调要塑造自己的核心竞争力，去和其他企业建立战略合作关系，而每一个企业都集中精力去巩固和发展自己的核心竞争力和核心业务，利用自己的资源优势，通过技术程序的重新设计和业务流程的快速重组，做好本企业能创造特殊价值的、长期控制的、比竞争对手更擅长的关键业务，从而实现供应链合作模式的"双赢"或"多赢"的目的。在这一过程中，将会形成以资源外用为特征的集成企业网络（扩展企业模型），市场竞争也不再是单一企业之间的竞争，而转向供应链联盟之间的竞争。

因此，原来那种单枪匹马的企业竞争理念及其做法已不适应新环境发展的需要，供应链联盟的运行机制促使参与供应链联盟的企业在组织和经营管理行为上进行转型与创新。

二、供应链联盟缓解市场失败能力增强的主要原因

具体而言，供应链联盟对信息不对称造成的市场失败的缓解作用增强的主要原因如下：

1. 供应链联盟具有目标性

供应链联盟的建立是围绕共同的、明确的目标，合作的基础是建立在各方面的"共同愿景"之上。在竞争激烈的市场环境下，企

业必须把关注的焦点从供应链转移到消费需求上，因此，"让顾客满意"是供应链联盟的核心目标。

2. 供应链联盟具有系统性

供应链联盟实现的是一种整体系统。它改变了传统的只注意企业自身的管理模式，将管理范围延伸到供应链联盟各合作成员。

3. 供应链联盟具有虚拟性

供应链联盟是一种拓扑网络型虚拟组织，是一种结构性的概念，它没有固定的组织结构和明确的边界，不具有实体形态。它克服了空间和地域上的限制，通过信息网络技术实现伙伴企业之间的信息共享，并进行协同工作。

4. 供应链联盟具有扁平性

供应链联盟顶部的管理层和一线的员工甚至顾客，可以通过高效的信息传输网络实现双向沟通，大量的中层管理被计算机网络取代，组织结构由此变得扁平化。

5. 供应链联盟具有互补性

供应链联盟的每个成员企业都拥有各自的核心优势，相互之间进行资源共享、优势互补，产生"1+1>2"的协同效应。某个企业如果失去参与合作的核心优势，就可能被淘汰。

6. 供应链联盟成员企业之间虽然依旧存在竞争，但更注重建立一种"双赢"的合作关系

因此，供应链联盟是一种以竞争为基础、以协同为主导的协同竞争模式，在协同竞争过程中获取更大的竞争优势。

7. 供应链联盟具有共赢性

供应链联盟的出发点就是为了"互利"，在相互信任和相互依赖的基础上通过合作获取大于各自"独立"或"对立"行动所得到的利益。这种"共赢"模式是建立在局部利益和整体效益高度一致的基础上，每个实体在努力挣得自己的一份利益的同时，也为整体效益做出了一份贡献。

8. 供应链联盟具有网络性

网络性实际上是由于供应链的相互交叉而产生的结果。同一个企业，往往在不同的供应链中扮演着不同的角色。这种复杂的关系

带来了供应链在管理上的困难，但由于企业在多个链条中同时拥有位置，这样就给它提供了进行动态调整的极大便利，因为网络中的"连接线路"是随着节点增加而呈指数增长的。

9. 供应链联盟具有开放性

开放性体现在两个方面：①理念上。首先，参与供应链的企业要敢于向自己的合作伙伴开放内部运作，要敢于向它们授权，这是紧密协调的客观要求。其次，在新经济时代，技术变迁的不确定性和巨额的开发成本，使得任何一个单个企业都不可能解决所有的问题，即使是竞争对手之间，由于各有所长，也会存在共同的利益，从而带来合作的可能。从现实生活来看，由竞争走向"竞合"已成为不可抗拒的历史潮流。②技术上。这一点主要体现在供应链企业之间的网络互联上，最为典型的就是思科公司。在为思科生产产品的34家工厂中，它自己的工厂只有两家，其他的都是独立供应商。从供应方面来看，外部承包商可以通过思科的内部网，对客户订单的完成情况进行直接监控，并在同一天的晚些时候将组装完毕的硬件送至客户手中。

10. 供应链联盟具有需求导向性

在今天，由于"买方市场"的特征是如此明显，最终客户实际上已经从原来处于供应链之外的"旁观者"变成了供应链中必不可少的一员。另外，在新型的供应链联盟中，重要客户的战略调整会直接影响整个供应链的运作。

▶ 第四节　供应链联盟缓解信息不对称造成的市场失败的有限性

85

一、供应链联盟的两大难点

（一）供应链联盟成功存在的难题

供应链联盟作为一种战略联盟，是基于博弈理念的组织形态，它既不同于单个企业组织也不同于企业集团，是介于独立企业与市场之间的经济组织，平等合作、互惠互利是其稳定发展的基础，协调一致是其获得整体绩效的保证。显然，基于单个企业的传统经营理念和管理模式无法驾驭供应链联盟组织的运作。

供应链联盟的形成是产业链中各企业对竞争发展做出的战略选择，因此，获取更大利益和竞争优势是其主要动因。供应链联盟形成与发展的一般过程是：供应链联盟目标的确定——供应链联盟的形成——供应链联盟的稳定发展——新目标的确定——新供应链联盟的形成——新供应链联盟的稳定发展。其中核心企业或优势企业是推动者，它通过协调各企业的利益和目标，促成各企业在共同利益和一致性目标基础上，建立供应链联盟。随着供应链联盟的稳定发展，联盟中成员企业相应获得各自的利益。由于联盟中优势企业进一步发展的需要，又会设立新的目标，于是开始新一轮的循环。

由于产业链中各企业在不同的发展阶段有其不同的目标和策略，因而，保持供应链中各成员企业间的长期稳定合作是十分困难的，企业的独立性始终是各成员企业最为关注的问题，这将增加供应链的管理难度和管理成本。

（二）供应链联盟管理的两大难点

一般认为，供应链联盟管理的难点有二：①供应链联盟企业之间如何选择伙伴，评价依据是什么？②形成的供应链联盟如何维持，导致供应链联盟的成功的要素是什么？

其一，供应链联盟企业之间如何选择伙伴，评价依据是什么？

以制造商选择供应商为例，作者认为，能提供战略性竞争能力的供应商，除应具备一般的供应商选择要素中所具备的能力之外，应该能与制造商结成联盟，提供给制造商需要花费更大代价才能获得的能力，这种能力应能使制造商增强其竞争力。这两大类能力，前者属于作为供应链联盟伙伴应该具备的基本能力，包括质量、交货可靠性、成本等要素，称其为联盟伙伴选择的资格要素。后者，即供应商提供给制造商更多竞争力的能力，使其能成为制造商的战略性供应商，这种要素包括供应商的研发能力、特殊的工艺能力、柔性、交货速度及网络支撑能力、其他特殊能力等，称其为供应链联盟的赢得要素。根据以上的分析，供应商要想与某一制造商结成供应链联盟关系，应首先具备联盟伙伴选择的资格要素所要求的条件，而要能被选择成为供应链联盟的伙伴，则更应该具备独特的核心竞争力。只有在两个方面的发展，供应商才能具备被选中为联盟伙伴的能力。

其二，形成的供应链联盟如何维持，导致供应链联盟的成功的要素是什么？

作者认为，联盟信息共享是供应链联盟成功的基础，联盟内部激励、利益冲突解决机制完善程度是供应链联盟成功的关键。

（1）联盟信息共享是供应链联盟成功的基础。它主要包括：各合作伙伴的沟通协调因素和交互信息的深度（质量和参与程度）与广度（共享的范围）。沟通协调因素包括信息共享、信息的质量和参与度。供应链联盟信息共享是指供应链伙伴间决定性信息和资产信息的沟通程度。信息的质量包括：信息的准确性、及时性、充分性以及可信度。信息参与度是指各方在计划和目标设定上的共同参与程度。这两方面与供应链联盟紧密相关，并且对于联盟各方的相互协调至关重要。

交互信息的深度（质量和参与程度）和广度（共享的范围）对联盟关系来说都是非常重要的。如通过共享供应商的运送能力和采购方的设计技术可以使产品质量得到提高，从而提高共同运作能力；通过使用组织间信息系统（如 EDI）可以缩短生产周期等。

（2）联盟内部激励、利益冲突解决机制完善程度是供应链联盟成功的关键。它主要包括：联盟的性质、冲突解决方式和正式流程三个方面。联盟的性质包含了信任和协调及相互依赖关系。信任和协调是联盟的重要因素，通过信任可以降低管理成本增强协调性。当供应链联盟的双方相互依赖时，联盟之间的合作更容易成功。

解决冲突的方法直接影响着联盟的成功与维系。使用建设性的冲突解决方式、少用避免冲突的解决方式、少用破坏性冲突解决方式与供应链联盟的成功密切相关。建设性的冲突解决方式首要的是要共同消除冲突或者说服对方。当冲突双方认为冲突的解决对联盟

87

关系非常重要、不能妥协时，共同努力可以找到一种能使双方协调一致的解决方法。使用避免冲突的解决方式和使用破坏性的冲突解决方式对供应链联盟均起到负面作用，而合作解决问题和说服的方式对供应链联盟的成功非常重要。用合作解决问题的方式可以获得双赢的结果。

供应链联盟各企业建立一个正式流程来为联盟发展选择的特定商品以及合适的合作伙伴对联盟的成功有很大的影响。并且，建立正式的筛选标准，对待选的合作企业的能力、信誉以及文化兼容性进行评估，是非常重要的。

在以上分析的基础上，笔者提出了供应链联盟成功的主要构成环节模型。如图 4-11 所示。

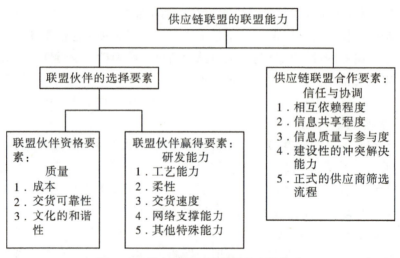

图 4-11 供应链联盟的联盟能力的构成

资料来源：邱灿华，周文泳. 基于供应链联盟的企业联盟能力分析[J].
厦门大学学报(自然科学版)，2003 年增刊.

显然，供应链联盟企业之间的伙伴选择和形成的供应链联盟的维持都将涉及信息不对称问题。

二、缓解作用有限的主要原因

供应链联盟具有的以下特点决定了它不可能完全克服信息不对称造成的"逆向选择"和"道德风险"问题。

1. 供应链联盟具有松散性

供应链联盟是一种非股权参与的合作经营方式，主要以契约或协议作为各方合作的基础。从经济组织形式来看，供应链联盟是介于企业与市场之间的一种"中间组织"，既超越了一般的交易关系，又不存在控制与被控制的隶属关系，是一种相对松散的组织形式。

2. 供应链联盟具有独立性

供应链联盟的成员均为相互独立的法人实体，成员之间不是行政层级关系，而是遵循自愿互利原则达成的平等关系，彼此间只为共同利益驱动下的优势互补。各个成员始终拥有自己独立的决策权，虽然这种独立自主性并不会破坏整体的协调一致性，但两者从根本上不能做到充分的信息共享。

3. 供应链联盟具有复杂性

供应链联盟一般由多个不同类型的企业组成，其结构模式较单一企业的结构模式更复杂。此外，供应链联盟作为一种竞争性合作组织，为竞争而合作，靠合作来竞争，竞争中的合作与合作中的竞争并存，成员企业之间在某些领域进行合作，而在其他领域又可能进行竞争，这也增加了管理协调的复杂性。

4. 供应链联盟具有风险性

供应链联盟蕴涵着一定的风险，例如，由于供应链联盟伙伴的不稳定性、不确定性导致的管理、合作风险；由于需要事前专用性投资而引起的投资战略"套牢"风险；供应链联盟过程中可能导致企业自身核心能力的外泄或丧失，即技术、知识产权风险等。

5. 供应链联盟具有动态性

这是供应链联盟最基本的特征。供应链的节点企业之间并不存在控制与被控制的关系，它们完全是为了共同的利益走到一起来的。所以，一旦市场环境发生了变化，供应链就会像变形虫那样去进行扩张或收缩。

　　由于供应链联盟的松散性、风险性、动态发展性、各联盟成员间独立性、各联盟成员间存在的相互竞争又相互合作的"竞合"关系导致了联盟内部关系的复杂性，造成了联盟各成员间的逆向选择和道德风险问题不可避免，因而联盟本身缓解信息不对称造成的市场失败的能力是有限的。

第五章　供应链联盟成员间信息
不对称风险的政府管制

▶ 第一节　供应链联盟的主要风险模型

供应链联盟在带来众多竞争优势的同时，也带来了某些风险，这是因为，供应链联盟并没有改变各企业在市场中的独立法人属性，也没有真正消除其潜在的利益冲突，本质上仍是一种介于企业和市场之间的虚拟企业系统。在该系统内部，各合作企业通过不完全契约方式来实现企业之间的协调，以信息共享的方式来提高对最终顾客需求的回应速度，从而兼顾了企业管理的计划性和市场交易的灵活性，但各种风险也较为突出，我们称之为供应链联盟风险。这些风险如图 5-1 所示。

根据图 5-1 所示，作者认为供应链联盟面临以下三大风险：

一、市场风险

由于市场需求变动不确定性和需求信息的虚假，容易引起企业自身的投资风险。

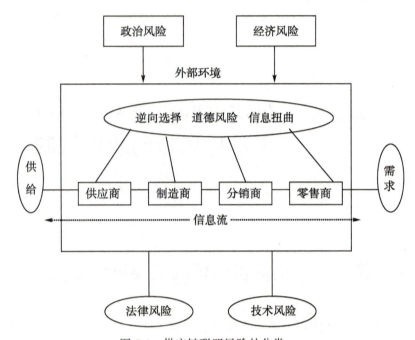

图 5-1 供应链联盟风险的分类

资料来源：姚军. 供应链的风险及其防范[J]. 辽宁师范大学学报(自然科学版)，2003(4).

(一)市场需求变动不确定性

由于产品市场供给的充足使得用户选择的自由度增大，需求多样化，对企业产品的忠诚度降低，容易从一个产品转向另一个产品，供应链联盟的协调运作需要事先制定完善的计划，而计划要求对产品市场需求的准确预测。需求不确定性会使供应链联盟各成员的计划调整和执行难度增大，运作风险提高。

(二)需求信息的虚假

由于用户产生的虚假需求信号，会沿着供应链的传播逐步扩大，企业根据虚假信号作出的理性反应，就是通过增大库存来消除不确定性。由此产生的结果是：用户端的虚假信息使供应链联盟成员扩大库存，提高了库存成本，降低了供应链的整体竞争力，最终供应链成员蒙受高运营成本的风险，这是所谓的"牛鞭效应"①。

二、合作风险

供应链联盟中具有关键资源和关键技术的企业，即核心企业在供应链联盟管理中居于主导地位，它对关键资源的支配地位使供应链联盟企业群体有了合作的规范和约束，为供应链联盟的效益提供保证。同时，我们看到核心企业的支配地位导致与供应链成员企业处于不平等的地位，核心企业在追求自身利益的同时会损害其他成员企业的利益，影响成员企业参与的积极性。

三、信息资源风险

信息共享可以有效减少上述的"牛鞭效应"，使得供应链联盟各成员能根据充分信息安排生产经营，从而降低运作成本。但信息共享容易导致成员企业信息资源损失、核心技术及商业机密泄露，增加经营风险。鉴于此种考虑，成员企业为了自身的战略发展和增强核心竞争力会降低信息共享程度，严密保护自己的信息，这样造成了供应链联盟信息的不对称，增加了成员企业的决策风险。

这三种主要风险都涉及信息不对称问题。

---

① 牛鞭效应是经济学上的一个术语，指供应链上的一种需求变异放大现象，是信息流从最终客户端向原始供应商端传递时，无法有效地实现信息的共享，使得信息扭曲而逐级放大，导致了需求信息出现越来越大的波动，此信息扭曲的放大作用在图形上很像一根甩起的牛鞭，因此被形象地称为牛鞭效应。可以将处于上游的供应方比作梢部，下游的用户比作根部，一旦根部抖动，传递到末梢端就会出现很大的波动。

▶ 第二节　供应链联盟信息不对称风险的表现形式

一、供应链联盟信息不对称风险的根源

（一）不确定性与信息不对称

广义上，我们可以把企业中出现的不确定性定义为：企业已经拥有的信息与企业达到特定目标所需信息之间的差异。根据 Daft 和 Lengel 的理论，企业面临的不确定性一般有两种：（1）由于缺乏对目前发生事件的知识而导致的不确定性；（2）当事件发生时，不知如何应对而产生的不确定性。

基于以上对不确定性的分类，我们可以推知供应链联盟的企业由于信息不畅或者没有完全实现信息共享等原因而可能面临众多的不确定性因素，并且由于不确定性的普遍存在，使得在供应链联盟中，一般很难完全消除不确定性。

首先，顾客提交给企业的订单存在着一定的不确定性，主要表现在提交订单的时间和数量上。

其次，企业的供应商可能给企业带来不确定性，表现在供应商供货的提前期或者提交的产品的质量上。

从本质上来讲，供应链联盟的不确定性主要来源于需求预测信息的准确度和决策信息的可获得性、透明性及可靠性。这种跟信息有密切关系的不确定性会给各供应链联盟中的企业带来损失，也有可能带来一定的收益，所以供应链联盟中的企业在处理这些不确定性时通常有两个目的：

（1）通过尽可能地获得信息而减少这种不确定性。绝大多数的企业都尽力提高可获得信息的准确性，来为企业决策提供有力的支

持，从而降低企业运作中的不确定性。供应链联盟的各个参与企业间的信息不对称虽然可能会给某个企业带来收益，但同时也往往会导致不确定性的发生，而这些不确定性的产生会导致整个供应链联盟效率的下降。

（2）通过增加信息不对称，从合作伙伴那儿得到最大收益。由于不确定性的存在会给企业带来影响，所以供应链上各个环节的企业都尽可能降低它们各自面临的不确定性，然而这些企业往往是以牺牲供应链联盟的其他企业的利益为代价来降低自己所面临的不确定性，最终会给整个供应链联盟带来损失。

举例来说，供应链联盟最下游的顾客一般都愿意持币待购，寻找购物的最佳时机，待零售商或者批发商降低商品价格时再大量购进商品，而不愿意提前向零售商或者批发商提供自己的需求信息，让他们根据明确的需求来分批销售从而获益。

（二）信息扭曲与信息不对称

供应链联盟需求信息扭曲，又称"牛鞭效应"，指的是：供应链联盟中最终用户的需求随着往供应链上游前进过程中需求变大的现象，需求变化程度的增加导致了供应链联盟显著的无效率作业（如供应链中各个企业被迫大量增加库存）。

"牛鞭效应"的形成过程是这样的：首先是零售商观察顾客的需求，然后向批发商订货，批发商向分销商订货。其中为了保证能够满足顾客的需求和应付各种不确定性，零售商订单的变动性一般明显大于顾客需求的变动性。为了满足与零售商同样的服务水平，批发商被迫持有比零售商更多的库存或比零售商更高的能力。依此类推，结果导致整条供应链上的成员都维持更高的库存水平，从而发生更高的成本。

从信息的角度来看，我们认为这种需求变化增加的根源在于用户需求信息在向供应链上游前进的过程中发生了扭曲，是由没有共享用户需求信息造成的。

二、信息不对称风险的两种主要表现形式

在供应链联盟中，要使供应链联盟能够担负起对最终用户需求的快速反应，前提条件是供应链必须建立起一条贯穿所有企业的实现信息共享的信息高速公路。每一个企业都应该把与供应链联盟运作有关的信息实时传送到信息高速公路上，并在此基础上进行集成，使各企业在实时状态下知晓与自己有关的信息，同时进行快速反应。尽管从理论上讲，EDI、POS、ERP 等技术的运用可以实现供应链联盟的信息共享，但问题在于供应链联盟的各企业往往从自身利益出发，将有关信息当成商业秘密加以封闭起来，不愿和上下游企业进行共享，以致各企业内部信息系统虽然很先进，但只是一个个"信息孤岛"，导致整个供应链联盟的信息不能顺畅地流通，信息不对称和信息流阻塞客观存在，信息风险随之产生。我们认为，信息不对称风险主要有以下两种表现形式：

（一）供应链联盟成员间的逆向选择问题

在选择供应链联盟合作伙伴的过程中，核心企业一般都能清楚地掌握各合作伙伴候选人的报价，但对各合作伙伴候选人的质量，包括各合作伙伴候选人中间产品的质量及供货及时性，送货等相应服务的质量，经销商的销售能力及售后服务质量，物流服务提供商运输、仓储、配送等方面的服务质量等缺乏足够的了解，因此，经常出现"劣品驱逐良品"的情况，将质量水平较高的候选人排除在供应链之外，而将质量水平较低的候选人纳入到供应链联盟之中。

以下我们以供应商为例，具体讨论这种逆向选择是如何实现的。

假设市场上共有 n 个供应商可以向制造企业（核心企业）供应中间产品，所有的供应商分成高质量和低质量两种类型，它们具有不同的供给曲线：如果制造企业对供应商的质量水平具有充分的信息，则不同类型的供应商面临着不同的需求曲线。

如图 5-2 中的（a）所示，高质量供应商产品的供给曲线和需求

曲线分别为 $S_高$ 和 $D_高$，两者相交于 A 点，均衡价格和均衡数量分别为 80 和 100；如图 5-2 中的(b)所示，低质量供应商产品的供给曲线和需求曲线分别为 $S_低$ 和 $D_低$，两者相交于 B 点，均衡价格和均衡数量分别为 40 和 100。如果制造企业(核心企业)只知道市场上存在着高质量和低质量两类供应商，但由于信息的非对称却无法辨认哪些是高质量的供应商，哪些是低质量的供应商。由于在信息对称情况下不同质量的供应商产品的销售数量均是 100，在信息非对称的情况下，制造企业认为自己选择高质量供应商和低质量供应商的概率各为 50%。

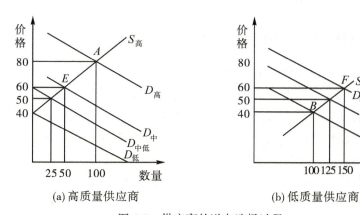

(a)高质量供应商　　　　　　　(b)低质量供应商

图 5-2　供应商的逆向选择过程

资料来源：张爱，袁治平．供应链企业委托代理问题的研究[J]．工业工程与管理，2003(3)．

假定制造企业(核心企业)是中性风险者，那么它会将所有的供应商看做是中等质量的供应商，此时，需求曲线($D_中$)相对于 $D_高$ 向左下方移动，而相对于 $D_低$ 向右上方移动，而无论是高质量供应商还是低质量供应商，其供给曲线都不变，$S_高$ 与 $D_中$ 相交于 E 点，其均衡价格和均衡数量分别为 60 和 50；$S_低$ 与 $D_中$ 相交于 F 点，其均衡价格和均衡数量分别为 60 和 150。这样，高质量供应商的一部分市场已被低质量供应商挤占。一旦制造企业(核心企业)意识到供应商所提供的低质量产品已提高到 75%，它们会进一步降低对供应商平均质量水平的期望，中间产品的需求曲线调整到 $D_{中低}$。高质量供应商产品的均衡价格和均衡数量分别为 50 和 25，低质量供应商产品的均衡价格和均衡数量分别为 50 和 125。直至需求曲线被调整到 $D_{低}$ 的位置，高质量供应商被完全排挤出市场，市场上只有低质量供应商存在。

合作伙伴的逆向选择，对供应链联盟会造成极大的危害：首先，它导致当前供应链联盟竞争力的下降。其次，重新更换合作伙伴将导致交易费用的提高，包括与原有合作伙伴解除协议可能造成的违约损失、重新寻找合作伙伴并达成合作协议需要花费的费用、合作伙伴更换过程中的机会损失等。

（二）供应链联盟的道德风险问题

在完成供应链联盟的构建之后，以核心企业为委托人与以供应商、经销商、物流服务提供商等合作伙伴为代理人的委托—代理关系即告确立，信息不对称可能诱发合作伙伴的道德风险。尤其是在供应链联盟构建之初或外部环境发生重大变化的情况下，合作伙伴的道德风险发生的频率会更高一些。

根据信息不对称的内容划分，供应链联盟中的道德风险主要包括以下两类：

1. 隐藏行动的道德风险

引发这种道德风险的前提是：代理人行动的努力程度和一系列不受委托人和代理人控制的外生变量，如自然环境、经济环境、社会环境、技术环境、市场环境等共同决定代理行动的结果。如果在供应链联盟协议签订以后，委托人只能观测到结果，而不能直接观测到代理人的行动和外生变量，代理人就可能实施对委托人不利的行动，一旦委托人追究责任，代理人往往将结果的不理想归咎于外生变量，如图 5-3 所示的隐藏行为的道德风险成因。如供应商将供货的延误归咎于国家经济政策的变化造成原材料供应紧张，而不是自身生产组织不力；经销商将销售业绩的不理想归咎于市场环境的变化，而不是自己促销不到位；物流服务提供商将中间产品配送的延误归咎于气候条件的影响，而不是配送计划与实施的不合理等。

98

2. 隐藏知识的道德风险

引发这种道德风险的前提是：外生变量首先决定代理人的行动选择，代理人不同的行动选择决定不同的行动结果。如果在供应链联盟协议签订之后，委托人不但能够观测到代理人的行动结果，而且能够观测到代理人的行动，但却不能观测到外生变量的实际发生情况，代理人就可能截留有关外生变量的知识，选择有利于己乃至有损于委托人的行动（见图 5-3、图 5-4）。例如，制造企业（核心企业）制定了针对最终顾客的促销赠品政策，即顾客购买超过一定的数量即可获得相应的赠品，并向经销商配发了足够数量的赠品，以扩大产品的市场占有率。由于制造企业不清楚每一位最终顾客的实际购买量，经销商就可能利用一些顾客的不知情而不按要求向他们发放赠品，从而影响促销效果。制造企业（核心企业）派驻在经销商处的代表看到的是赠品都已发放的事实，却不清楚有一部分赠品已被挪作他用。

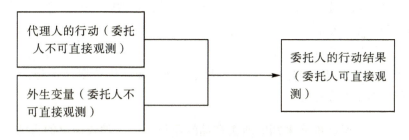

图 5-3　隐藏行为的道德风险

资料来源：张爱，袁治平. 供应链企业委托代理问题的研究［J］. 工业工程与管理，2003(3).

99

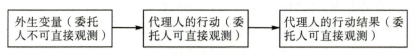

图 5-4　隐藏知识的道德风险成因

资料来源：张爱，袁治平. 供应链企业委托代理问题的研究［J］. 工业工程与管理，2003(3).

第三节　供应链联盟成员间逆向选择的政府管制

一、市场机制对供应链联盟"逆向选择"的自动缓解作用

市场机制是如何克服供应链联盟的"逆向选择"造成的市场失败呢？具体而言，就是联盟的核心企业如何选择合作企业？潜在核心企业采取怎样行动使联盟核心企业相信自己的产品是高质量的呢？核心企业又通过什么方法判断待选企业就是联盟需要的合作伙伴呢？

这本质上是一个信息问题——如果供应链联盟总能了解所买产品的质量，则生产优质产品的外包企业就总能索取高的价格，劣质品就不能以次充好。

因此，我们认为市场机制通常会通过信息传递、信息甄别（搜寻）以及信息中介的信息搜寻专业化机制来缓解供应链联盟逆向选择造成的市场失败。

（一）通过价格来判断所买产品的质量——一种较简单的方法

一般来说，价格越低，次品的可能性就越大。在信息不对称市场中，占市场优势的核心企业并不是以价格接收者的角色来行动。相反，它们能够左右市场，自己确定产品的价格，同时也会考虑到消费者的心理，精明的核心企业会利用这一信息，故意提高或压低价格。因此，这是一个可行、但不太好的方法。

（二）信号传递——信息优势者行为

信息不对称导致"劣币驱逐良币"的逆向选择行为产生，高质量的合作企业（非核心企业）处于不利地位，如何克服呢？市场经济

中，逆向选择问题的主要解决方法是信号传递机制。信号传递机制对于优选供应链联盟合作伙伴很有帮助。对于高质量的潜在合作伙伴而言，有必要借助各种信号向核心企业传递自己的优势。

以下信号可以充当潜在合作伙伴具有的优势的传递内容：

1. 质量承诺

质量承诺是指潜在合作伙伴以今后将承担维修费用或赔偿费用为代价，传递产品与服务的高质量特性。如供应商承诺，如果所加工的零部件不能达到样品的要求，制造企业可以拒绝收货，由此造成的零部件缺货损失由供应商按照所加工零部件货款的一定比例承担；经销商承诺，如果在一定时间内在特定区域内不能完成一定的销售数量，制造企业可以取消对其所给予的促销支持；物流服务提供商承诺，配送不及时将按照货款的一定比例向制造企业按照滞后天数交纳罚款等。这种信号传递机制必须借助较为健全的法律法规以确保其兑现。

2. 企业声誉

企业声誉有助于鉴别潜在合作伙伴的质量水平。企业声誉的机会成本包括沉淀成本和未来成本，其中，沉淀成本是指企业为建立自己良好的声誉所花费的成本，包括先期品牌推广成本、确保产品及服务质量水平的额外费用支出等；未来成本是指一旦企业被发现所传递的信息与事实不符而将蒙受的损失，包括政府有关部门的管制、市场机会的丧失而导致的损失等。由于破坏声誉的机会成本巨大，一般企业都倾向于维护自己的声誉。通常而言，声誉较好的企业意味着较高的质量水平，尤其是，当良好的企业声誉与明确的质量承诺结合使用时更是如此。

3. 第三方认可

政府有关部门、各种中介组织等的认可可以较为有效地传达企业的质量信息。如某个潜在合作伙伴被政府有关部门或行业协会评为先进企业或信得过企业，其产品被评为名优产品；或者通过了相关认证机构，如国际标准化组织 ISO9000 质量管理体系、ISO14000 环境管理体系的认证，则无疑向制造企业发出了质量水平较高的强信号。

4. 被优秀供应链联盟接纳

如果潜在合作伙伴已经被某一世界知名企业接纳为其供应链联盟成员企业，则意味着它在质量方面有较强的可信度。

5. 广告与证书

广告具有重要的经济功能，它包括信息性广告和诱导性广告。信息性广告旨在提供关于商品价格、产品特征、销售地点等信息；诱导性广告旨在提供关于产品差异的信息。广告的经济作用在于移动需求曲线，从而给生产者带来利润。广告作为一种信号，是厂商宣传其产品具有高质量的一种方式。在一般情况下，信号显示能够使具有信息不对称的市场运行得好一些。

(三) 信息甄别——信息劣势者行动

为解决核心企业误选了不适合自身实际情况的合作企业，在契约签订前对核心企业而言，要善于对接收到的各种信号进行判断和分析(信息甄别)，首先区分出哪些信号属于真实信号，哪些信号属于虚假信号，借助各种真实信号判断各潜在合作伙伴的属性，以便择优选出供应链联盟合作伙伴。一般而言，核心企业的信息甄别可采取以下三种方式进行：

1. 寻求中间商或经纪人对潜在合作企业进行信息甄别

虽然中间商或经纪人本身并不能成为潜在合作企业的信号，但他们能利用专业知识鉴定识别潜在合作企业的信息。通过建立中间商或经纪人的商业信誉，能够使核心企业和潜在合作企业之间的信息不对称状况得到扭转。希望获得良好服务水平的核心企业通过经纪人的可接受价格与提供良好服务的潜在合作企业签约，且为此而支付给经纪人的佣金也低于其在不对称市场上搜寻良好服务水平供应商的成本。

2. 核心企业设计出不同的联盟协议与潜在合作企业分担风险

核心企业与潜在合作企业在合同签订时，要采取风险分担措施，具体措施诸如：①更自由地交换有关成本、作业计划、质量控制信息；②在设计阶段让潜在合作企业参与进来；③建立联合的任务小组解决共同关心的问题；④核心企业与潜在合作企业工厂互访；⑤使用电子数据交换（EDI）等。

通过以上两种方法，信息甄别有效地降低了信息不对称带来的逆向选择风险，从而改善了供应链联盟的信息传递风险，提高了动态联盟的效益。

3. 核心企业信息搜寻

供应链联盟核心企业为了克服自己在信息方面所处的不利地位，可以主动一些，进行信息搜寻。

我们用下面这个例子来说明信息搜寻过程，以及信息搜寻的成本效益分析：假设市场上某种同质商品有三种价格：100 元、200元、300 元。假设供应链联盟核心企业以等概率去探寻每一种价格，且每进行一次寻价的费用为 20 元。

这样，在第一次寻价中，各种价格成为最低价格的概率都为1/3，因此最低价格的期望值为 200 元。

若继续进行第二次寻价，则联盟核心企业可获得更多信息。此时，100 元成为最低价格的概率为 5/9，200 元成为最低价格的概率为 3/9，300 元成为最低价格的概率为 1/9；最低价格的期望值为 155.6 元；与第一次寻价最低价格期望值的差额为 44.4 元；减去寻价费 20 元，则总节约额为 24.4 元。

如果继续进行寻价，则最低价格期望值继续下降，但与前次的差额却在递减，同时寻价费用直线上升。经计算可得出，第三次寻价的最低价格期望值为 133.3 元。第三次以后的寻价反而产生损失，所以寻价进行到第三次为止。此时，资源配置没有达到最优，即资源没有完全向价格最低（成本最低，效率最高）的企业集中，联盟核心企业最低价格期望值停留在 133.3 元；信息不能完全流动和充分利用，联盟核心企业只有积极性进行三次寻价。

若联盟核心企业每次的寻价费用为 0，则联盟核心企业将进行无数次寻价，最终联盟核心企业得到的最低价格期望值为 100 元，联盟核心企业非 100 元不外包，以实现供应链联盟利益最大化。此时，资源向效率最高、价格最低的企业集中，资源得到了最优配置。

（四）信息中介

信息的搜寻有成本。信息中介利用自己的专业知识，搜寻交易双方的供需信息，在市场交易中承担信息交流的桥梁作用，它们一般不出售其管理的客户资料，而只是供应链联盟信息的监管人、代理人和经纪人。信息中介代表联盟向企业推销需求信息。信息中介一般会调动尽可能多的潜在合作企业，帮助传递适当的销售信息来促进交易的发生。它在买卖双方牵线搭桥的过程中可以获得佣金。通过一系列中介和有针对性的信息营销服务，信息中介将降低交易中双方的交易成本，不仅给联盟核心企业和外包合作企业带来价值，也实现自身的赢利。

二、政府管制是对供应链联盟成员间"逆向选择"造成的市场失败矫正的必要手段

我们在上文中分析了市场机制对"逆向选择"造成的市场失败有自动的缓解作用。但是，由于以下原因的存在使市场机制对"逆向选择"造成的市场失败的缓解作用大打折扣。

（一）信息传递过程中存在信息扭曲的现象

供应链联盟潜在的合作企业在向核心企业进行信号传递的过程中往往会出现信息扭曲的情况。这是因为，信息的传递、获得、处理都是需要成本的。潜在合作企业和核心企业的资源都是有限的，它们的市场行为也都会选择经济理性，在有限资源的约束下追求效用最大化，所以信息成本的边际效用是随着信息传递过程呈现递增的效应。随着传递的信息增加，信息的边际效用是递减的。因此，在信息传递的初期，潜在合作企业付出较少的资源就可以使核心企业获得较多的有用信息，但是随着信息传递活动的进行，潜在合作企业需要付出递增资源才能获得与先前相同的信息效用。当潜在合作企业支付的信息成本的边际效用等于获得的信息的边际效用时，它们就会停止向核心企业进行信号传递，因为它们已获得了最大化

的信息总效用，而此时信息不对称依然存在。

1. 主观的信息欺诈

经济理性的潜在合作者在其有限理性的意识的指导下，在利润的驱动下，为达到自身利益的最大化，本能地会限制信息传递，以抑制核心企业的谈判能力，从而凭借自身的知识优势和信息优势，企图在同核心企业的交易中占据有利的谈判地位。从而主要表现为对信息传递设置障碍，或作虚假的、夸张的甚至是欺骗的信息传递，以达到误导核心企业的目的。

2. 客观的信息扭曲

随着社会经济的复杂程度越来越高，对从事市场经营的市场主体的认知能力、获取和分析信息的能力、判断和预测的能力的要求越来越高，潜在合作企业受知识、禀赋、经验、经济能力以及社会条件的制约，越来越不可能获得和掌握全部所需的信息。这种情况会造成潜在合作企业的经济理性越来越明显，产生的结果是潜在合作企业的市场行为只能是有限理性行为。因而，潜在核心企业也只能在信息不对称的情况下进行决策，所以它往往不能、也不会把完全真实的信息传递给核心企业。

(二)信息甄别也无法保证信息的完全真实性

信息甄别，就是以核心企业通过各种媒介、各种渠道接触到的潜在合作企业的信息为考察对象，通过各种手段，以法律法规的规定和严谨、认真、科学的工作流程为依托，去伪存真，揭示潜在合作企业的生产经营的真实情况，来选定对方作为合作伙伴的信息接收、分析、评价的过程。但实际上，核心企业的信息甄别也无法保证信息的完全真实性。笔者认为，有以下三个方面的原因：

1. 可供选择的潜在合作企业可能存在信息欺诈行为

根据信息甄别模型分析是要达到甄别均衡的前提条件之一：所有在市场上可供选择的潜在合作企业，没有一个会给核心企业带来预期的损失。这是无法实现的。

2. 无法把潜在合作企业都列入信息甄别的对象

根据信息甄别模型分析是要达到甄别均衡的另外一个前提条

105

件：“市场之外”没有可以带来正利润的可供选择的潜在合作企业，即所有潜在合作企业都已被考虑。这也是无法实现的。

3.核心企业的信息甄别可能会出现偏差

这种偏差主要表现为：潜在合作企业的组织机构如营销、公关、调研等部门不健全；对待潜在合作企业传递的信息不重视、不及时处理、反馈；研发与市场需求脱节。

目前，此类情况在我国许多深受计划经济体制制约和影响的国有核心企业较为普遍。

（三）供应链联盟成员间“逆向选择”的政府管制的主要手段

1.供应链联盟成员间“逆向选择”的政府管制的原因：合作伙伴的选择存在较高的交易成本

现实中的市场运行总是面临着交易成本，如获取有关交易信息、进行讨价还价、签约和实施交易协调等方面的费用。另外，由于各交易主体的行为是一个相互博弈过程，因而产生种种交易的信息风险，如不按合同规定的时间配送，装卸搬运过程中故意要挟，或因一方违约而使服务中断等，由此而导致所谓的“市场失灵”。

供应链联盟要求企业在最短时间里寻找到最好的战略合作伙伴，用最低的成本、最快的速度、最好的服务质量赢得市场。联盟的具体运作很重要，更重要的是如何缔结。事实证明，基于长期利益的合作伙伴在初期的洽谈是很困难的，因为涉及彼此中长期的利益体系设计与规划。所以，多数企业在具体的合作伙伴选择中，由于自身服务资源有限，品牌的可信度不高，往往需要用更多的时间来谈判与协商，它们需要花费更多的财力、物力和人力。而且即便付出了巨大努力，一些中小企业还是很难与所需合作对象达成协议，即中小企业构建供应链联盟的交易成本十分高昂。高额的交易成本往往会挫伤这些企业寻求合作伙伴的积极性。

当前，在正处于向市场经济转型的我国，由于分权制的行政式经济管理体制和不尽合理的混合经济结构的存在，人为造成了以行政区划分和以所有制为标准的市场分割。像地方保护主义和诸多行业中的市场准入限制，就是这两类市场分割的典型。在这种条件下，企业要按照经济规律进行跨区域、跨所有制的合理分工和协作，必然面临着由非经济因素所造成的高昂的外部交易成本。

2. 供应链联盟成员间"逆向选择"是政府管制的主要手段

对供应链联盟"逆向选择"实施政府管制的根本目的是为了较少核心企业在选择合作企业时尽量地减少交易成本。主要办法有：

（1）政府通过立法强制企业提供真实的、更多的信息。由于在市场交易中，企业为获取更多的经济利益，会隐藏信息或故意向买方提供虚假的信息，如故意隐瞒产品的缺陷、夸大自己的优点，政府可以通过立法强制潜在合作企业向核心企业提供真实的信息。政府可以根据不同的竞争性产业中不同产品的特点，从核心企业利益出发，详列潜在合作企业必须向核心企业提供的信息内容。这样可使核心企业获取真实的、尽可能多的信息，从而有利于做出合理的经营决策。例如，对于药品原料、半成品供应商，政府可强令其提供药品配方、生产日期、药品有效期、适用范围、禁用范围、使用方法等方面的信息，以使药品的制造商获得尽可能多的、真实的信息，从而使其能够做出合理的决策。

（2）实施行业进入管制，对市场交易主体的交易资格进行审查。这是一种预防性措施，采取这项措施的目的在于通过对市场交易主体的资格审查将不合格的交易者清除出市场，达到"净化"市场的目的，从而减少市场上出现欺诈行为的可能性。政府实施这项措施的具体内容包括两个方面：

①规定市场交易主体从事市场交易的资格标准，任何经济主体要进入市场交易，就必须达到政府所规定的标准，从而可以将不符合标准的交易排除在市场之外。

②对已进入市场交易的主体定期或不定期地进行审查，从而使已进入市场交易的交易主体必须始终遵循政府所规定的标准，一旦达不到政府规定的标准，政府就取消其从事市场交易的资格，将其清除出市场。政府对交易主体进行资格审查可大大减少利用信息优势而欺骗交易者或以不正当手段排斥竞争者而获利的市场交易主体的数量。

107

（3）政府搜寻并向市场提供某些方面的信息。许多信息是交易双方进行决策都需要的，但交易双方所拥有的信息量并不相同，从而造成交易地位的不平等，例如宏观经济信息，这些信息可以也应该由政府提供。政府可以建立信息搜寻的专门体系，广泛搜集这类信息并及时向社会发布。由政府供应具有公共物品性质和非公共物品性质的信息，从而直接改变市场上交易主体信息不对称问题。虽然政府所能提供的信息量是有限的，大量的信息只能由市场供应，但政府在提供宏观经济信息及有关政府经济活动的信息中具有市场所不可替代的作用。

第四节　供应链联盟成员间道德风险的政府管制

一、市场机制对供应链联盟成员间"道德风险"的自动缓解作用

由于供应链联盟与纵向一体化不同，供应链联盟各合作企业在所有权上是相互独立的，这样就不能排除道德风险问题，供应链联盟各合作企业如何应对供应链联盟存在的委托代理问题，已经成为供应链联盟研究的重要内容。

我们认为：有效的市场竞争和供应链联盟内部的协调将会对"道德风险"造成的市场失败有缓解作用。

（一）有效的市场竞争对供应链联盟"道德风险"的自动缓解

在当前激烈的产品市场及资本市场竞争下，各个具有局部优势的企业愿意联合起来，组成供应链联盟，通过信息共享、协同生产等方式，发挥各自优势，扬长避短，以期提高收益及生存能力，形成有效的市场竞争。但是，供应链联盟各企业在共同的目标之下，

它们之间还存在着不同的、相互冲突的目标，供应链联盟企业未必会始终以供应链联盟的价值最大化为出发点而行动，它可能会为了提高自己的收益水平而侵占供应链中其他成员的利益，如局部优化自己的成本结构，过分压榨供应链联盟其他成员的利益，将自身风险转嫁到供应链联盟的其他成员，向供应链联盟其他成员提供劣质产品或服务等，我们把这些行为称为供应链联盟成员的侵占行为。

但是，由于产品市场、资本市场、经理人市场的竞争及市场声誉的存在，市场机制会自动缓解供应链联盟之间的侵占行为。

1. 产品市场市场竞争对供应链联盟"道德风险"的缓解

如果供应链联盟成员企业只顾追求自身利益的最大化而实施侵占行为，供应链联盟将无法实现协同效应及能力上的集成，顾客则不能按照以往供应链联盟产生的目标获得切实的好处，在激烈的产品市场竞争下，所有这些行为都将反映在产品市场上，最终这条供应链联盟的价值将会因为不能以优质和多变的产品满足顾客的需求而缩小，从而会被竞争对手击败，导致供应链联盟瓦解。供应链联盟瓦解后，单个企业是无法抵抗别的供应链强有力的竞争的，从而盈利水平会急剧下降，维持在很低的水平，甚至破产。

2. 资本市场市场竞争对供应链联盟"道德风险"的缓解

在一个企业中，对企业有重大影响的企业利益相关者主要包括股东、管理者。在供应链联盟瓦解后，由于单个企业的竞争力无法与别的供应链联盟相抗衡，企业盈利水平迅速下降，甚至会在激烈的产品市场竞争中破产，这时企业股东将遭受重大损失，管理层面临被淘汰出经理人市场的可能性，这种情况是无论股东还是管理者都不愿意看到的。

资本市场的竞争中还存在企业控制权的争夺。供应链联盟瓦解后，供应链联盟企业竞争力下降，盈利能力降低，其股票价值会下降，此时企业股东利益遭受损失，股东可能会更换企业管理者。同时，这将引起外部公司收购者来购买该企业，对企业进行重组，改善其管理，把企业引向利润最大化。这种接管往往会引起企业管理层的变更，且使先前的控股股东丧失一些控制性收益，对管理者和股东都构成一定程度的威胁。

3. 经理人市场竞争对供应链联盟"道德风险"的缓解

有效的经理人市场保证管理者在经理人市场和不在经理人市场两种情况下其个人效用存在天壤之别，这不仅仅是因为其处在管理者位置获得高额报酬所获得的效用，还有其管理企业的成就感和处在经理人市场而获得别人尊重带来的满足感的效用。另外，如果被驱逐出经理人市场的管理者可以很方便地再回到经理人市场到别的企业任职，则上述讨论的各种对管理者的约束会被弱化。完善的经理人市场保证管理者一旦被驱逐出经理人市场后就再难以回到经理人市场。因此，在有效的经理人市场竞争环境下，管理者会约束其自身行为以防被清除出经理人市场。

4. 声誉对供应链联盟"道德风险"的缓解

如果供应链联盟瓦解后，供应链联盟企业可以很方便地再加入另外一个供应链联盟，则上述讨论的各种约束对供应链联盟成员企业的限制作用会被削弱。声誉市场的存在保证供应链联盟瓦解后，供应链联盟的部分企业将因涉嫌实施侵占行为而在声誉市场上遭受极大的损失，使之再次加入别的供应链联盟存在很大困难，只有这样才能有效地约束其行为。

理论上，在不存在监督约束的情况下，供应链联盟中一定存在企业侵占行为。但由于极其激烈的产品市场及资本市场竞争，这种有损供应链联盟整体盈利水平而提高自身收益的侵占行为会导致供应链联盟整体竞争力的下降。在长期市场竞争中，整个供应链联盟可能在竞争中落后于竞争对手越来越远，最终败给竞争对手，从而使股东及经理人均遭受重大损失。因此，考虑到长期的生存与收益及未来竞争情况的不确定性，供应链联盟成员企业只要在联盟存在良好的内部利益协调机制的情况下，各利益相关者就一定会趋向于追求供应链联盟的收益最优化。

通过上面的分析我们看到，有效的市场竞争保证供应链联盟中企业的各主要利益相关者在为自己的企业作决策时，应该会首先保证所属企业追求利益最大化的行为不至于使供应链联盟瓦解。

（二）供应链联盟成员间内部协调激励对"道德风险"的自动缓解

1. 通过核心企业建立联盟企业合作竞争模式

现代供应链联盟的核心企业通过确定自己的核心竞争力，主动地选择适当的、有相当实力的战略伙伴，把不属于自己核心竞争力的业务外包出去后，可以形成有效率的供应链联盟协调机制。当核心企业以整合价值链为起点建立以自己为中心的供应链联盟时，就能更有效地处理供应链间企业的协调，以提高供应链联盟的整体实力。核心企业的存在本身就为供应链联盟的有效运作创造条件，联盟的最终客户的反馈可以直接传递给核心企业，并以核心企业为基础实现供应链联盟的信息共享。核心企业掌握各合作企业的信息并可以评价企业对供应链联盟的贡献，以约束和激励各合作企业的市场行为，减少不合格合作企业的数量，巩固战略伙伴关系，并通过各企业的合理规模实现供应链联盟整体的规模效益。

在核心企业的领导下，供应链联盟的利益协调激励机制，主要通过以下三个层次实现：

（1）企业间加强信息共享是初级层次。协调信息的传递过程是供应链联盟协调第一层次。从上面的结构分析已经看出，如果没有信息的有效传递，供应链联盟必然会失调，因此，信息的有效共享是供应链联盟协调的第一步。如核心企业可以通过直接了解客户信息和管理零售商库存的方式来预测客户需求，并据此控制上游供应商的产量和供货量。

同时，可以在核心企业统筹的基础上，由各合作企业参与制定供应链联盟预算体系。在建立供应链联盟预算体系时，应将总预算内化到各节点企业内部，每个企业都是一个综合性的责任中心，并应注意预算编制时间和编制方法的协调。

（2）企业间经济利益的协调是中级层次。为保证供应链联盟的竞争力，必须防止各合作企业片面追求自身利益最大化的行为。但是，由于供应链联盟固有的外部性的限制，不可能要求各合作企业无偿地放弃自身利益而维护供应链联盟的整体利益。显而易见，只有供应链联盟整体利益大于不存在战略合作时各企业利益之和时，

111

供应链联盟才可能持续下去。因此，核心企业必须从战略角度出发，挖掘出所处的供应链联盟与其他供应链联盟不同的竞争优势，保证供应链联盟的利益。

此外，在供应链联盟整体获利后，核心企业必须对各合作企业建立有效的评价和收益分配机制。一般情况下，核心企业以其核心竞争力和整合供应链联盟的能力，往往获得收益中较大的部分。而对于其他企业，则应合理评估其在供应链联盟中的作用和贡献，公平地分配收益，否则会破坏战略合作关系。

要注意供应链联盟内部的激励。由于各合作企业的动机不同，每个企业都会将损害供应链联盟利益的收益与损失进行对比。如果收益比损失小，则各合作企业会首先考虑供应链联盟的整体利益。

(3)联盟企业间建立相互信任是高级层次。供应链联盟中的信任是指：供应链中的某一企业确信其他企业在交易中不会利用自己的弱点来获利的一种信心。这种信任是在各节点企业间长期的合作中建立的。供应链中的信任主要有两个方面：

一方面是核心企业对其他合作企业的信任。这主要是一种忠诚信任。这种信任可以通过签订约束性的合同，或加大其他企业寻找新的战略伙伴的机会成本来实现。

另一方面是其他合作企业对核心企业的信任。这主要是一种能力信任，即核心企业有能力在不确定的市场环境下通过构建和领导现有的供应链联盟获得更大的市场份额，提高整体收益，并让各合作企业分享收益。这就要求核心企业不断地提高自身的实力。

上述三个层次是一个渐进的过程。只有前面的层次能够实现，后面的层次才有保证。只有建立长久稳定的战略伙伴关系，才能保证供应链的协调和高效率的实现。

2. 建立并完善监控协调机制

除了签订界定严格、目标明确、兼顾各方利益的协议外，联盟在成立时，还应制定明确的阶段性目标，使联盟各方能监测联盟的发展进度，确保联盟沿着既定的方向发展。因此，联盟企业应针对联盟的运行设立监督机制，掌握联盟系统内部生产要素的生产运转和转移的情况；联盟企业还应根据联盟的不同形式，在企业的科研、开发、生产、设计、供销等方面建立配套评估机制，并进一步制定包括检查、反馈、协调和鼓励等方面的制度；评估阶段性目标完成情况，只有在预先设定的阶段性目标完成时，双方才进一步提供资源；建立完整有效的信息网络，通过积极有效的沟通，尽可能保持企业发展目标与合作目标的高度一致，使供应链联盟能够对市场环境反应迅速，把握市场机会，实施联盟的任务。

3. 建立专门的联盟管理部门处理联盟事务

供应链联盟是一种网状组织体系，由于多方投资、多方审批、多方领导、多种渠道而造成难以统一规划，而要克服管理散乱，加强管理集中度的重要手段就是投入专门的人力物力建立专门管理机构，使联盟成为统一指挥的有机整体。

首先，专门联盟管理部门应将显性的联盟管理知识予以编码，通过培训计划和联盟管理者的交流促进分享知识，并共同发展出一套对联盟的表现系统性评估的标准。

其次，应将联盟管理部门置于合适的组织层面，使它在调动各部门方面拥有组织上的合法性，便于联盟管理人员在公司内外展开联系，从而获得必要的资源，使其成为连接企业与市场、企业与现有联盟伙伴或潜在联盟伙伴的有效沟通渠道。

二、政府管制是对供应链联盟成员间"道德风险"造成的市场失败矫正的必要手段

我们在上面分析了市场机制和联盟内部协调对"道德风险"造成的市场失败有自动的缓解作用。但是由于以下原因的存在，使市场机制和联盟内部协调对"道德风险"造成的市场失败的缓解作用大打折扣。

（一）牛鞭效应表明市场机制对供应链联盟道德风险缓解的有限性

在供应链联盟中，由于存在大量的"信息孤岛"，联盟中的企业对需求信息的"道德风险"沿着供应链下游向上游逐级放大的现

113

象，就是所谓的"牛鞭效应"，它指的是供应链联盟中最终用户的需求随着往供应链联盟的供应链上游前进过程中的市场需求变大现象。

牛鞭效应具体机制如下：实践中，供应链联盟的生产源头与终点需求之间总存在时间滞延，导致"道德风险"出现，这种时间滞延造成的"道德风险"会导致反馈误解，这是因为联盟中的企业多依据毗邻企业的市场需求进行独立决策，而并不和其他成员进行协商，这种反馈误解使最终需求的一点微小变化传递到源头企业时也会出现不可思议的放大。

斯特曼（Sterman）在 1987 年的"啤酒分销游戏"中验证了这种现象。"牛鞭效应"的市场需求信息偏差增加了供应链的无效率作业（被迫大量增加库存），供应链延伸越长，中间非价值生产过程越多，链上所有成员维持的库存就会更高，就会发生更高的成本，从而导致整个供应链联盟效率低下。

以流通产业为例，在牛鞭效应的形成过程中，首先是零售商观察顾客的需求，然后向批发商订货，批发商向分销商订货。其中为了保证能够满足顾客的需求和应付各种不确定性，零售商订单的变动性一般明显大于顾客需求的变动性。为了满足与零售商同样的服务水平，批发商被迫持有比零售商更多的库存或比零售商更高的能力。依此类推，结果导致整条供应链联盟成员都维持更高的库存水平，从而发生更高的成本。

（二）内部协调激励机制对供应链联盟成员间"道德风险"缓解的艰巨性

在供应链联盟中，通过建立包括三个不同层次的，以委托代理理论为基础的激励合约，能有效调动供应链联盟委托方企业（核心企业）和代理方企业（合作企业）的积极性，兼顾了合作双方的共同利益，消除由"道德风险"带来的风险，使得供应链的运作更加顺畅，实现供应链联盟企业共赢的目标。然而在实践中，建立包括三个层次的，以委托代理理论为基础的激励合约并不是一件容易的事情，这是因为在建立供应链联盟激励合约的过程中，还牵涉如何评价供应链联盟代理方企业绩效、监督技术、风险规避程度，如何确定供应链联盟收益、成本等问题。

(三)供应链联盟"道德风险"的政府管制的主要手段

1. 供应链联盟成员间"道德风险"的政府管制的理由：联盟合作伙伴企业产权是否明晰、合作伙伴之间的合约是否完善

(1)产权是否清晰问题。一方面，由于产权是一种通过社会强制而实现的对某种经济物品的多种用途进行选择的权力，有效率的产权应是竞争性的或排他性的，这将有助于减少未来的不确定因素及避免产生机会主义行为的可能性。从另一方面看，有效率的交易也需要明确地界定产权。而产权制度是既定产权关系和产权规则结合而成的且能对产权关系实现有效组合、调节和保护的制度安排。

以我国为例，由于国有企业的特殊的委托—代理模式，委托代理的激励成本远大于市场自由竞争的激励成本，代理问题中的"道德风险"相当严重。国有企业委托人的典型特征是委托人的双重身份、双重角色(既是委托人又是代理人)，代理人问题比常规代理人问题更复杂。由于种种原因，产权明晰化始终是国有企业的改革方向，加之政府部门职责过于集中，导致了以钱权交易为主要特征的"寻租现象"，从而也使得企业在构建供应链联盟中，往往以丧失效率作为代价，或由政府干预勉强"联盟"，或受地方保护主义的影响，无法选择到最佳"伙伴"。

许多国有企业虽然有很强的市场竞争能力，但是在与其他企业进行合作方式上，仍然习惯于按照计划经济模式办事，没有进行科学的协商决策和合作对策研究，缺乏市场竞争的科学意识。企业合作关系中短期行为也普遍存在。由于委托代理人问题的特殊性，国有企业普遍存在短期行为。企业的协商过程带有很强的非经济因素和个人偏好行为。

(2)合约是否完善问题。供应链联盟的形成，使原有的企业生产组织和资源配置方式发生了质的变化。供应链联盟以及供应链管理思想，强调要塑造自己的核心竞争力，去和其他企业建立战略合作关系，而每一个企业都集中精力去巩固和发展自己的核心竞争力

115

和核心业务，利用自己的资源优势，通过技术程序的重新设计和业务流程的快速重组，做好本企业能创造特殊价值的、长期控制的、比竞争对手更擅长的关键业务，从而实现供应链合作模式的"双赢"或"多赢"的目的。

构建供应链联盟势必导致"合同物流"的出现，这样也就涉及合约完善和保障问题。供应链联盟在认识上是作为一种生产组织模式，或者是一种管理方式，但在运作时表现更多的却是一个企业的实体特性，比如作为一个整体与其他供应链联盟竞争、有统一的计划、与外界的边界等。但不管怎么说，供应链联盟作为一个许多企业的集合体或联盟是公认的，且具有较强的合同性，需要得到法律的承认、需要法律来规范。遵守协议（规则）的前提是这一协议、规则能够为遵守者带来的利益比不遵守大。在一个具有协议或规则框架的组织中，次级行为主体实际上是要让渡一部分权力的，也就是说次级行为主体要用自己的部分权力和协议或规则相交换，求得利益最大化。

2. 供应链联盟成员间"道德风险"的政府管制的主要手段

对供应链联盟"道德风险"实施政府管制的根本目的是为了保障供应链联盟企业产权明晰，为了完善供应链联盟企业之间的合约，主要办法有：

（1）政府要使企业产权明晰。产权作为一种经济上的权利制度，对一个社会的资源配置与经济增长都起着至关重要的作用。产权将确定人们相对于财物的行为规范，严格界定人们使用支配资源的范围、空间和方式，确定人们在经济活动中如何受益、如何受损以及他们之间如何进行补偿的原则。在产权界定清晰的情况下，产权主体在作出一项行动决策时，将会认真考虑和比较未来的收益和成本，从而选择能使他的财物价值增值最大化的行为方式。简言之，产权的功能主要表现在：明确界定对财物支配的范围、空间和方式，确认权利主体对财产的占有和支配，提供财产运作的权利基础；产权的明确界定，不仅能够保护和合理评价稀缺资源，而且能够通过市场竞争和产权自由转让，促进财产的动态利用，实现资源的合理配置。

（2）制定和实施符合市场实际的经济合同法。政府制定和实施经济合同法的作用在于使市场交易双方所订立的经济合同能得到履行，减少或杜绝合同订立中的"道德风险"问题，保障交易双方责任的履行、权利的实现。交易双方自行订立的经济合同需要有一个公正的外部强制力作为保障，唯有如此，合同对交易双方，特别是对责任方才具有真正的约束力。

（3）政府应对信息优势方利用信息优势进行不公平交易和不公平竞争的行为进行足够的处罚。政府强令交易者向对方提供真实的、尽可能多的信息是实现公平交易和公平竞争的重要条件，政府应加强这方面的工作，不过任何法规都不可能没有遗漏，更重要的是如果有人不遵守法规而得不到应有的惩罚，那就表明利用信息优势施行不公平交易和不公平竞争是有利可图的。因此，要解决道德风险问题，仅有立法的威慑和强制作用是不够的。政府对于利用信息优势进行欺诈等各种不公平交易和不公平竞争行为必须予以足够的处罚。所谓足够的处罚，是指行为人不能从施行不公平交易和不公平竞争行为得到任何的好处，反会遭受损失。政府的处罚对卖方或买方的损失必须足以超过其施行不公平交易与不公平竞争行为所得的收益。

基于本章的上述分析，在供应链联盟的构建和管理中，理论依据应该是由交易成本、产权制度及合约完善和保障所构成的三维标准。也就是说，交易成本的高低、企业产权是否明晰、合约选择的理性化及合约的制度保障是构建供应链联盟的经济性前提，这就要求政府和企业必须进行深层次的制度创新，政府必须对供应链联盟成员间的信息不对称风险进行政府管制。

本书将在以下的各章中分别论述供应链联盟的两大信息不对称风险：逆向选择和道德风险及其内部性政府管制问题。

117

第六章　供应链联盟成员间的逆向选择问题

第一节　信号传递、信息甄别机制：供应链联盟成功的基础

在过去的十多年里，企业面临的竞争环境发生了巨大的变化。经济全球化的市场竞争要求企业一定要将自身业务与合作伙伴业务集成在一起，减少相互之间的各种成本，站在整个供应链联盟的角度考虑竞争力的进一步增强。因此，建立战略性合作伙伴关系是供应链联盟科学管理的基础，也是集成化供应链管理的前提条件。

供应链联盟成功的基础在于供应链联盟内部各合作企业之间的联结和合作，以及相互之间在设计、生产、竞争策略等方面良好的协调。本章将主要研究供应链联盟合作伙伴关系的选择机制，认为供应链联盟合作关系的顺利建立关键在于联盟的潜在合作企业对联盟核心企业的成功信号传递机制，以及联盟核心企业对潜在合作企业的信号甄别的准确与否。信号传递机制与信息甄别机制的有效实施是减轻供应链联盟内部成员之间的逆向选择的关键所在。

一、供应链联盟内部合作关系的基本定义

供应链联盟内部合作关系（Supply Chain Alliance Partnership），也就是供应商—制造商（Supplier-Manufacturer）关系，或者称为卖主/供应商—买主（Vendor/Supplier-Buyer）关系、供应商关系（Supplier Partnership）。① 因此，供应链联盟内部合作关系可以定义为供应商与制造商之间，在一定时期内的共享信息、共担风险、共同获利的协议关系。对制造商（核心企业）来说，要提供的活动和服务包括：控制供应市场、管理和控制供应网络、提供培训和技术支持、为供应商提供财务服务等。供应商要具备创新和良好的设计能力，以保证交货的可靠性和时间的准确性。这就要求供应商采用先进的管理技术（如 JIT、TQM 等），管理和控制中间供应商网络。

这样一种战略合作关系形成于供应链联盟内部为了特定的目标和利益的企业之间。形成的原因通常是为了降低供应链联盟总成本、降低库存水平、增强信息共享、改善相互之间的交流、保持战略伙伴相互之间操作的一贯性、产生更大的竞争优势，以实现供应链联盟内部企业的财务状况、质量、产量、交货期、用户满意度和业绩的改善和提高。

显然，供应链联盟内部战略合作关系必然要求强调合作企业间的合作和信任。

二、供应链联盟核心企业选择合适合作伙伴的基本步骤

实施供应链联盟合作关系就意味着联盟的核心企业要对发出希

---

① 在供应链联盟内部合作关系中，由于市场地位不同、宏观经济情况的变化、资源供求关系转变等因素的影响，造成了有时候是供应商在供应链联盟中占据主导地位，有时候是制造商占据主导地位。对在供应链联盟中占据主导地位的企业笔者把它称为"核心企业"。本书为了简化分析的需要，一般以制造商在联盟中占主导地位的情况为例，即一般把制造商称为"核心企业"来进行分析。

望合作的信号的潜在合作企业的综合情况进行科学的信息甄别，选择适当的合作伙伴，尽量避免逆向选择行为，最大限度地减少"劣币驱良币"现象的发生。以有利于被选择的合作企业真正能在新产品/技术上实现与核心企业的共同开发、数据和信息与核心企业的交换、与核心企业实现市场机会共享和市场风险共担。

　　具体而言，由于供应者所提供要素的数量、价格，直接影响到制造企业生产的好坏、成本的高低和产品质量的优劣。因此，制造商(核心企业)选择供应商(潜在合作伙伴)不再是只考虑价格，而是主要考虑供应商的两大类能力，首先是属于作为供应链联盟伙伴应该具备的基本能力，包括质量、交货可靠性、成本等要素，这些要素可称为联盟伙伴选择的资格要素。其次是供应商提供给制造商更多竞争力的能力，使其能成为制造商的战略性供应商，这种要素包括供应商的研发能力、特殊的工艺能力、柔性、交货速度及网络支撑能力、其他特殊能力等，称其为供应链联盟的赢得要素。这就要求供应商既要能为自己的生产和经营供应各种生产要素(原材料、能源、机器设备、零部件、工具、技术和劳务服务等)，更要注重在优质服务、技术革新、产品设计等方面做得较好。

　　因此，核心企业(制造商)在选择潜在的合作企业(供应商)时主要着眼于以下几个方面：

　　(1)核心企业(制造商)要让供应商了解本企业的生产程序和生产能力，使供应商能够清楚地知道企业需要的产品或原材料的期限、质量和数量。

　　(2)核心企业(制造商)要向供应商提供自己的经营计划、经营策略及其相应的措施，使供应商明确本企业的希望，以使自己能随时达到企业要求的目标。

　　(3)核心企业(制造商)与供应商要明确双方的责任，并各自向对方负责，使双方明确共同的利益所在，并为此而团结一致，以达到双赢的目的。

　　要实现以上基本要求，根据前面五章的分析阐述，笔者认为关键在于做好两个基本步骤：

　　第一，希望与核心企业合作的潜在合作企业一定要收集大量关于核心企业的真实信息，并要主动向核心企业正当、正确地发送本企业的相关信息，使核心企业能够很快地关注该企业，并将其列入选择范围。

第二，核心企业在收到潜在合作企业发送的信号之后，要快速地组织力量收集这些企业的相关信息，并在此基础上进行科学的信息甄别。

因此，供应链联盟核心企业选择合适的企业作为合作伙伴，是供应链联盟成功的基础。许多国际著名的大企业通过选择合适的合作伙伴，使其供应链联盟获得了巨大成功。然而，在实际运作中，不少核心企业在如何进行合作伙伴选择以及围绕合作伙伴选择工作，核心企业该怎么做以及做些什么等问题上，却往往容易步入"逆向选择"的泥沼，以致不少核心企业在进行供应链联盟合作伙伴选择时走了弯路，犯了很多错误，其结果不仅影响了供应链联盟的绩效，而且还导致大量资金、时间的浪费。

造成"逆向选择"的基本原因，笔者认为就是潜在合作企业的信号传递和核心企业的信息甄别工作没有做好而造成的。

▶ 第二节　信号传递模型：潜在合作企业向核心企业信息传递的理论基础

一、信号传递模型概况

121

针对供应链联盟中的逆向选择问题，核心企业需要在供应链构建过程中充分发挥信号传递机制的作用，实现对供应链合作伙伴的有效选择。

（一）信号传递机制的提出

1974 年，斯彭斯在其论著《市场信号：雇佣过程中的信号传递》中开创性地研究了将教育水平作为"信号传递"的手段在劳动力市场上的作用，分析了市场中具有信息优势的个体如何通过"信号传递"将信息可信地传递给处于信息劣势的个体以实现有效率的市场均衡，从而成功地开拓了信号传递理论研究领域，其劳动力市场模型也成为信号传递理论最经典的模型。

　　信息传递机制存在和起作用的必要条件是发送信号有成本，而且品质（正是按接收方想了解的信息）不同的发出方发送信号的成本也有差别，否则，品质差的发出方会发出与品质好的发出方同样的信息以伪装成品质好，从而使信号传递机制完全丧失传送信息的功能。因此，发信号的成本或代价及成本的差异是信号传递机制存在必需的。既然发信号有成本，那么发出方发不发信号，发怎样的信号就取决于成本收益分析，而收益又取决于接受方的理解、判断和反应。对接受方来说，对信号的判断、解读要尽量合理正确，作出怎样的反应要根据实现自身的最大利益和原则进行，并在一定程度上可以设计有效的信息甄别机制来获得信息、进行决策。信号传递机制的存在，可以帮助人们在信息不对称的经济、市场环境中提高决策效率。现用图 6-1 对斯彭斯的劳动力市场模型加以说明。

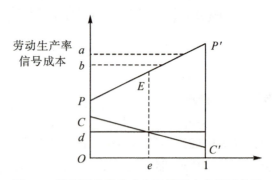

图 6-1　斯彭斯的劳动力市场模型中的信号传递

　　资料来源：Michael Spence. Market Signaling：The Information Structure of Job Markets and Related Phenomena［D］. Cambridge：Harvard University Press，1972.

图 6-1 中横轴代表工人素质，从左至右对应素质从低至高的工人。为简单起见，假设工人根据素质的不同正好均匀分布在区间（0，1）上。纵轴表示工人的劳动生产率，同时也表示工人发信号（满足学历要求、通过招工考试）的成本。由于工人素质越高，劳动生产率越高，发信号的成本越低，因此劳动生产力是一条向上倾斜的曲线 PP'，发信号的成本则是一条向下倾斜的线 CC'。由于工人按素质均匀分布于（0，1）上，因此随机选择工人则所选择的工人的平均期望劳动生产率为 PP' 线中点对应的 Ob。但如果利用信息传递机制，如果招工时增加一定的学历要求或进行文化考试，且假设 CC' 线就是不同素质工人发该信号的相应成本，则所招工人的平均素质就能提高很多。假设发要求的信号并被录用的工人利益为 Od（所获工资或与不要求发信号的工作的工资相比的工资差），则素质在（0，e）中的低素质工人因为得不偿失，不会费力去伪装成高素质的工人。只有素质属于（e，1）区间中的工人才愿意发信号。因此所招工人的平均生产率能达到 EP' 中点所对应的 Oa 的水平。这样，企业总体的劳动生产率和经济效率得以提高，素质高的工人可以通过信号突出自己，反映自己的素质，从而得到雇用、重用和较高的工资收入，素质低的工人则至少能省下发信号的成本，满足于适合实际能力的工作和收入。

在工人的劳动生产率 PP' 线和发信号 CC' 成本线既定后，发信号的收益 Od 的大小决定发信号的工人的素质下限 e，从而也决定了企业招收工人的劳动生产率平均水平。Od 越小，发信号合算的工人越少，平均素质越高。但是，一方面雇用工人数太少不能满足生产需要就不可能实现最大利润目标，另一方面在劳动力市场上招工的企业不止一个，压低工资会使高素质的工人都转向其他企业，因此，Od 一般不是能随意调节的，对作为劳动力市场的竞争性买方的企业来说，Od 常常是既定的。

在 Od 既定的前提下，企业所能做的是决定对自己最有利的（既保证各岗位所需工人的数量，又能使工人素质较高）的发送信号成本 CC'（通过调控对工人学历、成绩等的要求），并且对不同工

123

种、不同技术、素质要求的职位分别调控，以求用最合理的成本得到最合适的工人，在人力资源的投资、运用方面提高效率，从而提高企业的整体经营效率。

此后，斯彭斯不断拓展这一理论，并展开证实不同市场信号重要性的大量应用性研究。赖利（Riley，1979）最早从经验上检验了斯彭斯的信号传递模型。他认为，信号在工人的生产力难以测定的经济部门是最重要的，因为在这里工资和教育密切相关。随着时间的推移，企业对雇员的生产力了解得越多，工资和教育的相关关系会变得越弱，尤其是在生产力难以测定的部门。

（二）供应链联盟形成中所传递的信息类别

信号传递机制对于优选供应链联盟合作伙伴很有帮助。一般而言，在信息不对称环境下，供应链联盟的潜在合作企业和核心企业所拥有的信息可以被分为两类：

一类是潜在合作企业对自身各项经营指标、经营绩效所掌握的信息，抽象掉技术性因素带来的误差，这种知情者（informed player）的私人信息一定是真实的。

另一类是核心企业（下文的"评价体系"）对潜在合作企业各项经营指标、经营绩效所掌握的信息，由于信息由企业内传至企业外须沿一定的路径，在这个路径中的各环节都可能使信息最终发生扭曲，对信息接受者而言，这种信息是一种信号，恰是这种信号决定了资源配置，无论它是真是假。

从本质上来看，信号传递机制的作用就是要使潜在合作企业和核心企业对这两种类型的信息的理解尽量趋于一致。即对于高质量的潜在合作伙伴而言，有必要借助各种信号向制造企业传递自己的质量优势；对于制造企业而言，要善于对接收到的各种信号进行判断和分析，首先区分出哪些信号属于强信号，哪些信号属于弱信号，借助各种强信号判断各潜在合作伙伴的属性，以便择优选出供应链联盟合作伙伴。

二、供应链联盟形成的信号传递机制分析①

（一）潜在合作企业信号传递的基本内容

潜在核心企业在向核心企业发送希望合作的信息时，必须要着眼于三个方面：要发送如果核心企业与其合作将会节约交易成本的信息、要发送企业产权方面的信息、要发送希望和核心企业签订有法律约束的相对完善的合同信息。

1. 节约交易成本方面的信息

这方面的信息主要包括：企业高层管理者愿景与核心企业的一致性；本企业的企业文化与核心企业的相容性；本企业与核心企业在某一重要方面（如生产、销售等核心环节）的依赖程度；本企业竞争者的替代质量评价等方面。

潜在合作企业可以这样来传送本企业的信息：

首先，分析将要构建的供应链联盟所处的市场环境。要建立供应链联盟，首先要从供应链联盟的角度对环境进行分析，这种环境分析可分为一般环境与直接环境。一般环境包括经济、社会、政治、技术等因素；直接环境包括企业的同行竞争、用户的状况、资源的来源等因素。要把这一行业所面临的主要竞争力量进行横向相互作用、纵向相互作用和侧向作用分析。

横向相互作用：即供应链联盟上某一环节上（这正是潜在合作企业想合作的领域）的同类企业之间的相互作用，反映在某一个环节上的竞争者多少和力量的对比。

纵向相互作用：即供应链上不同环节之间的相互作用，包括与上游企业（供应商）以及下游企业（客户）之间的相互作用。

125

---

① 这里的供应链联盟的信号传递机制就是指供应链联盟的潜在合作企业向联盟核心企业的信号传递机制。在随后提到的供应链联盟的信号传递失灵也指的是供应链联盟的潜在合作企业向供应链联盟核心企业的信号传递失灵。

侧向作用：即供应链联盟上各个环节上的潜在进入者和替代者对这个环节的作用。

通过对将要构建的供应链联盟环境的分析，可以发现潜在合作企业的所面临的合作优势。

其次，建议选择供应链联盟的战略合作模式。在分析将要构建的供应链联盟环境的基础上，发现本企业自身的内部能力，以及外部面临的竞争压力。根据核心竞争力的高低，结合企业与企业之间的密切程度，把以上关系归类为：

在哪些领域，合作将是传统型、临时性的，主要合作形式是承揽普通的部件或项目的外包服务，在此领域，潜在合作企业要说明本企业对这种类型的合作的积极性的高低。

在哪些领域，潜在合作企业与核心企业的关系是竞价式的关系，外包是根据需要的特定部件或项目。决策时，在外包战略的同时，选择自制决策也是可以的。

在哪些领域，与核心企业的关系是有一定的合作性或长期性的关系，外包的是长期性的项目或特定的部件，在这些领域，潜在合作企业需要努力提高与对方的相互依赖性和关系的稳定性。

在哪些领域，与核心企业的关系是动态的、单一的或战略合作的，本企业要与核心企业建立极为密切的关系，甚至将本企业并入对方企业。

最后，说明本企业的其他信息。这些信息有：

①价格信息。主要是指企业所供给的原材料、初级产品或消费品组成部分的价格，因为这些产品的价格决定了消费品的价格和产品的投入产出比，对生产商和销售商的利润率产生一定程度的影响。

②产品质量信息。主要是指本企业所供给的原材料、初级产品或消费品组成部分的质量。如果产品的质量低劣，该产品将会缺乏市场竞争力，并很快退出市场。

③交货提前量信息。交货提前量越小，库存量的波动越小，企业对市场的反应速度越快，对市场反应的灵敏度越高。由此可见，交货提前量也是重要因子之一。

④交货准时性信息。交货准时性是指按照订货方所要求的时间和地点，供应商将指定产品准时送到指定地点。

⑤品种柔性信息。企业生产的产品必须多样化，是提高企业产品的市场竞争力的基础。

⑥设计能力信息。产品的更新是企业的市场动力。产品的研发和设计不仅仅是企业分内之事，集成化供应链联盟也要求合作企业能适当承担部分的研发和设计工作。因此，潜在合作企业的设计能力属于选择的考虑范畴。

⑦特殊工艺能力信息。每种产品都具有其独特性，没有独特性的产品的市场生存力较差。产品的独特性要求特殊的生产工艺，所以，潜在合作企业的特殊工艺能力也是影响因素之一。

⑧其他影响因素：如项目管理能力、企业的地理位置、企业的库存水平等。

2. 发送企业产权方面的信息

这方面的信息传递主要是为了向核心企业说明本企业的资产专用性①情况。

3. 发送希望和核心企业签订有法律约束的相对完善的合同信息

这方面主要包括以下内容：

①建议建立风险分担机制。企业与企业之间的合作，必然有一

---

① 资产专用性是指在不牺牲生产价值的前提下，某项资产能够被配置于其他替代用途或是被替代使用者重新调配使用的程度，资产专用性包括场地专用性、物质资产专用性、人力资本专用性、专项资产、品牌资产、临时专用性等。一般而言，资产的专用性越强，资产可适应的范围越狭窄，当产品市场和原料市场出现问题时，企业遇到的麻烦就越大。专用性资产通过破坏寻求替代用途或切断组织间关系而使合作伙伴相互配合，一个组织可能因在关系中贡献更多资产而被锁定。这些特异性投资随转换而失去价值，因此交易伙伴可能致力于现有关系的成功，从而防止在利己的经济主体之间产生脱离、退出交易的行为。专用性资产把企业捆绑到了特定的交易关系中，即使这一关系不再使合作伙伴满意，这些资产也难以转移到其他的行动中去，如果关系中的投入基于契约专用性或其他经济强制因素，退出合作关系就比较困难。资产的专用性越高，退出的成本就越大。

定的风险存在。正确解决风险问题，联盟成员共同承担风险，能够提高整个联盟的效率，取得超越企业的边界效益。

②建议建立联盟的控制和监测机制。供应链联盟建立，有很多影响因素，由供应链联盟核心企业建立合作监测和监测系统，跟踪联盟合作与变革的全过程，及时发现问题并采取有效措施加以解决，确保合作与变革的顺利进行。

③建议建立激励机制、相互信任、合理承诺及良好的沟通机制。没有良好的沟通，则合作各方很难建立起信任，而且可能造成误解。

④建议建立工作跟踪改进机制。由核心企业跟踪供应链联盟的合作过程，结合评价机制，确定成员的满意度，以及整条供应链的竞争水平，最终，发现影响供应链联盟的主要因素，采取措施。

(二)供应链联盟的信号传递的虚假信息扩展

1. 模型的设立与假设

信息是资源配置的依据，因为在评价体系(核心企业)看来它反映了潜在合作企业的绩效。

故设立二元函数 $R=R(K, J)$　$K>0$, $J\geqslant0$, $R(K, 0)=R(K)$

R：评价体系(核心企业)获得的潜在合作企业的经济信息，它是反映潜在合作企业经营能力和未来盈利能力的信号，评价体系以此对潜在合作企业产生反馈作用，决定是否配置资源及配置多少。

K：反映潜在合作企业实际经营绩效的变量，表示该企业的实际能力。

J：表示潜在合作企业虚假经营绩效的变量，不真实地表示该企业的能力。

R、K 和 J 看上去似乎是一回事，但事实上它们有很大差别。之所以建立这种函数关系，是因为：①K、J 与 R 本质上是不同的，K 是第一类经济信息，J 是由潜在合作企业制造的虚假信息，R 是第二类经济信息；②与之相关的行为主体不同，K、J 只与潜在合作企业相关，是潜在合作企业的私人信息，R 与潜在合作企业和评价体系(核心企业)都相关，是潜在合作企业发出、评价体系(核心企业)接收的信号；③K、J决定R，正是真实信息与虚假信息共同构成了评价体系(核心企业)获得的信息。

因为K和J的增加都发出了潜在合作企业能力增强的信号，故：

$$\frac{\partial R}{\partial K}>0 \qquad \frac{\partial R}{\partial J}>0$$

2. 假设条件

为分析问题，我们作如下假设①：

(1)不存在超级稳定②的诚信体系；

(2)潜在合作企业经营管理能力、企业技术状况相对稳定，短期内不会有重大技术变革和管理创新；

(3)评价体系(核心企业)根据R对潜在合作企业正反馈；

(4)不存在独立于潜在合作企业之外的审计机构，潜在合作企业经营绩效的信号完全由自己发出；

(5)经济中只存在两个企业A(潜在合作企业A)和B(潜在合作企业B)，且两个企业传递信息的活动服从相同的函数关系；

(6)传递虚假信息被惩处的风险是0。

3. 具体分析

在此，先运用比较静态分析方法考察R较小的企业为继续生存如何确定J，然后把比较静态分析提炼成一个动态分析模型，证明虚假信息存在不断扩张的特性。

比较静态分析((1)(2)(3)是三种独立的状况)

令$m_i=\dfrac{R(K_A,\ J_A)}{R(K_B,\ J_B)}$　$i=1$，2，3(i表示J_A、J_B取值不同的三种状态)

(1)当$J_A=0$　$J_B=0$时　　$m_1=\dfrac{R(K_A)}{R(K_B)}$

(i)若$m_1>1$　$R(K_A)>R(K_B)$　$\Theta\dfrac{\partial R}{\partial K}>0$　故$K_A>K_B$

---

① 假设条件中有的与现实较近，有的较远，一些会在后面还原。

② 表明稳定是无法破坏的，不可能出现此稳定转移至彼稳定的可能。

这意味着 A 的经营能力、未来盈利能力优于 B, 评价体系(核心企业)将倾向于选择企业 A 为合作伙伴, 因为 $R_A > R_B$, 在竞争中, B 企业有被淘汰①的可能, 所以 B 企业出现了下面三种选择:

①改善经营管理能力技术状况, 提高 K, 选择 a。

②时刻面临被淘汰的风险甚至被淘汰, 选择 b。

③开始传递虚假信息 $J_1 > 0$, 使 $R(K, J_1) > R(K)$, 选择 c。

(ⅱ)若 $m_1 < 1$, 则 A 和 B 的状况对调。

(2)当 $J_A = 0$ $J_B > 0$ 时($J_A > 0$ J_B 等于 0 时同理) $m_2 = \dfrac{R(K_A)}{R(K_B, J_B)}$

(ⅰ)若 $m_2 > 1$, 这表明虽然 B 企业已经传递了虚假信息, 发出了能力增强的信号使 $R(K_B, J_B) > R(K_B)$, 但评价体系(核心企业)所获得的信息是 A 的经营能力、未来盈利能力优于 B。根据 1-(1)中的分析可知 R 较小的 B 企业有三种选择:

①选择 a; ②选择 b; ③扩大虚假信息量, 产生 J_2, 使 $J_2 > J_1 > 0$, 选择 d。

(ⅱ)若 $m_2 < 1$, 这表明 B 企业传递虚假信息, 使 $R(K_B, J_B) > R(K_A)$, 评价体系(核心企业)获得的信息是, B 的经营能力、未来盈利能力优于 A。这时, 无论 K_A、K_B 谁大, 结合 1-(1)分析, 评价体系(核心企业)将又倾向于与 B 企业合作, 所以 R 较小的 A 有三种选择:

①选择 a; ②选择 b; ③选择 c。

(3)当 $J_A > 0$ $J_B > 0$ 时 $m_3 = \dfrac{R(k_A, J_A)}{(k_B, J_B)}$

(ⅰ)若 $m_3 > 1$ R 较小的 B 有三种选择: ①选择 a; ②选择 b; ③选择 d。

(ⅱ)$m_3 < 1$ 则 A 和 B 的状况对调。

对 R 较小的企业面临的选择进行分析, 我们发现选择 a 不是最优策略, 因为:

①企业的经营能力在短期内是相对稳定的(假设2), 重大技术

---

① 包括不进则退的状况。

变革和管理创新的可能性不大，短期内通过改变 K 而影响 R 不是企业获取合作机会的主要途径；

②即使企业可以提高经营能力和技术水平，但在无风险环境里（假设6）提高经营能力和技术水平比改变 J 多支付很多成本。也就是说，通常通过改变 K 而影响 R 比通过改变 J 而影响 R 耗费更多的成本，所以模型中理性的企业不会将选择 a 视为企业生存的主要途径。

另外，选择 b 也不是企业的理性策略，因为：

①这里暗含的一个前提，企业是不愿被淘汰的。由于先期的投入已化为沉淀成本而且企业对自己的生产停业点信息无法有准确的了解，大量的沉淀成本无法变现，所以选择 b 不是企业的理性选择；

②就企业的经营管理人员而言，选择 b 说明企业已经或潜在被淘汰，发出了企业代理人能力较低的信号，不利于代理人个人的利益，特别是再发展，所以代理人不愿意评价体系（核心企业）获得本企业 R 较小的信息，代理人的道德风险行为就会通过企业行为表现出来，这样选择 b 不会被采纳。

尽管初始状态不同，选择 c 和 d 本质上是一致的，说明企业选择产生虚假信息或扩大虚假信息量。通过以上分析得出选择 c、选择 d 是企业的占优选择，在此分析基础上，笔者概括出命题1。

命题1：当 $m_i = \dfrac{R(K_A J_A)}{R(K_B J_B)} \neq 1$ 时，使 $J>0$（包括 J_1 和 J_2 由 J 初始值决定）是 R 较小者继续生存的占优选择（包括选择 c 和 d）。

命题1描述了若以 R 为配置资源的信号，无论 K_A、K_B 取何值，为了继续生存，R 较小者的占优选择是传递虚假信息。

131

动态分析

进行动态分析的基础是：①对比较静态分析过程的提炼；②命题1的结论。

令：$n_t = \dfrac{R(K_A,\ J_{At})}{R(K_B,\ J_{Bt})}$　$t=1,\ 2,\ 3,\ \cdots,\ n$（t 表示不同时期）

初始状态 $K_A > K_B$ $J_A = J_B = 0$ （初始状态 $K_A < K_B$ 时，同理）

(1)当 $J_{A1} = 0$ $J_{B1} = 0$ 时 $n_1 = \dfrac{R(K_A)}{R(K_B)} > 1$

由命题 1 可知 B 的行为是选择 c，出现了一个均衡①（$J_A = 0$，$J_B > 0$）。

(2)$J_{A2} = 0$ $J_{B2} > 0$ 时 $n_2 = \dfrac{R(K_A)}{R(K_B, J_{B2})}$

（ⅰ）若 $n_2 > 1$，由命题 1 可知，B 企业的行为是选择 d，制造 $\overline{J}_B$，出现一个均衡（$J_A = 0$，$\overline{J}_B > J_B > 0$），这与前一个均衡类似，因为 $n_2 > 1$ 时是对 2-(1) 中的重复，还会继续使 J_B 增加，直至出现 $n_2 < 1$。

（ⅱ）若 $n_2 < 1$，由命题 1 可知，A 企业的行为是选择 c，出现新的均衡（$J_A > 0$，（$J_A > 0$，$\overline{J}_B > J_B > 0$），$J_B > 0$）②，直至出现 $n_2 > 1$。

(3)当 $J_{A3} > 0$ $J_{B3} > 0$ 时 $n_3 = \dfrac{R(K_A, J_{A3})}{R(K_B, J_{B3})}$

（ⅰ）若 $n_3 > 1$ 时，由命题 1 可知，B 企业的行为是选择 d，产生 $\overline{\overline{J}}_B$，出现一个均衡（$J_A > 0$，$\overline{\overline{J}}_B > J_B > 0$）或（$J_A > 0$，$\overline{J}_B > J_B > 0$），$J_B$ 不断增加，直至 $n_3 < 1$。

（ⅱ）若 $n_3 < 1$ 时，由命题 1，A 的行为是选择 d，产生 $\overline{\overline{J}}_A$，出现新的均衡（$\overline{\overline{J}}_A > J_A > 0$，$\overline{\overline{J}}_B > J_B > 0$）或（$\overline{J}_A > J_A > 0$，$\overline{\overline{J}}_B > \overline{J}_B > 0$）或（$\overline{J}_A > J_A > 0$，$\overline{J}_B > J_B > 0$），$J_A$ 相对 J_B 不断增加，直到 $n_3 > 1$。

至过程(3)已经出现了一个不断循环的过程：

(4)当 $t \geq 3$ $J_{At} > 0$ $J_{Bt} > 0$ 时 $n_t = \dfrac{R(K_A, J_{At})}{R(K_B, J_{Bt})}$

（ⅰ）若 $n_t > 1$ 时，均衡为（$J_{At} > 0$，$J_{Bt} \gg 0$），J_B 相对 J_A 不断增加，直至 $n_t < 1$。

① 不是最终稳定的均衡，若无特别指出，则下同。
② 由于 J_B 演进路径的不同，均衡中具体取值不同，下同。

（ⅱ）若 $n_t < 1$ 时，均衡为（$J_{At} \gg 0$，$J_{Bt} > 0$），J_A 相对 J_B 不断增加，直至 $n_t > 1$。

在 A 企业与 B 企业的多次博弈中，由命题 1 以及我们进行的动态分析可以推导出命题 2：

命题 2：如果初始状态为 $K_A \neq K_B$，则会产生 $J_A > 0$、$J_B > 0$，且当 $t \geqslant 3$ 时，$J_{At+1} > J_{At}$，$J_{Bt+1} > J_{Bt}$。命题 2 描述了 $K_A \neq K_B$ 的条件下，K 较小的企业会最先传递虚假信息，以争取在供应链联盟中的合作机会，这会导致 K 较大的企业采取相应措施——传递虚假信息，这样两企业争取未配置资源的动态博弈行为最终导致虚假信息不断扩张，供应链联盟成员间的合作在质或量①上降低。

4. 进一步分析

下面对模型中的结论与现实有差异之处作出解释，并考察模型中逆向选择问题。

（1）企业面临的一个现实约束（还原假设 6）：现实中，企业传递虚假信息是有被惩处的风险的。

假设被惩处的概率为 P，成功地传递虚假信息的获益②为 L_1，被惩处的净损失为 $-L_2$（$L_1 > 0$，$L_2 > 0$），企业传递虚假信息的净获益期望：$EL = (1-P)L_1 - PL_2$。这里首先要考虑 EL 的大小，EL 与 L_1 成正比，与 P 和 L_2 成反比，其次要考虑企业代理人的风险偏好类型。一旦相应条件满足，现实中的企业便成为模型中的企业，这一方面在一定程度上说明了现实中仍有许多未传递虚假信息的企业③，另一方面说明了假设 6 的合理性。

（2）对 R 的有界性探讨（对现实中 J 的定义域的确定）

在虚假信息扩张模型中，我们发现经过 A 和 B 的多次博弈，模型似乎缺乏一个最终稳定的均衡，J_B 增加→R_B 增加→J_A 增加→R_A 增加→J_B 增加……这个过程不断循环。这与现实是有矛盾的，现实中虽然有很多企业在传递虚假信息，但虚假信息的自我扩张不

---

① "质"强调配置给谁，"量"强调配置多少。
② 已充分考虑了除惩处外的各种成本费用。
③ 不考虑道德约束。

会无穷大。

这种矛盾的发生基于一个前提：$\dfrac{\partial^2 R}{\partial J^2} \geq 0$，只有当 R 对 J 的边际

量不递减时，模型的结论才与现实不符。而现实通常 $\dfrac{\partial^2 R}{\partial J^2} < 0$，这是

因为在既定技术水平下，信息对经营能力绩效的反映作用是递减的①，这类似于边际效用的递减。

(三) 信息传递机制中虚假信息扩展现象的基本对策

对虚假信息扩张问题的分析已经可以解释现实供应链联盟核心企业在选择潜在合作伙伴时，为什么会存在大量企业会计信息、审计信息、生产经营、技术违法性失真信息劣化了供应链联盟的合作伙伴的选择效率，以及导致生产、流通领域的诚信体系一旦遭破坏便具有相当的不可逆转性，会使市场机制和社会处于积重难返的窘境。虚假信息的产生与扩张都会通过一定的信息传递机制作用于供应链联盟的形成。

本章的上述分析是在无政府管制的假设前提下进行的，这种信息传递的分析框架如图 6-2 所示。

图 6-2　无政府管制下的信息传递机制

信息传递的路径为：潜在合作企业(信息源)→核心企业(评价体系)。信息由企业内传至评价体系，须经过一个环节——企业，在无政府管制假设下，企业有制造信息、扭曲信息的可能，虚假信息有产生的可能性。根据前文比较静态分析的命题 1 和对企业传递

---

① 虚假信息过多则信息可信度下降。

虚假信息被惩处风险的考察，我们可以推论出企业有传递虚假信息的必然性。

现在，笔者假设在有效的政府管制参与的情况下，这种信息传递机制可用图 6-3 来反映，这时可分为两种情况。

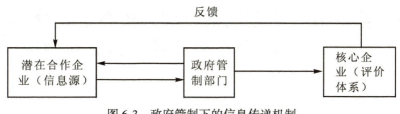

图 6-3　政府管制下的信息传递机制

1. 传递路径：信息源→政府管制部门→评价体系

在不考虑政府管制部门技术性失误的前提下，这种路径为我们提供了一个完全信息的环境。如果信息在传递过程中没有任何扭曲，那么此时的信号便在最大程度①上反映了潜在企业的状况。在既定状况下，合作伙伴选择的效率可以达到最大（但不一定最优）②。

2. 传递路径：信息源→政府管制部门→企业→政府管制部门→评价体系

与第一种情况相比较，这是现实中传递虚假信息较常见的路径，它表达了政府管制的低效率与企业对信息的扭曲、传递虚假信息的状况，虽然有独立的政府管制部门，但如果出现政府管制部门与潜在合作企业合谋的情况，等同于信息直接由潜在合作企业传递给了核心企业，而这种传递由于政府管制部门的参与加剧了信号的扭曲，会更加降低供应链合作伙伴的选择效率。

因此，降低虚假信息量，建立合理信息传递机制以提高供应链合作伙伴的选择效率，必须遵循以下的一些基本原则：

---

① 由于分工的存在，极端的信息完备是不现实的。
② 由于分工的存在，极端的信息完备是不现实的。

（1）潜在合作企业的信息传递要尽量完全。

（2）核心企业要合理地建立对企业进行多元化评价的评价体系。

（3）政府要进行适当的信息管制（这个问题将在下章论述）。

第三节　信息甄别模型：核心企业对（潜在）合作企业进行信息甄别的理论基础

一、信息甄别模型概况

阿克洛夫的"旧车市场模型"和斯彭斯的"劳动力市场模型"，分别对逆向选择的机理和信号传递的作用进行了分析。斯蒂格利茨则提出了信息甄别模型和保险市场模型，大大拓展了经济学界对逆向选择和信号理论的研究。

斯蒂格利茨在其所发表的《"信息甄别"理论、教育与收入分配》（1975）论文中，以"受教育水平"作为市场信号，对信息甄别的内在机制进行了研究。而在《质量依赖于价格的原因和后果》（1987）论文中，则考察了价格水平充当市场信号，并具有信息甄别作用的情形，尤其是对信息甄别问题给出了进一步的分析。

斯蒂格利茨认为，价格水平除了传统经济理论通常所描述的作用外，还具有充当市场信号的功能——传递信息并影响市场参与者的行为。在存在非对称信息的情况下，价格的变化具有两方面的效应：在信息不变的条件下沿着需求曲线的移动以及信息的变化引起的需求曲线本身的移动。例如，在保险市场上，愿意支付较高价格的投保者，往往具有更大的发生意外的可能性；保险公司可根据他们愿意支付的价格，将投保人甄别开来，并使不同类型的投保人选择不同的保险合同。

斯蒂格利茨的信息甄别模型的本质就是信息甄别方要设计出特定的机制(或一组合同)让另一些人去选择，从而根据选择的结果将潜藏着的信息识别出来的方法。因此，这一模型具有四个重要的环节：

(1)以信息不对称为假设条件。这是实现高效信息甄别的前提条件。

(2)信息甄别者要采取主动行为，设计出特定的几组备选合同。这是实现高效信息甄别的关键环节。

(3)信息甄别者对备选合同的设计，必须做到科学、有操作性。这就要求信息甄别者有一整套完善的对信息传递者的评价体系。这也是实现高效信息甄别的核心环节。

(4)信息甄别者的内部组织结构要有利于科学评价体系的建立和决策的民主性、透明性和科学性。这是实现高效信息甄别的基础环节。

二、供应链联盟的信息甄别①机制

(一)供应链联盟信息甄别的核心环节：建立选择合作伙伴的科学的评价体系

1. 合作伙伴的评价准则

由于构成企业合作伙伴的要素是多方面的，既涉及价格、质量、交货期，又与装备能力、技术水平等有关，因此对合作伙伴的取舍有多种选择。Dickson 在 20 世纪 60 年代最早系统地研究合作伙伴选择评价问题，提出 23 项评价合作伙伴的准则，后经市场调查和论证，得出重要性排序，见表6-1：

137

---

① 这里的信息甄别是指供应链联盟中的核心企业对潜在合作企业发送来的企业信号进行信息甄别。下一节所说的信息甄别失准指的也是供应链联盟中的核心企业对潜在合作企业发送来的企业信号进行信息甄别失准。

表 6-1 **Dickson 与 Weber 合作伙伴选择准则排序**

	Dickson 重要性	Dickson 排序	Weber 文献数量	Weber%
价格	相当重要	3	61	80
准时进货	相当重要	2	44	58
质量	非常重要	1	40	55
装备与能力	相当重要	5	23	30
地理位置	重要	20	15	21
技术能力	相当重要	7	10	20
管理与组织	重要	13	8	13
行业名誉	重要	11	7	11
金融地位	相当重要	8	7	9
历史绩效	相当重要	6	7	9
维修服务	重要	15	6	9
态度	重要	16	3	8
包装能力	重要	18	3	4
运作控制	重要	14	2	4
培训帮助	重要	22	2	3
程序合法	相当重要	9	2	3
劳务关系记录	重要	19	2	3
通信系统	相当重要	10	2	3
互惠安排	不太重要	23	2	3
印象	重要	17	2	3
交易的迫切性	重要	12	2	3
以往贸易量	重要	21	1	1
担保与赔偿	相当重要	4	0	0

资料来源：Dickson G. An Analysis of Vender Selection Systems and Decision ［J］. Journal of Purchasing, 1966, 2(1)：5-17.

20 世纪 90 年代 Weber 也对此问题进行了研究，他选择了 1967—1990 年出现的 74 篇文献，这些文献从不同角度研究了 Dickson 提出的 23 项评价合作伙伴的准则，Weber 对这些准则的重要性进行了排序①。

我国的一组调查统计数据表明②，我国企业在选择合作伙伴时，主要的标准是产品质量占 98.5%；其次是价格占 92.4%；另有 69.7%的企业考虑交货提前期；批量柔性和品种多样性也是企业考虑的因素之一，这与表 6-1 中的统计规律相一致。可见，核心企业在考虑合作伙伴时，价格、质量和准时交货是 3 个主要的考虑因素。

2. 评价待选合作伙伴的基本原则

在合作伙伴的选择过程中，应根据不同的供应链联盟组成形式和具体任务制定不同的选择原则和标准，一般的通用性原则如下：

①核心能力原则。即要求参加供应链联盟的合作伙伴必须具有并能为供应链联盟贡献自己的核心能力，而这一核心能力也正是供应链联盟所确实需要的，从而避免重复投资。

②总成本核算原则。即实现供应链联盟总成本最小化，实现多赢的战略目标，要求伙伴之间具有良好的信任关系，连接成本较小。

③敏捷性原则。供应链联盟的一个主要目标就是把握快速变化的市场机会，因此要求各个伙伴企业具有较高的敏捷性。要求对来自供应链联盟核心企业或其他伙伴企业的服务请求具有一定的快速反应能力。

④风险最小化原则。供应链联盟运营具有一定的风险性，例如市场风险依旧存在，只不过在各伙伴企业之间得到了重新分配，因

139

---

① Weber, Karpak, etc. Multi-objective Decision-making in Supplier Selection, An Application of Visual Interactive Goal Programming［J］. Journal of Applied Business Research, Spring 1999, 15 issue, 2.

② 参见马士华等. 供应链管理［M］. 北京，机械工业出版社，2000：126.

为伙伴企业面临不同的组织结构、技术标准、企业文化和管理观念，所以必须认真地考虑风险问题，尽量回避或减少供应链联盟整体运行风险。

违反上述原则将会极大地影响供应链联盟的效率。违反核心能力原则和总成本原则，难以满足供应链联盟"外部经济性"的要求；违反敏捷性原则，则不能保证快速迎合市场机遇的目的；而忽视风险最小化原则，会为供应链联盟的运营埋下巨大的隐患。因此供应链联盟核心企业在选择合作伙伴时，必须全面认真地考虑以上四个基本原则。

上述四个原则只是供应链联盟合作伙伴选择的一般性原则或基本原则。由于具体问题的不同，以及供应链联盟核心企业具体目标的差异，在选择合作伙伴时可能并不只限于四条基本原则，还要考虑很多其他方面的因素。诸如：

系统全面性原则。评价指标体系必须全面反映供应商企业目前的综合水平，并包括企业发展前景的各方面指标。

简明科学性原则。评价指标体系的大小也必须适宜，即指标体系的设置应有一定的科学性。如果指标体系过大，指标层次过多、指标过细，势必将评价者的注意力吸引到细小的问题上；而指标体系过小，指标层次过少、指标过粗，又不能充分反映供应商的水平。

稳定可比性原则。评价指标体系的设置还应考虑到容易与国内其他指标体系相比较。

灵活可操作性原则。评价指标体系应具有足够的灵活性，以使企业能根据自己的特点以及实际情况，对指标灵活运用，等等。

3. 评价的基本方法

合作伙伴的选择方法可归结为定性和定量方法。

(1)定性方法。定性方法主要有直观判断法、招标法、协商法等，见表6-2。

表 6-2　　　　　　　合作伙伴选择的定性方法一览表

	直观判断法	招标法	协商法
内容	根据征询和调查所得的资料并结合人的分析判断，对合作伙伴进行分析、评价的一种方法	由企业提出担保条件，各招标合作伙伴进行竞标，然后由企业决标。与提出有利条件的合作伙伴签署合同或协议	由企业选出供应条件较有利的几个合作伙伴。同它们分别进行协商，再确定适当的合作伙伴
特点	简单、易操作，但主观性比较大	竞争性强，企业能够在更广泛的范围内选择适当的合作伙伴，但手续较复杂，时间长，不能适应紧急的订货需求，且订购机动性差	由于供求双方的充分协商，在物质质量、交货日期和售后服务等方面有保证，但由于选择范围有限，不一定做得到价格最合理、供应条件最有利的供应来源
适用范围	选择企业非主要原材料的合作伙伴	订购数量大，合作伙伴竞争激烈时	供应方较多时，企业难以执行

资料来源：李华焰，马士华. 基于供应链管理的合作伙伴选择问题初探[J]. 物流技术，2000(3).

①直观判断法。直观判断法是根据征询和调查所得的资料并结合人的分析判断，对合作伙伴进行分析、评价的一种方法。这种方法主要是倾听和采纳有经验的采购人员意见，或者直接由采购人员凭经验作出判断。常用于选择企业非主要原材料的合作伙伴。

②招标法。当订购数量大、合作伙伴竞争激烈时，可采用招标法来选择适当的合作伙伴。它是由企业提出招标条件，各招标合作伙伴进行竞标，然后由企业决标，与提出最有利条件的合作伙伴签订合同或协议。招标法可以是公开招标，也可以是指定竞级招标。公开招标对投标者的资格不予限制；指定竞标则由企业预先选择若干个可能的合作伙伴，再进行竞标和决标。招标方法竞争性强，企业能在更广泛的范围内选择适当的合作伙伴，以获得供应条件有利

的、便宜而适用的物资。但招标法手续较繁杂，时间长，不能适应紧急订购的需要；订购机动性差，有时订购者对投标者了解不够，双方未能充分协商，造成货不对路或不能按时到货。

③协商选择法。在供货方较多、企业难以抉择时，也可以采用协商选择的方法，即由企业先选出供应条件较为有利的几个合作伙伴，同他们分别进行协商，再确定适当的合作伙伴。与招标法相比，协商方法由于供需双方能充分协商，在物资质量、交货日期和售后服务等方面较有保证。但由于选择范围有限，不一定能得到价格最合理、供应条件最有利的供应来源。当采购时间紧迫、投标单位少、竞争程度小，订购物资规格和技术条件复杂时，协商选择方法比招标法更为合适。

(2)定量方法。定量方法有很多种，如层次分析法和采购成本比较法等。

①层次分析法。该方法是 20 世纪 70 年代由著名运筹学家赛惕(T. L. Satty)提出的，韦伯(Weber)等提出利用层次分析法用于合作伙伴的选择。它的基本原理是根据具有递阶结构的目标、子目标(准则)、约束条件、部门等来评价方案，采用两两比较的方法确定判断矩阵，然后把判断矩阵的最大特征相对应的特征向量的分量作为相应的系数，最后综合给出各方案的权重(优先程度)。由于该方法让评价者对照相对重要性函数表，给出因素两两比较的重要性等级，因而可靠性高、误差小。不足之处是遇到因素众多、规模较大的问题时，该方法容易出现问题，如判断矩阵难以满足一致性要求，往往难以进一步对其分组。它作为一种定性和定量相结合的工具，目前已在许多领域得到了广泛的应用。

②采购成本比较法。对质量和交货期都能满足要求的合作伙伴，则需要通过计算采购成本来进行比较分析。采购成本一般包括售价、采购费用、运输费用等各项支出的总和。采购成本比较法是通过计算分析针对各个不同合作伙伴的采购成本，选择采购成本较低的合作伙伴的一种方法。

另外，定量方法还有神经网络算法、ABC 成本法和改进的 TOPSIS 法等。

4. 合作伙伴综合评价、选择的步骤

如何具体评估和衡量候选伙伴是否满足上述原则，如何综合多方面的评价结果，克服人为因素的影响，得到一个相对满意的伙伴组合方案，需要进行定性、定量方法的结合分析，在此运用"三阶段法"对供应链联盟合作伙伴选择和优化。具体步骤参见图 6-4 所示的"三阶段法"流程图。

第一阶段：初选

在这一阶段，根据供应链联盟核心企业的业务要求，确定供应链联盟的构成方式。

供应链联盟核心企业一般需要选择与其相接模块中的合作伙伴，通过搜集市场信息，初步确定伙伴的选择范围，然后从众多希望成为合作伙伴的候选群中进行初步筛选，进一步缩小选择范围。

第二阶段：单目标评价

根据供应链联盟核心企业选择的具体原则和主要要求，进行分目标的定性与量化计算，对潜在的伙伴企业进行单目标的评价和分析，为下一阶段综合评价和优化提供依据。

对合作伙伴的考察以五要素为基础：①质量；②时间；③成本；④技术能力；⑤管理与文化。

设 $U = \{U_1, U_2, \cdots, U_N\}$，其中代表模块 U_i 中的第 i 个待选伙伴。

建立 $A = \{a_1, a_2, a_3, a_4, a_5\}$ 分别代表质量、时间、成本、技术能力和管理文化。

定义 $A_I = \{a_{i1}, a_{i2}, a_{i3}, a_{i4}, a_{i5}\}$，$i = 1, 2, \cdots, n$　$0 < a_{ij} \leqslant 1$，$j = 1, 2, 3, 4, 5$，a_{ij} 代表模块 U 中 u_i 五要素的定量评价结果。

设 $B = \{b_1, b_2, b_3, b_4, b_5\}$，$0 < b_j \leqslant 1$，$j = 1, 2, 3, 4, 5$，$b_j$ 代表理想的合作伙伴模式。

第三阶段：综合评价与优化

为了对潜在的合作伙伴进行综合评价和优化，选取加权择近优化原则，根据企业要求设定权重因子，进行定量计算，确定最佳合作组合。

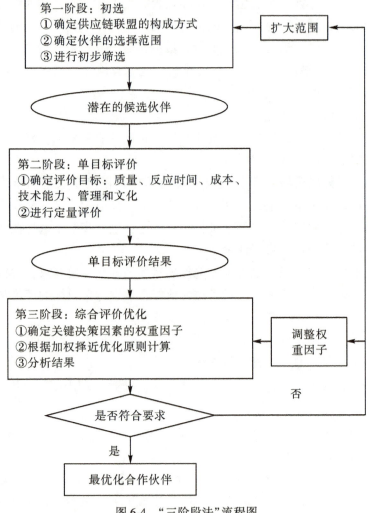

图 6-4　"三阶段法"流程图

资料来源：李华焰，马士华. 基于供应链管理的合作伙伴选择问题初探［J］. 物流技术，2000（3）.

设综合评价结果 $Z_i = 1 - \sum\limits_{j=1}^{5} c_j |a_{i,j} - b_j|$　$i = 1, 2, \cdots, n$，$j = 1, 2, 3, 4, 5$

$C = \{c_1, c_2, c_3, c_4, c_5, \}$，$c_j$ 代表 a_j 的权重指数，$j = 1$，2，

3，4，5 且 $\sum_{j=1}^{5} c_j = 1$

则 $Z = \max_{1 \leqslant i \leqslant n} Z_i$ 为最接近理想状态的合作伙伴。

若经过三阶段的计算和分析仍得不到满意的合作组合，可采取以下调整措施：

(1)放松初选过程的关键约束条件，以进一步扩大可供选择的伙伴范围。

(2)调整综合评价模型中的权重因子，重新进行优化计算。

重复上述过程，直到得到满意的合作伙伴组合为止。合作伙伴确定以后，可以定期根据业绩考核以及核心企业战略重点的变化，对合作伙伴重新进行评价和考核。

(二)供应链联盟信息甄别的基础环节：核心企业的合理组织形式设计

1. 核心企业组织设计的原则

构建供应链联盟的本质是实现各企业间的合作，合作联盟的整个流程可以划分为：信息收集处理——判断和甄别——行动，在整个流程中，组织的形式设计都和单个个体的能力有直接关系，微观主体的行为对整个组织的效率有着决定性作用。

作为一个合作联盟要实现合作的关键是，核心企业组织内部的各微观主体都有"同意合作"，而要实现这种合作的"核"并能保持"核"配置的稳定性，必须有恰当的正式的激励和约束机制，并有一定的非正式的制度安排辅助，比如文化等共同形成合作机制。

如果定义组织为信息传到过程，那么各层次的微观主体的信息处理和反馈能力是关键变量，信息处理效率更高，越为准确，组织层次可以减少。

供应链联盟核心企业在收到信息之后，应该对这些信息加以判断，判断的正确率和误差率在很大程度上决定于整个核心企业内部

145

的运行绩效。"弃真"①和"纳伪"②都以一定概率存在，而核心企业的组织形式设计只能在放弃机会和容纳更多风险之间替代选择，当然在设计组织形式时，可以根据所在区域的风险水平进行权衡，高风险区域采取更严格的控制，增加等级和层次，强化控制，而对风险较低的区域，权限下放，减少层次。

但这种因地制宜的方式会导致两极分化：风险更低的区域将会得到更多的机会，直到控制低到使得该区域的风险水平逐渐显现。但突破这种替代选择的最好办法则是提高不同层次的微观个体的判断和甄别能力，特别是降低主观上的误判概率。客观上，犯错误的概率总是存在，但能力不同的个体对事务的判断水平存在差异，能力更高的个体更能从客观事务中获取更为真实的信息，因而组织内部个体的素质是组织效率的保障条件之一。同时，在内部个体有素质前提下，也存在着"偷懒"等投机行为，从制度设计角度看，应该强化对个体的监督和信息的披露，但这会进一步导致管理成本的增加，不断的监督属于次优选择，更妥当的选择在于增加个体的积极性和主动性，将自己视为组织联盟中的成员，更倾向于"同意合作"。

2. 核心企业的合理组织形式设计：管理扁平化

根据上述分析，供应链联盟核心企业的组织形式设计并不是随意的，而与信息甄别能力、激励机制、客观风险水平等相关，因此企业在组织形式选择上更多地倾向于向扁平化转变，减少下属分支机构的权限，并缩减企业的层次，而将权力更多地集中到最高决策层，特别是一些对企业具有重大影响的决策，"削藩"成为企业一个普遍的策略。

导致削藩和强化总部及最高管理层的控制能力的原因就是，信息技术的普及和应用，减少了信息收集和反馈的时间，对个体而言，获取信息的能力加强了，信息的处理能力和成本同时降低。一

---

① "弃真"指的是拒绝了本应该接受的状况，丧失了机会。
② "纳伪"表明接受了本应该拒绝的项目，对不妥当的事务判断为妥当，这种状况对整体有真实的危害。

方面增强了上一层次管理者的决策能力，可以进行更多的管理活动；另一方面信息处理能力的提高可以降低对中间环节的依赖，从而使高层管理者可以从事直接的事务管理工作。在授权方面，由于最高管理层的直接行为能力加强，可以减少对中间层次管理层的授权。在这种背景下，自然可以增强权力的集中程度。

组织形式的选择并不是绝对的，总在集中和分散之间做一个大体的替代选择，并不会完全集中或完全分散。在权力分配中，通常不会将所有的权力集中至高层，但也不会将大部分权限下放，组织会根据管理者自身的能力、偏好和组织本身的特征进行选择。而且，在核心企业内部各利益主体间一旦难以建立有效的合作机制和长期信任，组织的层次难以减少，反而由于不信任而出于强化风险和管理考虑，会不断进行监督和检查，从而组织的层次不断增加，陷入一种陷阱。

三、供应链联盟信息甄别失准及其原因分析

(一)信息甄别失准的类型

信息传递和信息甄别都存在一定的风险，核心企业在选择合作企业的判断和决策的失误在所难免。对于核心企业的组织体系来说，同样如此，从组织的设计角度看，无法满足杜绝这种风险和失误的要求，更多的只能减少这种风险。

信息甄别失准可以划分为"弃真"和"纳伪"。"弃真"指的是拒绝了本应该接受的状况，丧失了机会；而"纳伪"表明接受了本应该拒绝的项目，对不妥当的事务判断为妥当，这种状况对整体有真实的危害。

(二)供应链联盟核心企业的组织形式与信息甄别失准

假定具有 n 个主体进行甄别项目，一种制度设计是集中型的层层授权(H 结构，即等级结构，Hierarchies)，另一种设计是独立授权(P 结构，即分权结构，Polyarchies)。每个主体的判断项目为

147

"通过"的概率为 x，$x \in (0, 1)$。那么在第一种结构下，项目通过的概率 x^n，而第二种结构下项目通过的概率为 $\sum_{i=0}^{n-1} x(1-x)^i = 1 - (1-x)^n$，此时设定各主体独立判断，而且相互之间没有沟通。由于 $\sum_{i=0}^{n-1} x(1-x)^i > x$，所以在第二种结构下，项目获得通过的概率要高，会有更多的项目获准通过。

与此同时，每个主体都会有失误，本该接受的项目而被拒绝的概率设为 p，p 总是存在并大于 0，而本该拒绝的项目被错误地接受的概率设为 q，q 也总是存在并大于 0，有 p，$q \in (0, 1)$。项目被错误地拒绝认为是丧失机会，而被错误地接受则会造成实质性的风险。分别分析在两种结构下的不同概率，前者概率表示为"弃真"概率 α，而后者纳伪概率表示为 β。设定两种结构下，每个主体的纳伪能力一致，而且都独立进行判断而没有沟通。

结构 H 的弃真概率为：$\alpha(H) = 1-(1-p)^n$，而结构 P 的弃真概率为：

$$\alpha(P) = 1 - \sum_{i=1}^{n} (1-p)p^{i-1} = p^n。$$ 由于 $1 > p > 0$，有 $p^n < 1 - (1-p)^n$，$\alpha(H) > \alpha(P)$。这表明在结构 H 下，犯 α 类错误将会比较多，会丧失一些机会。原因在于在结构 H 下，弃真的错误是不断叠加的。而在结构 P 下，弃真的错误可以在一定程度上纠正，一个可行的项目经历的环节要少，而且还可以在被某个个体拒绝之后转换下一个个体寻找纠正的机会。

而对应的，假设项目本身是不应该接受的，但发生了错误判断，而将项目接受了，该类纳伪概率在两种结构下分别为：$\beta(H) = q^n$ 和 $\beta(P) = 1-(1-q)^n$。同样有 $\beta(H) < \beta(P)$。从而可以得到如下结论：核心企业实行分权结构的效率更高，更多的项目被接受，但风险更高；核心企业实行集权结构效率低，同时风险水平低。

（三）基本结论：核心企业信息甄别失准的主要原因是由企业组织形式固有的内在矛盾造成的

这表明，就"活力"和效率而言，独立授权的分权结构优于集中的等级结构，前者能够获取更多的机会，而后者由于层次较多，放弃本该接受的好机会的概率较高，丧失的机会更多；而从风险角度看，分权结构蕴涵着更高的风险，将本该拒绝的项目接受的概率更高。一个组织设计者在选择组织形式时，将面临效率和风险的替代选择：效率越高，风险越大；效率低，风险相对低。

无论选择集中还是分散的结构，弃真和纳伪的概率不可避免存在，但未必是固定的，而取决于个体的判断能力；同时与所处环境的本身的风险水平有关。通常而言，风险水平越高的环境，个体误判的概率，特别是纳伪的概率越高。就组织选择的基础而言，提高核心企业组织内部个体的甄别能力显得尤为重要。

因此，理论上来看，核心企业的组织形式要采取由分权到集权的扁平化形式。这可视为一项制度安排，但具体选择何种制度，要取决于供应链联盟的某些核心特性。但整体而言，这种组织形式的设计必须使核心企业乃至整个供应链联盟中的各个企业的主要利益能得到保障，并有充足的激励机制保证核心企业中个体和整体的利益大体一致。

本书只分析了集权和分权两种组织形式方式，但在实际中组织形式通常介于两者之间，很难断定哪些组织采取了集中方式，哪些更为分散。更多的是进行了恰当授权，而且授权的程度会根据具体状况有所不同，同时会对授权的个体进行一定的监督和制约。更恰当地说，很难权衡授权的程度，但可以确定的是，授权的程度取决于核心企业的某些特征。而且这些特征决定了核心企业的组织本身的绩效，一旦这些特性不具备，组织形式选择并不会对核心企业的信息甄别效率产生很大的影响。

第七章　供应链联盟成员间逆向选择的政府管制

第一节　供应链联盟成员间逆向选择的主要表现及原因

供应链联盟成员间的逆向选择是供应链联盟的核心企业在选择潜在合作伙伴时发生的市场失灵。这种市场失灵在市场机制（信息传递和信息甄别）的作用下，会得到一定程度的缓解。但是，由于信号传递失真和信息甄别失准，市场机制对供应链联盟成员间逆向选择的自我缓解作用是有限的。供应链联盟在合作企业的选择上存在逆向选择的市场失灵，为政府管制提供了理论上的必要性和可能性。本章主要论述的问题就是供应链联盟成员间政府管制的必要性和可能性，以及主要的具体管制措施。

一般而言，供应链联盟核心企业选择合作企业的机理为：潜在合作伙伴由于完全了解本公司的信息，知道自己的类型（例如高质量还是低质量），而供应链联盟的核心企业不完全了解潜在合作伙伴的信息。为了显示自己的类型，潜在合作企业选择发出某种信号，核心企业根据观察到的潜在核心企业的信号判定、甄别潜在合作企业的类型；随后核心企业通过一整套相对较为完善的评价机制对潜在合作企业进行识别，以供应链联盟的总体战略目标及核心企业的核心利益为出发点，向列入选择范围的企业提供多个合同供潜在合作企业选择，潜在核心企业根据自己的类型选择适合自己的合同，并承诺遵守相关合同的约束，根据合同采取行动。

一、逆向选择的主要表现

在这一选择过程中，逆向选择主要反映在以下两个方面：

（一）潜在合作企业将自己的私有信息传递给核心企业时存在信息虚假、信息扭曲的现象

信息的私有垄断性和多样性是潜在合作企业信息传递虚假信息、扭曲信息的直接原因。潜在合作企业为了加入供应链联盟，建立与核心企业持久（或相对持久）的供求关系，就必须展开竞争，以获得相对不多的合作企业资格。因为潜在合作企业的能力、产品的价格、质量、服务、交货期等诸多要素都是其私有信息，核心企业不可能通过观察得到，因此，潜在合作企业会通过一些措施向核心企业发出信号，以表明其具有较高的能力水平。另外，这些信息是种类繁多的。潜在合作企业的真实报价信息体现了其成本控制的水平；潜在合作企业是否进行了 ISO9000 系列的认证，或者是否做出一定期限内退货、保修承诺的信号，这都表明潜在合作企业是否具备提供高质量产品的能力和信心；潜在合作企业制定的服务标准和以前的真实服务记录，反映了潜在合作企业的服务水平的高低；潜在合作企业是否已经或能够加大对技术创新和质量改进的投资力度；潜在合作企业的企业品牌和声誉是否良好等。

151

1. 信息虚假

在市场竞争激烈、市场秩序不规范的情况下，由于利润的驱动，潜在合作企业为达到自身利益的最大化，本能地会限制真实信息的完全传递，以抑制核心企业的谈判能力，从而凭借自身的知识优势和信息优势，企图在同核心企业的交易中占据有利的谈判地位。主要表现为对信息传递设置障碍，或做虚假的、夸张的甚至是

欺骗的信息传递，以达到误导核心企业的目的。

2. 信息扭曲

随着社会经济的复杂程度越来越高，对从事市场经营的市场主体的认知能力、获取和分析信息的能力、判断和预测的能力的要求越来越高，潜在合作企业受知识、禀赋、经验、经济能力以及社会条件的制约，越来越不可能获得和掌握全部所需的信息。这种情况会造成潜在合作企业的经济理性越来越明显，产生的结果是潜在合作企业的市场行为只能是有限理性行为。因而，潜在核心企业也只能在信息不对称的情况下进行决策，所以它往往不能也不会把完全真实的信息传递给核心企业。

另外，潜在合作企业向核心企业发出信号是要付出信息成本的，过度的信号支出成本对自己也是不利的。

（二）核心企业在甄别潜在合作企业发送的信息时存在甄别失准的现象

（1）由于核心企业搜集潜在合作企业的信息要付出成本，无法把潜在合作企业都列入信息甄别的对象。

（2）核心企业的组织机构如营销、公关、调研等部门不健全；对待潜在合作企业传递的信息不重视、不及时处理、反馈；研发与市场需求脱节等。

（3）核心企业制定的对潜在核心企业评价的体系的完善程度与科学性、可操作性等，都会影响信息甄别的准确性。

二、信息传递失真、信息甄别失准的市场机制原因分析

供应链联盟成员间的逆向选择本质上是一种由信息不对称造成的市场失灵。这种市场失灵在信息传递和信息甄别的作用下，会得到一定程度的缓解。但是，由于信号传递失真和信息甄别失准，市场机制对供应链联盟成员间的逆向选择的自我缓解作用是有限的。

（一）信息传递失真的市场机制原因分析

1. 潜在合作企业对私有信息的完全垄断

传送给核心企业的信息作为潜在合作企业经营情况的再现，其原始的生产者和提供者只能是潜在合作企业而不可能是他人，因此潜在合作企业是企业信息的垄断供给者。在信息的垄断供给下，垄断者凭借自身的垄断优势，进行不充分的信息披露，以实现自身利润的最大化而不是社会效益的最大化。同时，由于市场竞争会产生误导信息的激励因素，潜在合作企业有可能试图在短期内操纵信息，并且不一定会因为提供劣质信息或误导性信息而付出代价。因此，这就需要政府部门通过对企业信息的垄断生产和披露进行干预，使信息的披露能够达到理想状态。

2. 信息传递的外部性

外部性是现实经济生活中普遍存在的现象，分为外部经济（也称正外部性）和外部不经济（也称负外部性）两种。信息传递的外部性也就是一家企业发送信息对其他主体（企业）或个人的效用所产生的直接或间接影响。对于正外部性，由于潜在合作企业向核心企业发送信息可能不会得到带来正外部性活动的全部收益，它们必将尽可能地少发送自己的完全信息；相反，存在负外部性时，由于潜在合作企业并不承担它们所发送虚假信息引发的负外部性的全部成本，必将促使它们过度地发送虚假信息。因此，无论何时存在何种外部性，由市场机制进行的信息传递调节不一定总有效率，这就为政府管制提供了依据。

潜在合作企业在信息传递过程中存在外部性的主要原因在于已发送的信息具有公共产品的特征，核心企业在信息接收、信息甄别中由于在供应链联盟中处于主导地位，在市场上处于优势地位，无须付费消费（反而可能会收取潜在合作企业的信息甄别费用），而潜在合作企业在信息的生产和发送成本中除显性成本，如记账费用、会计人员工资等，因其可确认与计量而计入企业的费用并获得回收补偿外，而隐性成本，如因信息传递导致的竞争劣势成本，因其难以确认和计量不能补偿。因此，潜在合作企业在满足自身的决策需

153

求下，往往会关心信息传递的外在收益和损失。按照成本效益原则，只有边际成本小于边际收益时，潜在合作企业才愿意发送更多、更完善的信息。如没有政府的合理管制，没有哪家潜在合作企业愿意主动、完全地向核心企业发送完全信息，这样必然会使众多不合格企业发送的虚假信息盛行，合格的优良企业的真实信息的甄别成本增加。因此，政府对潜在合作企业的信息管制及其相关管制，在于强制或鼓励具有正外部性的信息的发送，限制或消除其负外部性。

3. 市场机制无力组织和实现信息的有效传递

西方公共选择理论把一切产品大致分为私人产品和公共物品两大类。相对于私人物品，公共物品是指那些在消费上具有非竞争性和非排他性的物品。公共物品的这两个特性，使它不能或很难通过市场生产和提供。潜在合作企业发送的信息在发送给核心企业后也具有公共物品的这两个特性。作为公共物品的信息，其性质也决定了它不可能实现有效传递：

(1)信息的私人提供者(潜在合作企业)不能避免信息的非购买者(包括核心企业都不是购买者)使用，也不可能针对不同购买者制定不同的信息价格，在没有政府管制的情况下，私人提供者将会少提供或不提供有关信息，造成信息虚假。

(2)信息接收者的"搭便车"行为或机会主义。"搭便车"行为或机会主义同样会使由市场价格显示个人偏好的机制失灵，使所发送信息无法像私人物品一样，由核心企业(使用者)根据市场价格来控制信息的消费，同时由于交易费用的存在又使得人们无法通过私人方式达成协议，从而会使每个信息搜寻者都想让别人来提供，自己免费享用信息，结果可能谁也不发送完全信息，或信息发送者考虑到过多信息可能对自己带来的不利影响，会掩饰一部分真实信息，这也会引起信息的不完善，造成合作伙伴的选择效率低下。因此，由于潜在合作企业已发送的信息具有公共物品的特征，所以政府要对其进行强制性的立法或管制，如通过信息标准、信息披露制度等，以保证潜在合作企业发送的信息不被滥用。

4. 信息发送者的机会主义行为

(1)由于潜在合作企业存在利用内部信息获取超额利润的机

会，它可能会不顾长远利益，不愿放弃这种交易机会，使得信息的发送不及时、不充分。

（2）隐瞒坏消息。隐瞒坏消息可以避免损害企业形象以及由此而被逐出市场。

（二）信息甄别失准的市场机制原因分析

1. 核心企业对潜在合作企业的信息搜寻成本—收益悖论

核心企业所搜寻的信息，就是核心企业与潜在合作企业之间存在的不对称信息，即潜在合作企业的私有信息。这种对事前（未签订合作协议前）非对称信息的搜集主要集中在潜在合作企业的资格要素和赢得要素的信息。核心企业是依靠特定渠道获得上述信息的，其对信息搜寻渠道的选择，依据成本—收益原则确定。

（1）搜寻成本—收益与搜寻时间的关系。信息搜寻理论是 20 世纪 60 年代由斯蒂格勒提出的。经济学家认为，信息是人们作出决策的基础。信息是有代价的，获得信息要付出金钱与时间，这就是寻找信息的成本，称为信息搜寻成本。信息也会带来收益，有更充分的信息可以作出更正确的决策，这种决策会使经济活动的收益更大，这就是信息搜寻收益。在市场交易中，交易者总是力图充分地利用信息，为自己谋利。一般来说，市场信息不断变化，作为交易者将面临两种不同的交易策略：一是随机交易，即在市场上随机地与其他交易者进行商品交换，而不进行价格的搜寻；二是在市场中通过与多个交易者接触后，按最有利于自己的情况交易。从概率上讲，随着搜寻次数增加，信息搜寻者会发现更为有利的交易条件，但一般无法搜寻到最优、最好的交易条件，因为在市场中，即使同质的产品、服务，价格也可能是离散的。随着信息搜寻者搜寻的继续，会形成一个最低价格的分布，当搜寻次数越多、范围越大，价格会更低。不过由于信息搜寻有成本时，完全信息不一定是经济或合算的，如果我们把多寻找一点信息所增加的成本称为边际搜寻成本，把获得这点信息所增加的收益称为边际搜寻收益，那么，寻找信息应该达到边际搜寻成本等于边际搜寻收益，这时就实现了经济学家所说的最大化，于是信息搜寻者将停止信息的搜寻。

155

（2）核心企业选择潜在合作伙伴的信息搜寻成本—收益。从供应链联盟核心企业的角度来看，搜寻成本主要表现为时间和费用。显然，搜寻带来的收益是以较低的成本与选择的合作企业签订合作协议，因为搜寻时间越长、所花的费用越多，调查的潜在合作企业越多，核心企业发现的可能可以合作的企业就越多，合同利益也就越大。但是，搜寻信息的活动也给核心企业带来一定的搜寻成本，搜寻成本由两部分组成：一部分是调查不同的企业的信息，诸如潜在合作企业生产的商品的价格、质量和性能所需要的时间成本，这主要是一种"机会成本"；另一部分成本是现实支出的成本，如交通费用等。这些费用，用制度经济学上的一个核心概念来概括，就是交易费用。

核心企业延长最后签订合作合约的搜寻过程所带来的收益和成本是不断变化的。一般来说，搜寻成本是边际递增的。其原因在于，如果核心企业只进行粗略的市场搜寻，那么时间的机会成本很低，核心企业想要进一步搜寻，则不得不挤占部分有安排的时间，单位搜寻的时间成本是递增的；另一方面，随着搜寻范围的不断扩大，核心企业将不得不转向那些对它来说事先并没有列入选择范围的企业，此时交通费用等搜寻成本也是递增的。但是，搜寻收益却不是简单地递减，而是在开始的一段搜寻时间内收益递增，然后才开始收益递减。因为在搜寻的初始阶段，核心企业获得一定的信息可以大大降低行为不确定性，但是，由于信息是有层次性的，且信息的层次越深，单位搜寻成本越大，所以，当搜寻进行到一定阶段之后，搜寻收益便开始递减。追求信息完全对称是不经济的，因为随着信息趋于对称，单位搜寻成本将趋于无穷大。因此搜寻的次数或时间存在一个临界值，在此临界值上核心企业利益可以达到最大化，多于或少于该临界值的搜寻行为都不是最经济的。

而且，这种时间性成本对于不同市场地位的核心企业有不同含义，市场地位高的核心企业的时间价值相对较高，而市场地位低的核心企业的时间价值相对较低。正是基于这种原因，市场地位高的核心企业一般花钱节省时间，而市场地位低的核心企业则喜欢花时间节省金钱。可以推测，在选择自己的合作企业时，市场地位高的核心企业一般会比市场地位低的核心企业搜寻次数少。

因此，核心企业对潜在合作企业的信息搜寻如何实现成本收益最大化是核心企业对潜在合作企业信息甄别的主要内容。这一过程中存在一个矛盾：一方面核心企业希望或要求潜在合作企业向自己发送尽量完善的信息(虽然从总体上来讲这些信息可分为资格要素信息和赢得要素信息，但是还是没有统一的标准，而且这些信息至少有一部分是虚假信息)；而另一方面核心企业又要对这些信息进行科学的甄别，在甄别过程中就需要首先进行针对相关企业的信息搜寻，受信息搜寻成本—收益的约束，核心企业在这些搜寻过程中既要尽量进行次数较少的搜寻，又希望能够获得较好的信息搜寻效率。所以，核心企业在对潜在合作企业的自行信息甄别中处于较为两难的境地。

面对这种两难境地，核心企业一般都会采取以下两种信息甄别策略：一方面，通过优化自己企业内部的组织结构，建立相对完善的信息收集、处理、分析内部系统，提升信息甄别效率。但是受企业内部组织结构的固有矛盾的影响，这种策略导致核心企业要么实行分权结构使效率更高，更多的合作企业被接受，但合作失败的风险更高；要么实行集权结构效率低，而使较少的合作企业被接受，同时合作失败的风险水平低。另一方面，核心企业会通过业务外包的办法，在市场上寻找专业的信息中介组织协助完成信息甄别工作，通过信息中介的一系列中介和有针对性的信息营销服务降低核心企业的信息搜寻成本。但是这种策略也存在自身的缺陷，可能会使信息甄别出现偏差。

2. 信息中介的信息搜寻

一般认为，信息中介是一个独立的、最大限度获取利润的信息加工的经济体系。它代表其他介质的信息需要并作出相应的活动(即信息获取、加工和分发)。该定义把信息中介看做任何协调信息生产者(本书指信息传递者：潜在合作企业)和消费者(本书指信息接收者：核心企业)之间有关信息关系的系统，它们的任务是收集、加工和给信息使用者分发信息。

(1)信息中介的信息搜寻服务手段。具体而言，信息中介可以

157

为核心企业提供以下信息搜寻服务：

①提供信息附加价值。由于想获取有效信息的核心企业与潜在合作企业之间不可避免地存在信息质量的不对称现象，而信息中介能提供一些具有附加价值的服务供客户选择，如提供更高质量的信息、更完善的信息、更易获取的信息、更有条理的信息或更便宜的信息等。此外，中介也可依据信息质量和客户特点请专家评估、选择和组织信息。因此，理论上讲，信息中介能缓和核心企业和潜在合作企业之间的信息不对称，并具有相当不错的存在优势。

②利用规模经济来收集和整理信息。所谓规模经济就是扩大规模而节约成本。中介可通过捆绑信息商品获得规模经济。核心企业对单个现象的信息价值的评价是难以科学、客观的。但是，一旦信息中介把这些信息进行捆绑，向核心企业提供的信息集的价值期望就会比较稳定。信息捆绑对信息中介显然有利。

（2）信息中介市场与市场势力。信息中介给市场提供的信息中介服务内容包括：显性信息服务和隐性信息服务。① 显性信息具有普通经济商品的消费特点，信息易于评估其品质、数量和价值。一般而言，核心企业要求信息中介提供的不是这种类型的信息搜寻服务。核心企业要求信息中介提供的一般是潜在合作企业的隐性信息中介搜寻服务。隐性信息的价值在短期内难以预测，它的真实性和对核心企业是否有益也难以断定，因而对这类信息的搜寻、甄别是弱化核心企业与潜在合作伙伴之间信息不对称的关键所在。

但是，由于信息中介市场是一个新兴的市场，在市场机制不完善的市场经济里，由于信息中介市场进入壁垒较低，政府缺乏足够的管理，中介机构之间存在较严重的市场恶性竞争，短时间内很难形成有行业主导地位的中介组织机构，更难以形成统一的中介市场标准，因此许多中介机构在业务来源和业务发展上不能自立，导致其在业务来源上不是通过市场竞争而是依赖各种关系施舍，在业务发展上不能靠自身的能力和信誉去拓展市场，而是靠对服务企业的

① 参见李雪梅. 论信息中介的组织形式与信息分配[J]. 情报理论与实践，2004(2).

迁就、姑息、纵容等"旁门左道"去争取市场份额。上述原因导致中介机构往往没有形成独立的财产权，进而不能形成独立的人格，使得它们不得不在一定程度上依附于行政部门、依附于服务对象甚至依附于特定的利益集团，从而不能把对社会负责、对市场负责、对潜在合作企业的利益负责、对服务对象负责和对自己负责有机地结合起来和协调起来。正是中介机构在中介活动中不能处于中立地位，因此就无法使中介行为符合法律规范、道德理念和公信准则，也就无法避免中介机构的短期行为和失信行为。

在核心企业对潜在合作企业的选择过程中，核心企业处于市场主导地位，它通过信息中介机构搜寻潜在合作企业信息的市场行为也使信息中介机构处于市场附庸的地位。因此，在这种情况下市场中介机构进行的对潜在合作企业的信息搜寻就容易丧失客观性、科学性的基础。

如何实现信息中介机构信息搜寻的客观性、科学性，本质上是一个社会信用问题。政府有必要把制定信息中介行业服务标准、颁发许可证和职业伦理准则三者相结合以保证信息中介市场的良好运行。

通过以上分析，我们认为：在供应链联盟核心企业选择合作伙伴的过程中政府管制是必要的。这种政府管制主要是针对信息传递、信息甄别的市场行为的政府管制。在这一核心企业选择潜在合作伙伴的过程中，政府管制的主要内容包括对潜在合作企业向核心企业信息传递的市场行为的政府管制、对核心企业选择的信息中介提供信息服务的市场行为的政府管制和对核心企业利用自己的市场势力形成新的垄断实力的政府管制三个方面。

▶ 第二节 潜在合作企业信息传递行为的政府管制

供应链联盟的潜在合作伙伴的选择中，信息传递失真有诸多原因，其中既有人为因素造成的，也有非人为因素造成的。在人为因素中，有故意造成的，也有非故意造成的，如在我国目前的虚假广告中，绝大部分是由于人为故意因素而形成的。

一般而言，信息传递失真是指与客观事实和状态不相符的信息传递。这种信息失真之所以产生，最为关键的原因在于这类虚假信息与信息传递者的利益追求有密切的关联。信息传递者及关联人试图通过制造虚假信息获取利益，而当政府管制对这些虚假信息传递者通过虚假信息的传递而成功地获取利益不能作出有效的反应时，虚假信息的产出、传递也就在所难免了。在市场经济中，潜在合作企业作为独立的经济实体，每个主体都要追求自身的利益，这本身是正常的事，我们不能对这些企业的这种特性进行谴责。因此，国家的政策、法律应该对潜在合作企业的信息传递行为有所反应，把潜在合作企业追求自身利益的信息传递行为有效限制在相对合理的范围内。我们认为，对潜在合作企业信息传递行为的政府管制至少应该包括以下几个方面的内容：

一、强制性赋予信息优势者(潜在合作企业)说明的义务

在供应链联盟的合作伙伴选择过程中的信息不对称越严重，信息劣势者(核心企业)自身获取信息的可能性就越小，对信息劣势者(核心企业)和社会整体的危害就越大，因此也越需要政府强制性地赋予信息优势者(潜在合作伙伴)说明的义务。如一般来说，证券市场中的信息不对称是最严重的。对已上市的潜在合作企业而言，政府就有必要严格规定这些企业对自身的经营状况有定期进行真实信息披露的义务。在各国的证券法中，信息披露制度相当完善，对信息披露的范围、程序以及信息披露的准确、及时、充分及公平的确保等都作了专门的规定，这种信息披露制度是政府进行强制性信息平衡的主要表现之一，应该说这是一种设计相当良好的制度，应该切实予以实施。作为潜在合作伙伴的上市公司，只有进行充分、准确、及时、公平的信息披露，核心企业才会有合作的安全感，才会进行战略合作，从而促进市场的稳定。就当前我国的证券市场而言，上市公司的信息披露很不规范，其主要原

因不在于制度缺乏，而在于制度实施上的障碍，如监管不足、处罚力度不够等。

（一）强制说明制度的起源、性质、特点和优势

1. 强制说明制度的起源

强制说明制度的历史还很短。最早是应用在消费者的权益保障上。

1962 年 3 月 15 日美国总统肯尼迪在一份向国会递交的国情咨文中首次提出了消费者的四项权利，其中一项为"被告知的权利"（the right to be informed）。

联合国大会在 1985 年 4 月 9 日通过的《保护消费者准则》中提出了多项消费者权利，"使消费者获得充分信息，使其能够按照个人愿望和需要作出掌握情况的选择"这一权利也在其中。

世界银行最近的研究也认为，政府有时能更为直接地减少质量验证方面的问题。它可通过信息披露的要求来达到这一目的，如要求食品制造商公布其配料。

在具体的立法例中，美国于 1968 年通过《诚实信贷法》，只要涉及"主要为了个人、家庭或农业用途"的信贷交易，就适用该法，它本质上就是一部涉及经营者的信息公开义务而保护消费者权益的法律。该法第 121 条规定，商人与消费者订立消费贷款契约或消费者信用买卖契约前，应提供消费者书面通知，并在其上载明贷款或信用买卖之期限、本金、利息总额以及每期应付利息。

法国的一些法律要求在合同订立前，经营者应向消费者提交一份合同前资料，它包括所提供的产品或服务的确切情况。1978 年 6 月 30 日第 75-78 号法令强制要求旅游汽车销售商在订货单签字前，提供一份资料，说明订购车型的所有详细特征、附件或可能的选择、价格以及最后交货期。

1987 年美国加利福尼亚的法律规定，房屋的出售者有义务向购买者提供一份描述房屋已知情况的《不动产转让披露书》。

我国《消费者权益保护法》第 19 条也对经营者的信息提供义务作了规定。

161

2. 潜在合作企业(信息优势方)强制说明制度的性质

强制说明制度主要体现了公权对私权的限制。这种限制的目的是多元的，其中的一个重要目的在于提供实质公平。因为平等虽是市场经济的运行前提，但这种平等是一种形式上的平等，它只提供了一种平等的可能性，是相对于等级社会中的绝对不平等而言的。实质平等是一种结果的平等，它只是一种理论上的抽象，受制于诸多因素，在实践中是不可能彻底实现的。公权对实质公平的贡献是通过对权利的限制、剥夺和对弱者的资助而实现的。公权对在实质上处于强势的私权进行限制能较充分地实现实质公平。如证券市场中的强制性信息披露制度是一种典型的限权制度，它的目的在于增加信息弱势主体的信息拥有量，克服信息的不对称，促进交易，保障弱者的利益。在供应链联盟合作伙伴的选择过程中，对拥有信息优势的潜在合作企业设置说明义务，从而实现信息分布的对称和均匀，以实现公平交易，这是一种通过限制信息优势主体权利从而扩展信息劣势主体权利以实现公平的制度。

3. 强制说明制度是对合同法相关制度有益补充

供应链联盟潜在合作企业的选择过程中的强制说明制度是一种针对潜在合作伙伴的合同前的强制性的信息义务。在合同法中是没有这种强制性规定的。虚假说明在合同法中是禁止的，但合同法并未要求缔约方在缔约前必须说明某些事实，在合同法的框架下，缔约双方获取合作方的信息主要有两种途径：其一，主动搜寻信息；其二，要求对方提供信息。虽然合作一方会出于各种考虑主动向对方提供信息，但这种行为并不是合同法所要求的。

强制说明制度与合同法规定明显地不同，它已经包含了一种解决信息劣势者信息问题的方法，即要求信息优势者提供在信息劣势者看来是有价值的信息，而不仅仅是禁止误导性说明。这种强制说明的义务既不同于矫正性广告，也不同于在由于不告知而使信息劣势者接受合作的情况下而要求的肯定性告知；即使信息优势者并没有被指控为虚假说明，它们仍有可能被要求执行强制告知。

为什么说强制说明制度是合同法相关制度的有益补充呢？我们认为，合同法保障公平交易有一个并不现实的前提，合作双方实质

162

上处于平等地位，合同法只对实质上地位平等主体之间的合作、交易才能有效规制，而对地位实质上不平等主体间的交易的调整则有可能趋于无效。实质上不平等主体之间合作和交易有可能需要由其他法律来规制，如反垄断法、反不正当竞争法、消费者权益保护法等。至于是否需要由合同法以外的法律来调整，要视不平等的程度而定。

就供应链联盟的合作伙伴选择问题的信息不对称问题而言，虽然合作主体之间都存在着信息不对称，但不同性质的合作主体之间的信息不对称程度是有差异的。在现代社会中，随着契约内容愈来愈复杂或专门化，不同企业间所具备的信息以及对于信息分析能力之差别也愈来愈扩大。若对此信息收集完全归于私法自治原则，则在信息能力上处劣势的核心企业一方，往往会遭受到对自己未能预料到的、非基于本意的无意上的拘束，这就有违公平原则。强制说明制度正是在合作企业之合作、交易适用合同法有失公平的情形下发展出来的一种制度，这种制度的目的也正是提供实质性的公平。

4. 强制说明制度的功能优势

强制说明制度通过使信息劣势方无代价地获得有效信息而提高交易效率，保障交易公平。这种制度有两大功能优势。

第一，能更大程度地降低社会总的信息成本。对作为信息劣势方的核心企业而言，这种制度直接减少了其为合作而搜寻信息的成本，从而提高其合作收益；对政府而言，向企业提出信息披露要求以及建立相应的标准所需花费的政府资源比政府直接采取行动获取、传播信息要少得多；对潜在合作企业而言，这种义务的履行虽有可能少量增加其资源支出，但却使核心企业的信息费用下降。

第二，能更大程度地使供应链联盟核心企业获得更有效、更有针对性的信息。因为潜在合作企业要提供的信息是其所拥有的私人信息，这种信息对交易而言具有相当的针对性；而政府虽然也可以运用公权提供各种信息以增加消费者的信息拥有量，但这种信息在具体的每一个交易中往往针对性不强，因此不能克服特定交易中的信息不对称。

（二）强制说明的主要内容

1. 影响说明范围界定的基本因素

在供应链联盟的潜在合作伙伴的选择过程中，潜在合作企业（信息优势者）应该说明什么？这是一个最值得研究的问题。如我国的《消费者权益保护法》第 19 条第 1 款对"信息"的规定为："有关商品和服务的真实信息。"这是一个范围相当广的概念，也是一个相当不确定的概念，在实践中不好操作。有关商品和服务的信息并非指所有客观上存在的有关商品和服务的信息，也非指信息优势者主观上所掌握的所有信息，因为所有客观信息的提供既不可能，也不必要；而所有主观信息的提供既有可能使信息的提供量减少，也有可能使信息优势者承受过度的义务，所以应该基于主观和客观的考虑，对潜在合作企业所应提供信息的范围有一个合理的界定。我们认为，在界定潜在合作企业应该提供信息的范围时，应该着重考虑以下三个因素：

（1）信息不对称程度在时空上的差异。在供应链联盟的合作伙伴的选择过程中的信息不对称的严重程度视不同的情形而有所差异，这种差异由来自核心企业的因素、竞争的因素以及商品的因素所决定。核心企业的市场势力直接决定了其信息劣势的程度；合作行业和商品的竞争程度也会对信息不对称的程度产生影响。一般而言，行业、商品的竞争性越强，潜在核心企业所拥有的有关该行业、商品的私有信息就越少，信息不对称程度就越弱，行业、商品的垄断性越强，则潜在合作企业拥有的有关该行业、商品的私人信息就越多，信息不对称的程度就越强；不同的行业和不同种类的商品的合作所产生的信息不对称程度也会有差异，一般而言，在高科技行业、商品的合作过程中，信息不对称会相对严重一些，而在一般生活用品的合作中，信息不对称的程度相对就弱一些，甚至不存在信息不对称。这些不同程度的信息不对称需要不同的类型和深度的政府管制。

除了空间上的程度差异，信息不对称在不同的时间点也会有程度差异，在社会的不同发展时期，供应链联盟核心企业和合作伙伴间存在的信息不对称并非是恒定的，它往往会随着情势的变迁而变迁，原来严重不对称的情形会可能趋于对称，原来对称的情形可能会趋于不对称，因此信息优势方提供信息量的范围要随着情势的变迁而不断地作出调整。

（2）合作是否可能有稳定性。在一锤子买卖中，信息优势方不仅有可能不提供或少提供信息，而且还有可能作出种种虚假说明；而在存在稳定合作的情形中，潜在合作企业有内在激励主动提供有关产品或服务的信息，所以政府对一锤子买卖中的潜在合作企业应设定相对更严格的说明义务，而对长期合作中的经营者可设定相对较宽松的说明义务。

（3）强制说明制度在克服信息不对称中的有限性。赋予潜在合作企业强制说明义务会增加潜在合作企业的交易成本，但会降低核心企业的交易成本，保障核心企业的交易安全，这是相当有利于核心企业的制度安排。这种制度安排是针对现实中潜在合作企业和核心企业之间的信息严重不对称而作出的，但这种制度在实践中的实施应该有其限度，而不应把它推向极端。这种制度的功能并非是无限的，其原因有以下三个方面：

第一，制度的强制力有限。市场合作的不公平是常态，而公平只是偶然，制度的功能只是让其尽可能地接近公平，而不可能实现绝对的公平，也不可能用强制说明义务一种制度彻底解决信息不对称的问题，否则既不公平也不现实。因为政府管制虽以强制力规范市场主体的行为，但政府管制措施与市场主体的实际行为之间并不能画等号，市场主体的行为是其自身选择的结果，而选择的依据则往往是利益，因此有效政府管制的前提并不在于其强制力，而在于其对供应链联盟合作伙伴选择的引导能力，如果管制机构只注重管制措施的强制性，认为既然是强制性的管制措施，就必然被遵守并且肯定会得到遵守，那就错了。所以潜在合作企业并不因为存在强制说明义务而普遍地履行，在管制法规所确定的潜在合作企业的说明义务的范围过大而导致其责任过重之时，尤其不会遵循该规定。虽然政府也可以通过加强法律实施而提高管制措施的遵循率，但这些管制措施的实施需要耗费资源，并且实施的边际成本会随着遵循

165

率的提升而递增，当边际成本超过边际收益之时，管制措施的进一步实施是不经济的，强制性的制度所能达到的目标因此只能是相对合理，而非尽善尽美。

第二，交易成本的边际递升。任何制度都不能过度追求某一种特定的目标，否则会损害管制措施的其他目标。就保障核心企业的管制措施而言，过度地追求核心企业的交易安全会降低交易效率，进而言之，如果通过无限扩大潜在合作企业说明的范围而使核心企业获得充分的信息以保障合作顺利进行，则有可能使潜在合作企业承受过多的交易成本。这种成本包括交易前的信息收集成本和交易中的说明成本以及交易后的特定信息的提供成本等，这些成本在边际上是递增的，也只有当边际成本等于边际收益之时，对潜在合作企业说明范围的设定才是合理的。所以政府管制应该进行合作安全与合作效率的权衡，既要保障核心企业的合作安全，也要力求使社会总的交易成本最小化。

第三，事实上还存在克服信息不对称的其他路径。大致还有以下两种：①政府的直接提供及社会团体的提供行为。政府对信息的直接提供能使核心企业获得市场所不能提供的信息。社会团体的信息提供行为则也有其不可或缺的功能。类似消费者信息中心之类的服务组织、由社会团体发行的行业报道之类的刊物等也能使核心企业有正确而迅速的消息来源。②潜在合作企业的主动披露行为。强制与激励两种方式都应该采用，因为这两种方式都有其优势也有其缺陷，强制是一种外在的力量，它虽能使管制措施得到较好的遵循，但这种遵循有其限度，且这种遵循有可能会耗费过多的资源；而激励虽能使管制措施得到低代价的、普遍的遵循，但有效激励也并非是易事，它往往受到受激励者利益的影响。所以，采用一种激励与强制相结合的激励性政府管制以获得预期目标相当重要。在市场体制下，潜在合作企业披露信息并不一定缘于外力强制，有时出于竞争的压力，潜在合作企业也会自行披露一定的信息，因此就不应仅仅以外力强制来使信息分布均匀，外力强制还应与对潜在合作企业的信息披露激励制度相结合共同发挥作用，以使核心企业的信息充分。

2. 强制说明义务范围的界定

在具体界定潜在合作企业的信息提供义务的范围时，可综合采取三种方式：

（1）明确排除不需说明的事项。如涉及潜在合作企业商业秘密的事实，不应在说明之列，如果在特定交易中必须予以说明，则应同时规定对方的保密义务。

（2）明确必须予以说明的事项。可以采取列举式和概括式相结合的方法。如潜在合作企业应该对本企业的商品的名称、规格、质量、产地、性能、用途、有效期限、有可能产生的消极影响及其他必须予以说明的事项向核心企业作出准确、充分、及时的说明。除了列举式的规定之外，再作概括式的规定是相当必要的，因为在现实生活中，各种情形都有可能发生，有限理性往往无法列举出所有的情形。

（3）只能作原则性的规定，具体的规则由实施细则加以明确。如上所述的信息不对称在时空上存在重大差异，这种重大差异应该在强制说明制度中有所反映，这要求在管制措施的设计时应该做到两点：其一，区别对待，以降低社会总的信息成本。在设定信息提供范围时，应区分搜寻商品和经验商品，对前者的合作，可对潜在合作企业设定一般的信息提供义务；而对后者的合作，则应对潜在合作企业设定更严格的信息提供义务。其二，确保管制措施的动态性。动态性在强制说明制度中明显特别重要，因为有关信息不对称的情势处在不断的变迁之中，如果对在信息不对称已变得不严重的合作中的潜在合作企业还设定严格的信息提供义务，则不仅对潜在合作企业不公平，还会有损合作；而若对在信息不对称已变得严重的合作中的潜在合作企业不设定严格的信息提供义务，则会使核心企业的利益得不到保障。

（三）强制说明义务的基本原则

潜在合作企业对有关商品或服务的信息提供应该能准确地传达到与其进行合作的核心企业，而这就涉及信息提供的方式和程度的问题，即潜在合作企业如何说明的问题。我们认为，为了确保供应

167

链联盟核心企业能获得充分、有效的信息，同时也不至于使潜在合作企业承受过多的交易成本，潜在合作企业应该以合理的方式履行说明义务，主要包括：

1. 及时说明

潜在合作企业应该在与核心企业订立战略合作协定之前向核心企业提供政府管制所规定的信息。对特定信息，在合同订立后也应该及时提供。

如根据我国的《产品质量法》第 29 条的规定，因产品缺陷给他人财产、人身造成损失的，生产者如能证明产品投入流通时的科学技术水平尚不能发现缺陷存在的，则不承担赔偿责任。

又以转基因生物产品为例。转基因食品的危害目前还没有被证实，因为它的危害需要经历一定时间才有可能凸显，它的潜在危害主要包括食物内所产生的新毒素和过敏源、不自然食物所引起其他损害健康的影响、产生抗除草剂的杂草、跨越物种障碍的疾病散播、农作物的生物多样化的损失、生态平衡的干扰等。例如，已经发现一种基因工程大豆会引起严重的过敏反应；一家著名的基因工程公司生产的西红柿耐储藏、便于运输，但它们含有对抗抗生素的抗药基因，这些基因可以存留在人体内。转基因生物的后果在目前是无法估计的，有学者认为基因工程带来的危险比迄今采用的技术都要大。鉴于此，要求食品生产商必须及时向合作的核心企业说明食品中是否含有转基因成分，是否造成危害是有必要的。

2. 易于理解

潜在合作企业提供的信息应该使合作企业能够理解，对重要术语应该进行解释。对特定的事项，政府也可以制定统一的强制说明标准，以减少信息的"杂音和模糊性"。

3. 重要信息提示

在提供能影响核心企业作出决策的重要信息时，应该予以特别的提示，以使接收信息的核心企业引起重视。

4. 口头和书面相结合

口头的信息提供简单易行，成本较低，但往往有失准确和完整，影响核心企业的接收、甄别；而书面的信息提供虽然能保证信息的完整、准确，还能作为一种证据保存，但成本过高，同时也会影响合作的便捷。所以，应该针对不同情况作出不同的规定，对一般商品或服务的合作，潜在合作企业以口头说明为主，对特定商品或服务的交易，可规定潜在合作企业必须以书面的形式作出说明。

二、政府或其他机构直接向信息劣势者（核心企业）提供信息

（一）政府直接向信息劣势者提供信息

政府直接向信息劣势者提供信息，不仅可以降低信息劣势者的信息成本，还能向信息劣势者提供其自身不能获得的信息。

如我国《产品质量法》第 24 条规定，国务院和省、自治区、直辖市人民政府的产品质量监督部门应当定期发布其监督抽查的产品的质量状况公告。这种信息是企业很难获得的，政府部门利用公权力获得这种信息向社会公布后，能增加企业的信息拥有量，从而促使核心企业做出合理的合作选择。

政府克服信息的不对称，除了首先要确保信息准确性，更重要的是确保信息公开的普遍性，如果准确信息的公开度不大，则对信息不对称的克服贡献也不会大。目前我国政府在提供这类信息时，公开的方式仅限于电视、报纸及专门的公告等，从形式上看，似乎公开度已经很大，但实质上，受各种客观条件的限制，相当多的企业是得不到这种信息的。

所以，我们认为信息不对称越严重的行业，就越需要政府直接提供信息，政府提供信息除了须承受信息的收集、处理、分析成本外，还须承受信息的公开成本。由于受制于资源限制，政府不可能克服所有行业的信息不对称，因此，政府应该把有限的资源用于信息不对称最严重的行业，进行信息的收集、处理、分析。

（二）政府制定产品或服务的行业质量标准

产品或服务的质量标准是指由政府制定或认可的质量标准，这些标准的有效实施使产品或服务的质量、安全等有了保障。如果没有这种标准，就没法对产品或服务的安全和效能进行评价，潜在合作企业也很难提供符合安全和效能的产品或服务。

事实上，质量验证越难的产品，信息越不对称，就越需要政府颁布专门的质量标准。因为质量标准本身就是一种信息，这种信息表明，按照质量标准生产的产品和提供的服务的质量是有保障的，交易者因此无需就产品或服务的质量问题再收集其他信息，这种信息因此使信息不对称问题能够得到一定程度的克服。

以食品安全的保障和室内空气质量的控制为例。根据绿色食品所面临的国内与国外两个市场需求水平的差异和绿色食品的生产条件，我国分别制定了 AA 级与 A 级绿色食品标准。在《AA 级绿色食品认定准则》中，规定了在生产过程中不能使用化学合成的农药、肥料、添加剂等化学物质的原则；而"A 级绿色食品"并不完全排斥化肥与化学农药的使用，只是禁用部分品种和要求减少对它们的过度依赖，并做到科学适用，不对环境和产品质量产生不良后果。我国《居室空气中甲醛的卫生标准》规定：居室空气中甲醛的最高容许浓度为 0.08 毫克/立方米；《国家环境标志产品技术要求——人造木质板材》规定：人造板材中甲醛的释放量小于 0.20 毫克/立方米，木地板中甲醛释放量小于 0.12 毫克/立方米的属于环保产品。这些标准向市场提供了重要的信息，这些信息的缺乏使信息劣势者缺乏了一个重要的信息渠道，使信息不对称问题更加严重。

需要指出的是，产品或服务的质量标准克服信息不对称还有一个前提，即质量标准必须能够比较方便地验证。如果验证存在技术上的困境或资源上的限制，则不仅质量标准可能不会被有效遵循，供应链联盟核心企业也会因验证中的困境而不能获得有关产品或服务的质量的信息，信息不对称的问题因此不能得到克服。

三、政府对虚假信息的直接禁止、直接提供正确信息和建立识假机制

（一）直接禁止

禁止性的政府管制措施一方面直接减少了市场中潜在合作企业传递的虚假信息，另一方面也直接促使真实信息的提供。我国诸多法律对此作出了相应的规定。如《会计法》对提供虚假会计信息的禁止；《广告法》对虚假广告和不当比较广告的禁止；《证券法》对错误信息的禁止；《消费者权益保护法》第 49 条对欺诈行为的禁止；《反不正当竞争法》第 5 条及第 21 条对假冒行为的禁止，第 9 条及第 24 条对虚假宣传的禁止；《价格法》第 7 条规定了经营者定价的基本原则，第 8 条规定了经营者定价的基本依据，第 14 条第 2 项规定了禁止低价倾销，第 3 项规定了禁止捏造、散布涨价信息，哄抬价格，推动商品价格过高上涨的行为等。这些规定都是为了确保价格能够反映商品的稀缺程度，确保价格信号的正确性等。

政府对虚假信息的禁止的有效与否，主要与这些管制措施是否提高潜在合作企业（虚假信息制造者）和受益者的违法成本有关，政府管制的禁止性规定应该使虚假信息制造者不因传递虚假信息而有利可图。这一点至关重要。

所以政府管制应该对虚假信息制造行为设置有效的责任体系，根据不同的情况设置并完善虚假信息制造者的民事责任、行政责任甚至刑事责任，并切实实施，从而在实质上改变虚假信息制造者的利益结构，以此促使其提供正确信息。

以证券市场中的虚假信息披露的禁止为例，这三种责任的设置都是必要的。我国《证券法》第 187 条规定："编造并传播影响证券交易的虚假信息，扰乱证券交易市场的，处 3 万元以上 20 万元以下的罚款。"《刑法》第 181 条规定，编造并且传播影响证券交易的虚假信息，扰乱证券交易市场，造成严重后果的，处 5 年以下有期徒刑或者拘役，并处或单处 1 万元以上 10 万元以下的罚金。证券

业从业人员故意提供虚假信息，诱骗投资者买卖证券，造成严重后果的，处 5 年以下有期徒刑或者拘役，情节特别恶劣的，处 5 年以上 10 年以下有期徒刑，并处 2 万元以上 20 万元以下罚金。单位犯罪的，对单位判处罚金，并对其直接负责的主管人员和其他直接责任人员处 5 年以下有期徒刑或者拘役。很显然，这些行政责任和刑事责任的设置提高了虚假信息提供者的违法成本。

(二)直接提供正确信息

对潜在合作企业发送的有较大影响的虚假信息，政府及有关公益性机构应该通过提供真实信息的方式直接予以克服。换言之，在这种情形之下，政府及有关公益性机构负有说明的义务。它们的这种说明义务主要来源于三种因素：

第一，在市场中存在较多虚假信息的情况下，政府及有关公益性机构是最佳的辟谣主体，其他主体都没有足够的公信力进行辟谣。

第二，其他主体往往出于自身利益的考虑不愿意收集错误信息的资料并进行公布，这其中还存在一个"搭便车"的问题，导致市场中无人愿意提供这种信息。

第三，与单个的市场主体相比，由政府及有关公益性机构直接做这个工作可以节约更多的辨认、筛选、处理错误信息并予以公示的成本。

(三)建立有效的识假机制

现实中的诸多虚假信息之所以能够为虚假信息制造者获取利益，并不是因为这种信息不能被识破，而是因为没有有效的识假机制。而全国统一的识假系统的建立能使虚假信息问题得到很大的遏制。当然，这些系统的运行必须是高效的，查询必须是即时的、低收费甚至应该是免费的。此外，由于社会关系的连续性和延续性，社会中存在的各种信息总是互相关联的，这本身就为虚假信息的制造增加了难度。所以，制度可以充分运用各种信息之间的制衡关系建立识假机制。如 GDP 往往与税收量、能源消耗量等有一定的关联，GDP 方面的虚假信息往往会因与税收量、能源消耗量的不匹配而得到揭露，所以，应该有这方面的制度，以充分运用社会中存在的正确的信息资源，使虚假信息无立足之地。

另外，政府还要加快建设信息公开和加速信息流动的制度，这种信息的公开和流动过程也是信息不断被检验是否真实的过程。

四、政府引导建立企业信用制度

企业信用是指企业能够履行与客户、社会约定的职责而取得的信任。从经济学角度讲，信用是指在市场交易过程中，交易的一方以将来偿还的方式获得另一方所作的给付承诺。企业信用不仅仅是指信贷信用，它还包括生产和经营的商品或服务的质量信用、服务道德信用、贸易合同信用、信息信用、卫生环保信用等方面。在发达的市场经济国家中，信用方式已构成了企业间交易的主要形式。对企业来讲，良好的信用是企业的无形资产，也是企业的"第二张身份证"。在市场经济条件下，信用作为社会经济发展的重要资源，已成为企业在市场经济中不可缺少的价值标准。物质资本、人力资本、信用资本是现代企业的三大主资本，物质资本与人力资本的聚合要靠信用资本。信用同资金、品牌、技术、管理、信息等一样，是企业重要的生产要素，是企业资产的重要组成部分，它有利于企业间的合作，有利于企业加速、持续地发展壮大。

企业信用制度在建立过程中，会涉及信息的收集、处理、评价、使用等诸多问题，这都是需要政府管制加以规范的。如在信息收集过程中，就首先会涉及信息收集与企业商业秘密的冲突问题。如果每个企业都主张商业秘密，则信息的收集就成为不可能；如果所有的有关企业的信息都予以收集，则必然会侵犯商业秘密。所以，这就存在一个公共利益与单个企业权利的协调问题，这种协调既是一种规范意义上的问题，也是一个实证性的问题，它是一个典型的需要由政府管制加以解决的问题。

在信息收集过程中，会涉及收集信息的选择问题，因为有关企业的信息每天都会产生，并且时时处于变化之中，如果所有的信息

173

都被收集，则有可能导致过多的信息垃圾，信息的作用就会受到影响，因此在设计制度时，必须确定有效信息的范围。在信息收集和处理过程中，还会涉及信息的正确性的确保问题，如果收集的信息是错误的，并因此影响到相关企业的信用状况，则其利益就受到损害。因此，如何确保信息收集的正确性也是一个不能忽视的问题。在信息的评价过程中，会涉及评价标准的选择问题，因为同样的信息运用不同的标准进行评价，其结果会有所差异，从而影响到企业的利益。在信息的使用过程中，还会涉及信息查询的程序、费用、时间以及有权查询的主体的范围等问题，如果这些问题得不到良好的解决，则信用制度的功能就会受到影响。这些问题都是在信用制度的建立过程中亟待解决的。

以信息收集为例，对企业信用制度而言，信息收集的范围应该由交易主体对信息的需求决定，一般而言，凡有助于市场主体作出正确决策的有关自然人的行为信息或状态信息都应该予以收集。由于需要收集的信息量过大，所以在信用制度的建立过程中，可以采取先重要后次要的原则，对直接影响到交易决策的信息优先收集。

一般而言，企业信用信息限于可能影响企业信用状况的下列信息：

（1）企业登记注册的基本情况；

（2）企业法定代表人及股票上市交易企业董事、高级管理人员的基本情况；

（3）企业的资质等级；

（4）企业取得的专项行政许可；

（5）行政机关依法对企业进行专项或周期性检验、检测、检疫（含年检年审）的结果；

（6）行政机关依法登记的其他有关企业身份的情况；

（7）企业发生的重大质量、安全生产事故及诉讼事件；

（8）对企业发生法律效力的行政处罚记录；

（9）对企业和企业法定代表人发生法律效力的刑事责任追究记录；

（10）经依法确认的企业扰乱市场经济秩序、危害交易安全的其他严重违法、失信行为的记录；

　　(11)企业劳动用工和工资支付情况；

　　(12)企业的纳税和社会保险费缴纳情况；

　　(13)企业经营和财务情况；

　　(14)产品、服务、管理体系认证通过情况；

　　(15)产品获得"驰名商标"称号的情况；

　　(16)产品获得免检(验)证书的情况。

　　上述这些信息的主要功能在于克服核心企业在选择合作伙伴时所处的信息劣势，因此信息的针对性很强。另外，在进行企业信用制度的建设过程中，还可以适时适当扩大信息收集的范围，如企业在交易过程中的违约情况、企业的慈善捐助情况、企业参与慈善活动的情况、企业承担其他社会责任的情况等。

第三节　信息中介信息服务行为的政府管制

一、信息中介机构与逆向选择克服的一般研究

　　市场体制中的信息中介组织的功能和作用相当值得研究。这种组织也能克服信息不对称造成的逆向选择。如会计师事务所出具的审计报告就能使上市公司股东了解公司的具体情况。经济学家发现，因为存在着逆向选择问题，旧货市场如果没有非市场制度的支撑，是不可能存在的。目前这种市场能够较普遍地存在是因为得到了一些非市场制度的支持，如专门检测旧货质量并出具报告的机构能出具真实的报告，一方面可以免除旧货卖方的质量证明责任，降低总体的质量证明成本，还可以使买方确信产品的质量状况，从而促成交易的进行。

　　在此，需要我们研究的问题是，为什么要由中立的第三方而不由信息优势者自身或政府来提供信息？由信息优势者自身提供有关

其产品或服务的信息往往不被信任，由政府对信息优势者提供的信息的正确性进行确认也不一定恰当，因为这种信息的正确性的确认一方面需要有专门的能力，另一方面需要耗费大量的人力和财力，而由中立的第三方对相关信息进行确认则是可行的。

(一)信息中介的界定

市场理论把信息中介看做"维持交易、合作双方之间交易的组织或机构，通过聚集交易活动创造比例和规模经济以提高交易的效率"。对于信息中介的界定，本书则采用 Rose 的说法："信息中介是一个独立的、最大限度获取利润的信息加工的经济体系，它代表其他介质的信息需要并作出相应的活动(即信息获取、加工和分发)。"①该定义把信息中介看做任何协调信息建议、合作方之间有关信息关系的系统，但不一定要获取利润。信息中介的任务是收集、加工和给需求者分发信息。需求者可以是对特定主题感兴趣的任何人。信息中介所服务的读者称为客户或客户组。他们依照客户组的需要来选择、组织、分配信息并规定相应的使用费。

(二)信息中介的分类

根据供应链联盟合作伙伴的选择过程分析，我们可以将信息中介从价值链集成的广度和深度两个方面来分类：

1. 从价值链集成的广度的分类(如图 7-1 所示)。

(1)买方代理。通过收集供应商、产品信息及相关评价，为核心企业查询信息及交易费用，达到经济上的规模效益。

(2)卖方代理。通过收集与提供客户及潜在客户的信息，减少潜在合作企业在交易与查找时的费用。

(3)交易代理。将交易、合作双方集中起来，匹配双方的需要，帮助双方进行交易，减少了交易、合作双方在交易与查找时的费用。

---

① 李雪梅. 论信息中介的组织形式与信息分配[J]. 情报理论与实践，2004(2).

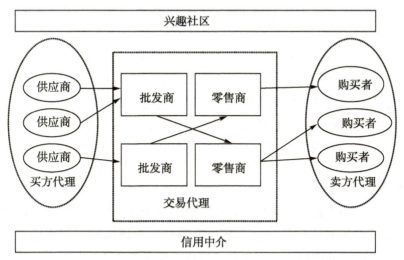

图 7-1 信息中介的分类——按价值链集成广度

资料来源：孙新宇. 信息中介及其经济学分析[J]. 工业工程，2004(5).

（4）兴趣社区。通过收集某一领域的信息及相应的社区建设与商业行为，减少了双方在交易与查找时的费用。

（5）信用中介。在交易、合作双方之间建立信用评价体系。信用是商业的润滑剂，它可将交易与信息交流中的摩擦减少到最低的程度。

2. 从对价值链集成的深度的分类

（1）产品信息交换。提供产品（或服务）的信息，如宣传手册、产品目录、报价单、顾客需求等，早期成名的 DotCom 均如此。

（2）流程服务。提供点对点的中间商服务，包括物流管理、财务等服务，如 eBay 等。

（3）服务集成。提供用户间的连接，即从前台的数据收集到后台的流程处理。它包括数据的共享、业务过程的集成和信息的检索等，最终实现商业智能化决策支持和协同工作。如杂货供应商 Streamine，它是价值网的核心，其核心能力就是掌握用户的需求信息以及与各个供应商良好的协调能力。

177

二、政府管制与信息中介的独立性和能力提高

任何信息中介机构在克服信息不对称的过程中，有两个问题必须予以解决，第一，信息中介机构的独立性的确保问题。第二，信息中介机构的能力问题。这两个问题的解决直接涉及供应链联盟核心企业对信息中介机构的认同问题，涉及信息中介机构提供信息的价值问题。因为如果信息中介机构不被核心企业认可，那么其提供的信息也不会被接受，信息中介机构克服信息不对称的功能就不能发挥。

信息中介机构在发挥其克服信息不对称功能时，最为关键的问题是其提供的信息的公信力如何，如果中介机构普遍存在信任危机，供应链联盟核心企业对其所提供的信息根本不予信任，则信息不对称也无法得到克服。所以，如何确保市场主体（供应链联盟核心企业）对中介机构的信任是一个至关重要的问题。

从理论上来看，政府管制可以从三方面来分析：

第一，使信息中介机构成为一个非营利性的组织。由于不追求自身利益，非营利性组织容易被市场主体所接受，但不追求自身利益的特性同时会使非营利性机构处于动力不足、效率低下的局面，这会影响市场主体对该机构的认同。

第二，强化营利性信息中介机构的行为责任。如我国的《公司法》《注册会计师法》《证券法》等都对一些信息中介机构的法律责任作出了规定。我们认为，因为这些机构在一定程度上替代政府行事，并且面向社会大众，所以其违法行为的消极影响会相对更大些，故应该对其配置相对较严厉的法律责任；并且在法律执行过程中，也应强调严厉，因为若对其违法行为不依法处理，会引发市场主体对这些机构的信任危机，从而影响整个行业；此外，应该尽可能使这些信息中介机构负无限责任，各投资主体之间负连带责任，从而约束并促进其提供正确、有效信息。

第三，在市场主体对不同层级政府的信任程度不同的情形下，尽可能提升信息中介机构成立的审批部门和监督管理部门的层级，

使更多市场主体能够更信任信息中介机构。如我国《产品质量法》第19条规定，产品质量检验机构必须具备相应的检测条件和能力，经省级以上人民政府产品质量监督部门或者其授权的部门考核合格后，方可承担产品质量检验工作。在这一规定中，把审批部门设在省一级，一方面是为了提高门槛，以确保检测质量；另一方面则为是了增强民众对该机构的认同，提高对由该机构提供信息的信任度。以下对认证机构所提供的认证信息作研究。

三、建立、完善信息中介的认证标志制度

认证是由作为第三方的信息中介对产品、过程或服务满足规定要求给出书面证明的程序。自从1987年国际标准化组织颁布实施ISO9000系列标准以来，质量认证在交易中的作用越来越大。认证不仅能够保障企业产品的质量，而且还能促进交易。

认证制度对供应链联盟战略合作的促进作用主要表现在两个方面，其一，因为通过质量认证的企业所生产的产品的质量是符合标准和要求的；其二，认证标志具有极强的信息功能，它使合作双方的信息成本降低。内部管理科学、产品质量过硬的企业通过质量体系认证以后，在与其他市场主体进行合作时，可以不进行既费时又费力的自我质量的信息传递过程，而核心企业也可以减少进一步的信息收集行为，从而既可以节省交易成本，又可以促进合作、交易快速进行，还可以降低合作方的防御行为。这种机制是克服信息不对称、消除信息不对称的消极影响的很好制度。

近几年来，我国的认证市场比较混乱，虚假认证比较盛行，认证标志的使用也不太规范，亟待整顿。虚假的认证标志和不合格的认证标志的存在会使真正有价值的认证标志的价值大大降低，从而使认证标志的信号功能减少甚至消亡，这会增加市场主体的信息成本。

1. 对虚假的认证标志的政府管制

认证标志并不是一种简单的文字和图形的组合，它会被各市场主体所认同，所以它是有价值的，因此认证标志被假冒的现象就会

179

发生。

如美国的 UL 认证标志是我国出口机电产品中目前普遍取得的国外安全认证标志。UL 是美国 UL 安全检测实验室公司的简称，其 UL 标志是国际知名的安全认证标志。对生产者而言，必须首先向 UL 提出申请，通过 UL 的测试认证，获得 UL 的合法授权后方可加贴 UL 标志。但在前几年中，假冒 UL 标志的现象比较严重，主要表现为：未经 UL 授权的工厂擅自在产品或包装上使用 UL 标志；印制、贩卖和使用假冒 UL 激光防伪标签和其他标签；UL 授权工厂在未经认证的产品或型号及其包装上使用 UL 标志等。

我国其他一些认证标志被假冒的情形也比较严重，这使消费者对认证标志丧失了信心，也使认证制度的功能得不到很好的发挥。市场上对其他认证标志的假冒也比较严重，其原因主要在于假冒者极端追求自身利益的最大化，而执法机关又没有足够的人力和财力资源，对某些假冒行为的查处还缺乏比较强的执法能力。

所以，政府应该致力于建立良好的制度杜绝认证标志的假冒行为，加重对假冒认证标志行为的处罚相当必要。如我国《中华人民共和国产品质量认证管理条例实施办法》第 24 条第 2 款规定："产品未经认证或者认证不合格而使用认证标志出厂销售的，由县级以上地方人民政府标准化行政主管部门责令停止销售，处以违法所得 3 倍以下的罚款，并可对该违法单位负责人处以 5000 元以下的罚款。"这样的处罚力度明显偏低。一般而言，违法行为的处罚力度由该行为的社会危害性决定。立法者对违法行为的社会危害性的认识错误就会导致处罚力度设定的错误。假冒认证标志的行为与一般的假冒行为不同，它具有极强的负外部性，它不仅侵害拥有合法认证标志的企业的利益，还使认证标志本身的价值贬值，使其不能成为市场中的一个有用的信息，从而增加各市场主体的交易费用。如果认识到这一点，就没有理由对这种违法行为设置轻微的法律后果。

2. 对不合格的认证标志的政府管制

不合格的认证标志是指由认证机构颁发的不符合法律规定的认证标志。

目前在我国，不合格的认证标志问题要比假冒的认证标志问题严重得多。较多的认证机构出于自身利益的考虑，进行非法认证，这也是所有参加审核的企业都能通过认证的原因。

2002年3月26日，国家认证认可监督管理委员会公布了6家违法违规的认证机构及其各自的违法行为。主要存在的问题有超越经营范围、认证审核记录造假、认证证书不实、认证审核时间不足、向客户同时提供咨询机构选择、咨询过程监控和认证的一体化服务并收取咨询与认证费以确保客户一次性通过认证等。这些认证过程中的违法行为在目前具有一定的普遍性。

不合格的认证标志使认证标志贬值，最终受害的还是企业和行业本身，会使市场丧失信息中介这一种优良的信息渠道。政府对不合格的认证标志的管制要立足于确保认证标志的整体价值并尽可能使其价值得到提升。

第四节 核心企业市场优势地位滥用的政府管制

一、核心企业市场优势地位滥用的政府管制的基本原因

随着全球经济以暴利时代结束为标志的成熟期的到来，企业总体而言出现合作博弈的倾向。如在家用电器(如彩电、冰箱、空调产品)等竞争相对充分、供应商和渠道商都呈现出集中态势的行业，供应链的进化正在加速发生，一个相对稳定的供应链结盟体系或许是可以期待的。供应链上下游之间固然是为长期的共同利益走到了一起，但作为独立的行为主体，仍然要保证自己的利益，而且他们加入联盟的目的正是为了获取更多利益。有时候，联盟中的一个企业总是为另一个企业无偿或以成本价服务，如何体现回报？因供应链优化的需要，某些企业承担额外支出(如汽车零配件厂商承

181

担的库存)，而另一些企业得到额外收益(如整车商实现"零库存")。如果实际情况如此简单，就可将后者节省的钱补给前者。而实际情况比这要复杂得多，一般涉及多个企业，支出与收益的对象、数量很难辨别。各主体所处地位不同，信息不对称，为自身利益的实现，还会存在机会主义倾向。集体理性下的公平，有时候比个体理性还难以做到。

所以，供应链联盟上永远没有绝对的平等，供应链联盟的平衡永远是动态的。供应链联盟中的各企业的实力、筹码和地位会随着供需关系的变化而相应变化，"核心企业"的桂冠也就会发生变化。因此，现实中的供应链联盟绝大多数是按照核心企业的好恶来选择成员、确定规则的，是市场强势企业挟制和统领上下游的一种借口。如果供应链的某一环节一旦具有绝对控制力，谋求最大利益、盘剥上下游企业往往会成为必然选择。从这个意义上讲，政府必须对供应链联盟的构建实施适当的行业进入管制，这种进入管制实际上是由政府对核心企业的市场资格进行审查确认。这是一种预防性措施，采取这项措施的目的乃在于通过对市场交易主体的资格审查将不合格的交易者清除出市场，达到"净化"市场的目的，从而减少市场上出现欺诈行为的可能性。政府实施这项措施的具体内容包括两个方面：

一方面，规定核心企业的资格标准，任何经济主体要进入市场交易，就必须达到政府所规定的标准，从而可以将不符合标准的交易排除在市场之外。

另一方面，对已进入的核心企业定期或不定期地进行审查，从而使已进入的市场主体必须始终遵循政府所规定的标准，一旦达不到政府规定的标准，政府就取消其资格，将其清除出市场。政府对市场主体进行资格审查可大大减少利用不正当手段排斥竞争者而获利的市场主体的数量。

我们在前面的章节分析了供应链联盟合作伙伴关系的可能和意义，但供应链联盟在实践中不易实施，因为在现实中不是所有的企业都会认为这种战略协作关系优于传统的基于市场竞争(讨价还价)的供销关系，在市场中占优势地位的核心企业会有一种想法：即可能核心企业希望从优先状态中受益，而这种想法又常常导致供应链关系成员的责任与关系下滑。此外，在技术导向的现代社会，一方面，新技术的知识产权价值极高(往往是企业最为核心的竞争力的表现)，保密是第一要诀；另一方面，不论是供应链上下游企业，只有在拥有满足未来需求，具有价值无法估量的信息，能确信形成竞争优势时，方才会对供应链联盟合作加以信赖。所有这些都使得供应链联盟很难形成、开展和实施。

英国曼彻斯特一项涉及 11 家企业的案例研究表明，合作伙伴关系是否建立受到诸多因素的影响：

(1)过去合作伙伴关系需要花很长时间，不只一家企业认为"花很多时间，什么也没干"。

(2)合作框架有时会有限制开发更具有吸引力的市场机会的可能。

(3)向同一供应商采购不止一种产品时，可能存在不平等现象。

(4)不止一家企业认为客户会利用合作关系压价。

(5)联合开发产品可能引发关于所有权与知识产权的冲突，这一点在高科技企业寻找研发资金时很重要。

(6)当采购数量不大时，与供应商建立合作伙伴关系很困难，因为共同受益的潜力很小。

(7)从市场安全出发，小企业和为数不多的客户之一建立大份额的业务联系风险很大。

另据美国 Deloitte 咨询公司发布的一项研究报告显示：虽然现已有91%的北美制造企业将供应链联盟列入关键或重要市场活动，但仅有20%的企业达到世界一级水平，差不多75%的企业在平均水平以下，其主要原因为：①尽管大多数企业都有供应链管理计划，但50%的企业其实没有正规的供应链战略；②缺乏集成和应用技术能力；③改革关键流程的阻力；④跨职能的阻碍；⑤缺乏有效测量供应链联盟的评价指标体系。①

从以上英国曼彻斯特 11 家企业案例研究及美国 Deloitte 咨询公司发布的研究报告中所列举的情况看，要促成企业之间建立供应链联盟合作伙伴关系，必须解决两大问题：其一，解除潜在合作企业对核心企业合作信任、信誉的担心，使之有一个良好的信用体系作保障；其二，解除潜在合作企业对供应链联盟技术支持的担心，以保证供应链联盟成员间能够进行良好的互通（这一问题将在后面的章节展开论述）。

二、进入管制的基本原则

应该依据什么原则进行进入管制呢？我们认为，政府管制应对核心企业和潜在合作企业的兼容性、企业能力和合作意识进行审查，概括为 3C 原则。

第一是兼容性（Compatibility）。兼容性高低表现在两个方面，第一个方面是硬件方面，包括战略、组织、生产、销售、财务和安全等内容。

就财务而言，主要应考察以下几点：双方在财务实力、风险政策、分配政策、再投资安排、资产/负债比率、现金管理等方面有何差异？从对销售和获利能力趋势的分析结果看，潜在合作者能承受多大的不可预见的财务压力？合作伙伴的主要持股人是谁？合作伙伴是上市公司、个人持股公司还是国有公司？等等。

兼容性的第二个方面是软件因素，在软件因素当中，最重要的当属相互之间的信任，在联盟中的相互信任有巨大的价值。而公司文化是否融合也是一个决定联盟命运的关键因素。

第二是关于经营能力（Capability）。关于能力，归纳起来，主要应评价以下几点：①结构标准。最直接的评估企业的经济力量的方法，就是根据企业在相关市场所占有的市场占有率来判断企业的

184

---

① 参见林荣清. 建立供应链联盟的博弈分析[J]. 福建行政学院学报，2004(1).

市场能力。但由于市场结构各异，仅凭市场占有率，未必能反映企业能力的强弱，所以，还须考虑其他因素，如企业的价格策略、获利能力、其他企业进入市场的障碍高低、相关市场内其他竞争对手的市场力量等，通过综合的评估，才能得出企业的能力。②行为标准。根据企业自身的市场行为来判断企业的能力，如一家企业是否存在价格歧视、搭售、维持转售价格等市场行为。这是从企业的外部客观行为来认定企业在相关市场所处的地位。③绩效标准。企业绩效是企业经营的成果，根据企业的实际绩效来判断企业的能力。具有市场经营能力的企业是市场价格的制定者，或者是能够影响市场价格，从而获得较高的经营绩效。该标准的问题是企业的经营绩效可受多种因素的影响，如企业的技术创新、管理创新、人力资源的优势等均可成为企业提高经营绩效的因素。

第三是关于投入意识(Commitment)。具体要从以下几个方面入手来审查：

首先，要考察联盟的业务是否属于合作对方的核心产品范围或核心业务范围。如果拟设立联盟的业务范围对合作者的主要业务来讲是微不足道的，那么合作者就很有可能不愿向合资企业投入必要的时间和资源，同时，在这种情况下，合作对象还有可能很容易退出联盟而使自己处于一种进退两难的境地。然而，如果联盟涉及对方的主要业务或主要发展战略，这种风险便会大大减小。

其次，要分析审查合作伙伴退出联盟的难度。联盟面临的危险之一就是合作一方把合作纳入他们的全球战略，并且投入大量的资源和精力，而其合作伙伴却突然要求退出联盟，从而陷入进退维谷的境地。所以，公司在最终决定组建联盟前，必须测试这种可能性有多大，测试对方退出联盟的困难程度。

三、进入管制的基本内容

对核心企业市场优势地位滥用的进入管制的根本目的为：防止将要形成的供应链联盟中的核心企业利用市场优势地位逼迫潜在合

185

作企业签订不利于市场竞争的限制竞争协议。这种限制竞争协议是指核心企业与所选择的合作企业之间订立的协议，就产品或者服务的价格、销售地点、销售条件等达成的一致意见。一般包括以下几种：超高定价、价格歧视、搭售等。

限制竞争行为，按美国全美检察总长协会制定的《限制指南》规定，限制分为价格限制与非价格限制。价格限制主要指维持转售价格行为，非价格限制主要指独家交易、地区授权制、专属批发商制、搭售等。

欧共体委员会于 2000 年制定的《限制指南》将限制行为分为以下几种：单一品牌购买（Single branding）、排他性分销（Exclusive distribution）、排他性顾客分派（Exclusive customer allocation）、选择性分销（Selective distribution）、特许经营（Franchising）、排他性供货（Exclusive supply）、搭售（Tying）、推荐或者最大化转售价格（Recommended and maximum resale price）和其他的限制。

因此，限制竞争行为一般包括以下几种：超高定价、价格歧视、搭售等。这几种市场行为都是市场优势企业（垄断企业）滥用市场优势的市场行为，要受到政府的管制。由于对这些市场行为的政府管制不属于本章的研究范围，作者只列出这几种市场行为的基本概念，不做深入分析。

超高定价是指优势地位企业利用优势地位将产品或服务价格定在超过竞争水平之上的行为。按照经济学的观点，超高定价是优势地位企业通过运用其市场控制力将价格定在竞争水平之上。

价格歧视是一种不正当地以差别价格在不同地区或对不同买主进行商品或劳务的供应行为。价格歧视就是价格方面的差别待遇，具体是指卖方对购买相同等级、相同质量货物的买方要求支付不同的价格，或者买方对于提供相同等级、相同质量货物的卖方支付不同的价格，从而使相同产品的卖方因销售价格不同或者买方因进货价格不同而获得不同的交易机会，直接影响到他们之间的公平竞争。而且同一种产品的不同批发价会直接影响到零售价，不同的零售价则直接影响到消费者的利益。因此，价格歧视不仅影响市场竞争，而且还会损害消费者的利益。

　　搭售是"以名牌、优质、畅销商品搭配杂牌、劣质、滞销商品出售"。

第八章　供应链联盟成员间的道德风险问题

▶▶ 第一节　强化激励机制：供应链联盟成功的核心

在完成供应链联盟的构建之后，供应链联盟成员间（制造企业、供应商、经销商、物流服务提供商等）的委托—代理关系即告确立，信息的非对称可能诱发合作伙伴的道德风险。这种由供应链联盟成员间的委托代理关系造成的事后信息不对称而引起的道德风险，产生于各个供应链联盟成员企业之间利润的争夺、风险的转嫁以及不恰当的成本的节约等，将会严重影响供应链联盟整体的收益水平及竞争力。尤其是在供应链联盟构建之初或外部环境发生重大变化的情况下，合作伙伴的道德风险发生的频率会更高一些。

供应链联盟中各合作企业如何应对供应链联盟中存在的道德风险问题，是本章研究的主要内容。

对供应链联盟成员间的道德风险问题的研究其实主要就是研究供应链联盟各企业合作的效率问题。从理论上来讲，市场机制对供应链联盟成员间的道德风险问题有制约作用（在第四章已经进行了论述），即长期有效的市场机制下，供应链联盟各合作企业将会更关注供应链联盟的整体竞争力，而把自己当前的利益放在靠后的位置。

但是，在供应链联盟中由于各合作企业在所有权上是相互独立的，这样就不能排除道德风险问题，也就是说供应链联盟中企业会为追求自身利润的最大化而损害供应链联盟整体的利益。

一、供应链联盟成员间委托代理关系

（一）委托代理的基本原理

委托代理关系起源于"专业化"的存在。最早提出委托代理关系的是亚当·斯密。他在《国富论》中有一段论述："在钱财的处理上，股份公司的董事为他人尽力，而私人合伙公司的伙员为自己打算。所以，要想股份公司的董事们监视钱财用途，像私人合伙公司那样用意周到，那是很难做到的，疏忽和浪费是股份公司业务经营上难以避免的弊病。"

伯利和米恩斯利用现代公司"所有权和经营权分离"这一假说，发挥了斯密的思想。1932 年，美国经济学家伯利和米恩斯出版了《现代公司与私有财产》一书，在这项开创性的实证研究中，著名的"所有权和控制权分离"命题被提出。① 伯利和米恩斯认为，在股份制条件下，所有权与经营权相分离，公司的经理阶层代表股东行使管理职能，由于股东和经理层在利益上有时会不一致，而且经理比股东更了解公司的信息，因此可能做出损害股东利益的行为。代理问题就是研究如何进行制度设计，使经理层在按自身利益最大化行动时，最大限度地实现股东的利益。因此，委托代理关系事实上就是居于信息优势与处于信息劣势的市场参加者之间的相互关系。从经济学的角度出发，凡是市场参与者双方所掌握的信息不对称，这种经济关系就可以被认为是委托代理关系。股东和经理人、公司和雇员、买方和卖方等都存在代理问题。

189

---

① 阮青松，黄向晖. 国外企业经理层激励约束问题研究综述［J］. 经济纵横，2004(2).

科斯在 1937 年发表了经典论文《企业的性质》，首创交易费用学说，阐释出企业和市场在组织交易上的费用比较决定了企业的出现。在此后的三十多年中，无论是科斯的交易费用理论，还是现代企业两权分离的假说，两者都被经济界束之高阁。

进入 20 世纪 70 年代后，由于威廉姆斯等人对交易费用经济学的发展，以及激励理论、契约理论、信息经济学等微观经济学基础理论的突破，才使得始于科斯、伯利和米恩斯的现代企业理论取得快速发展。

近年来，"企业理论"的文献由三个部分组成。第一条线索是不完全合约与双边道德风险。第二条线索是以霍姆斯特朗和米尔格龙为代表的委托—代理关系模型。第三条线索的文献集中在层级结构，该类文献认为不对称的剩余权又是企业制度存在的关键。

(二)供应链联盟成员间的委托代理关系

在供应链联盟合作关系中，代理问题通常表现为供应商与制造商、制造商与分销商、制造商与客户之间的关系中。

供应链联盟的核心企业在发现市场机遇之后，会适时根据市场机遇的需求，主动向市场发出信号，并根据某种判断准则，选择合适的合作伙伴结成联盟。虽然供应链联盟企业之间的合作是一个双向选择和评价的过程，但就某一次具体的合作关系而言，总是会存在委托方和代理方。可以将供应链上企业之间的合作关系抽象为委托代理关系，并将在具体任务的实现、执行过程中拥有信息优势的一方称为代理方，无信息优势的一方称为委托方。实际上，处于供应链联盟的企业在任何时候都同时扮演委托方和代理方的角色，正如任何企业一方面是其下游企业的供应商，同时又是其上游企业的用户一样。

供应链联盟企业间的合作、交易活动是其中不同企业的采购、制造、组装、分销、零售、物流等过程将原材料转换成产品到达最终用户的过程，它是一个包括供应商、制造商、分销商、物流服务提供商直到最终用户的更大范围、更为系统的概念。由原材料、半成品、在制品、存货、产成品构成的物流和企业间数据信息组成的信息流在供应链联盟企业间流动。上游企业向下游企业提供产品（这里的产品可能是原材料、半成品、零部件或产成品），下游企业再向它的下游企业提供产品。在供应链联盟中，位于上游的提供产品（或零部件）的企业叫做供应商（Supplier），位于下游的购买产品（或零部件）的企业叫做采购商（Purchaser）。

供应链联盟中的企业以最终用户的满意为目标，协同组织生产。但是与纵向一体化不同，供应链联盟上的企业都是独立的法人实体，都以利润最大化为目标向企业的投资者负责。企业有自己独立的经济利益，为了获得更有利的竞争地位，企业的行为也可能会损害其他企业的利益。

根据波特（Porter）的竞争战略理论，企业与其供应商和采购商存在着竞争关系，为了在谈判中获得优势，企业往往会保留私有信息，如原料或产品的成本、产品质量、企业的生产能力等。供应链联盟企业间的信息不对称同样会引发委托代理问题，造成事后的道德风险问题（Moral Hazard）。

（三）供应链联盟成员间委托代理关系的特征

供应链联盟企业间存在着由于信息不对称而引起的委托代理问题，但是由于供应链联盟固有某些特征，其委托代理问题又不同于传统企业，具有以下特征：

1. 供应链联盟企业间是一种合作竞争关系

在集成供应链联盟环境中，各企业作为不同的利益主体，相互之间存在着竞争，决策行为是理性的，基于任何决策变量的合同谈判过程均是一个博弈过程。另外，由于现代竞争的需要，企业间的博弈过程应确保整个供应链联盟实现优化。供应链联盟与传统企业模式的根本不同就在于它改变了对产品链上其他企业的看法，把其他企业看成是合作伙伴而不是竞争对手，供应链联盟中所有企业为了实现最终顾客满意的目标而进行协同生产，生产活动按整个供应链联盟实现优化，而不是仅仅考虑本企业的利益。研究供应链联盟企业间的委托代理关系就是通过代理理论的分析，确定合理的决策变量，在确保供应链联盟整体利益最大化的前提下，实现供应链联

191

盟企业各自的利益最优。

2. 供应链联盟企业间委托代理关系是多阶段动态的

供应链联盟企业间的合作强调建立一种持久稳定的关系，企业需要长期进行交易，企业或许有短期行为，但是从长期来看是不可取的，因为他们发现虽然从短期行为中得到一定的好处，但随着合作信誉的受损，合作关系也会随之终止，而维持长期的合作关系，所带来的收益的贴现值会远远大于短期利益，正因为供应链联盟企业间的委托代理问题是多阶段的、长期的，供应链联盟运作的激励就显得更为重要。

3. 供应链联盟企业间的委托代理是多任务委托代理

传统的企业间的购买策略是展开以价格为基础的竞争，企业通过在众多供应商之间进行价格竞争来获得最低价格的产品。然而随着竞争全球化、产品需求顾客化、技术创新加快，市场对产品质量、服务、交货期的要求越来越高，企业不可能单凭价格获得竞争优势。同样，供应链联盟企业间的供应商不仅仅是提供价格低廉的产品，而且还要在技术创新、质量改进、缩短产品提前期、提供服务等方面作出响应。供应商在采取行动时可能会产生冲突，如降低成本与质量改进、提高服务。因此，在有限的经济资源和时间资源约束下，供应商需要在多目标间作出权衡。而制造商的评价和报酬标准则是供应商决策的依据。例如，如果制造商把价格作为最重要的决策因素，那么供应商将会在技术创新和改进质量等方面缺乏积极性，因此制造商对供应商的绩效评价和报酬激励应该具有综合性。

二、强化激励机制：供应链联盟成功的核心

道德风险是指由于事后的信息和行动不对称，委托人无法观察到代理人的行为，代理人可能做出有损委托人利益的行动。

供应链联盟主要涉及的是企业间的战略协作问题。当企业以动态联盟的形式加入供应链联盟时，企业都会首先研究是否符合自身的利益，并与处于供应链联盟中的企业展开合作对策研究。企业之

间通过一种协商机制，以求共赢，这种协商机制实际上就是一种合同。委托方需要设计出在各种复杂条件下都能够对代理方产生最大化刺激的合同；另外，由于委托方的利润的获得与许多因素有关，委托方很难准确判断出代理方的努力所带来的利润额，所以委托方很难决定如何对代理方进行支付。因此，如何确定对委托方和代理方都有利的合同，是供应链联盟中企业之间委托代理关系研究的关键。

如何确定对委托方和代理方都有利的合同问题，属于典型的对策问题。因为委托方和代理方之间的任何一方在采取行动的时候都不可避免地要考虑另外一方的可能反应。在整个合作过程中，委托方和代理方通过讨价还价以及相互退让，最终达成双方所接受的合同，以及在这个合同约束下的行动。

与此同时，供应链联盟中企业间的合作强调的是建立一种持久稳定的关系，而非临时的关系。在一般的商品交换市场上，买者和卖者构成一对委托代理问题。卖者掌握的商品的信息比买者多，买者是委托人，卖者是代理人。买卖交换关系是一次性的、暂时的，买卖双方都会采用各种手段来实现自己的效益最大化。而在供应链联盟企业间，企业需要的是长期进行稳定的交易，要让供应链联盟中的企业知道短期的欺骗虽然可以得到眼前的利益，但是却有可能会破坏合作关系，而维持长期的合作关系所带来的收益的贴现值会远远大于短期利益。正因为如此，制度设计和激励措施才显得更为重要。

一般而言，道德风险可以通过委托方给予代理方一定的价格补偿来解决，但是这并不能从根本上解决供应链联盟企业间的问题，如果没有监督机制，代理方仍然会采取偷懒的行为，甚至会变本加厉。考虑到供应链联盟企业间联系的紧密性，可以通过以下的方式减少道德风险。

首先，委托方与代理方建立长期的、关系密切的、互惠互利的合作关系，使得代理方实施道德风险的机会成本增加。当代理方可以预期自己的长期利益时，就会考虑为了短期利益而做出冒险是否值得。为了达到此目的，就需要设计出令双方都满意的合同，通过

193

合同条款的设计，以书面的形式规定各自的责任、利益的分配，使双方共享合作利润和共担风险，实现合作总体利益的最大化。换言之，合同设计的目的就是使代理方采取有利于委托方的行动。

其次，由于市场竞争的激烈、产品需求的个性化，供应链联盟企业不能仅仅依靠单一的产品在市场上竞争，必须提供差异化的产品才能够在激烈的市场竞争中立足。为此，供应链联盟中的所有企业都必须以顾客为核心，以顾客的需求为导向。顾客的需求经常会变化，那么整个供应链联盟中出来的产品也应该随着顾客的需求的变化而变化，即高度柔性的供应链联盟。但是，要达到这个目标需要有大量的资金进行设备改造、流程设计、技术更新等，而供应链联盟中的代理方有时难以独立完成。因此，从供应链联盟的整体利益出发，委托方可以对代理方进行这方面的投资。这样，既可以获得顾客所需求的产品，同时又可以将自己与代理方的利益紧紧地捆绑在一起，增加代理方的转换成本。

最后，需要建立一个高效的评价指标体系，对高绩效的代理方进行激励，如增加订货数量、给予更优惠的价格折扣、更灵活的支付方式、对代理方进行投资、在技术更新和人员培训方面进行援助等。这样，一方面可以增加高绩效的代理方满意程度，另一方面又是对那些绩效较低的代理方的一个惩罚，从而避免道德问题的发生。

▶ 第二节　供应链联盟成员间委托代理道德风险模型

一、供应链联盟成员间道德风险的原因

供应链联盟作为一种扩展型的企业战略联盟，是介于市场与企业之间的一种中间组织形式，它打破了企业的传统边界，旨在建立

一种资源共享、知识共享、信息共享的新型组织机制，同时获得企业内部的行政管理计划性与市场交易灵活性的好处。但是这种虚拟的经济系统并不能像企业集团那样有效约束各成员企业的有限理性与机会主义行动，还可能增加各节点企业的相互之间的"锁定"，这些在某种程度上增加了供应链联盟成员企业间的道德风险。

1. 成员企业的有限理性

有限理性这个概念最早由西蒙定义，他指出人的认知和行为受资源所限，只能"意欲合理，有限到达"，因为没有人能获得使其目标最优的全部信息，没有人能无所不知。这一概念同样适用于企业，一方面企业有自己的生命周期，获取信息、处理信息的能力为生命周期不同阶段的资源所限，呈现出有限理性；另一方面，企业的决策受制于其领导决策者的认知能力，也必然存在有限理性。在供应链联盟中，原则上要求各企业采取系统思考方式，以供应链联盟的整体利益为企业决策的标准，因为成员企业的合作可实现利润最大化，实现目标最优。但是，由于成员企业有限理性的存在，以及企业追逐自身利益最大化的本能，实践中更多的成员企业为了自身利益而采取机会主义行为，选择了信息压缩与隐藏。这种信息压缩一方面使联盟中信息交换不畅，信息流发生阻滞，增大了系统的不确定性；另一方面由于压缩后的失真信息在联盟中的传递导致供给与需求相脱节，产品价值得不到全部实现，联盟中的企业库存积压，成本增加，管理风险加大。

2. 成员企业的机会成本行为

机会主义行为指市场主体出于自利动机，用各种投机取巧的办法来实现自我利益，包括说谎、窃取、蒙骗等。对机会主义行为的防范，在企业中主要通过监督来加以约束，在市场中则主要通过减少"公地"（即可争夺利益）来加以限制。而在供应链联盟中，各成员企业作为独立的市场主体，各自都有不同的利益取向，相互之间又缺乏有效的监督机制，加之系统又存在大量的、成为企业之间相互争夺的"公地"的系统资源，因而自组建联盟开始，各成员之间就展开了激烈的博弈活动。企业为了保持自己的竞争优势，有意隐藏自己的信息资源，甚至向对方提供歪曲的信息，以便在适当的时机实施自己的机会主义行为。反过来，每一个成员企业又不得不花大量的成本防止别的企业可能发生的机会主义行为，这必然会增加供应链联盟的协调成本。

3. 成员企业间的"锁定"

"锁定"的基本含义为"你对将来的选择仍然受困于过去的选择"，这是因为从一个系统到另外一个系统的转换，必然要承受转移成本，这一转移成本将人们锁定。在供应链联盟中，供应商、顾客以及分销商同时被对方锁定的现象并不罕见。首先，联盟要求压缩供应商数目并与之发展长期合作关系，这意味着，一方面上游企业要为下游企业进行大量专有性投资，对上游企业而言，这是一笔巨额的转移成本；另一方面，下游企业对设备的首次购买和今后的购买通常是互补的，你采用了它的技术，就要购买它的设备，再购买、再配套也得买的东西，如转换品牌可能使设备出现不相容性，成本巨大；同时，顾客寻求新的供应商需要花费更多的时间和精力，心理成本也是一种转移成本。因而在联盟中，原则上要求其具有动态性，但在实践过程中，由于供应商与顾客的双边锁定，联盟组合更多趋于静态，无法适应顾客的个性化需求，降低了顾客反应速度，影响了供应链联盟的收益的实现。其次，这种锁定意味着选择范围的缩小，被锁定的企业极易形成路径依赖，为相关企业提供"关系租金"。对"关系租金"的争夺与控制，有可能恶化整个供应链联盟的文化，提高整个联盟的成本，减少顾客的价值，影响收益的实现，使整个联盟处于道德风险的侵害当中。

4. 创新与权力的矛盾

相对于传统的市场组织来说，供应链联盟是一种重大的市场创新，其创新的根本要素是联盟成员间(生产商与零售商之间)通过建立和发展各种信息技术或网络，实现信息共享，并将分享的信息及时有效地运用于生产经营决策中，从这个意义上讲，这是需要长期积累和发展的能力，而不是一时可以办到的，供应链联盟运作过程中的市场创新必然是周期性的，即创新能力的形成——稳定、积累——更新能力的形成(或者说创新)——停滞(可能是暂时的停滞)——再创新，这种创新上的周期性所产生的一个负效应就是联盟核心企业权力的不断强化。

　　具体地讲，在创新的启动时期，由于各成员企业间的全面合作刺激了各企业生产和经营效率的大幅提高，使得联盟各利益（销售额等）都扩展很快，合作各方在这种高速发展的过程中既享受到了企业创新所带来的效益，也暂时掩盖了各种矛盾和冲突。即使在合作过程中产生了各种各样的问题，也都倾向于用说服、协商等各种非权力的手段来解决问题，从而产生所谓的战略伙伴关系，这正是供应链联盟中所强调的合作关系。然而，在创新出现停滞时，由于合作各方的利益增长迟缓或不对称，原来所存在的各种矛盾被放大，再加上新的问题出现，就必然会出现优势企业利用威胁、恫吓、制裁等各种权力手段来迫使弱势企业接受自身的交易条件或满足在商品生产经营上的各种要求，亦即权力运用的复归，这样，随着创新周期的波动，权力制衡现象时隐时现。

　　如果说以上还是从创新周期的正常波动所引起的权力复归来讲的话，那么，这种现象在竞争驱动之下的信息权力的同质化情况下，更是起着推波助澜的作用。从理论上分析，影响供应链联盟中一个企业对另一个企业发生行为的因素主要有三点：一是经济要素，二是位置要素，三是信息要素。经济要素主要指的是一个企业在经济力上的分量和作用，如对产业的影响、市场份额的大小等；位置要素是相对于合作双方的作用影响程度而言的，例如，零售商为生产商提供市场准入的力度，或者生产商为零售商提供价值产品的能力；信息要素则表现为本企业的信息处理能力、创造力，合作方的信息处理、创造力，以及相应的合作成果的管理能力。在这三种要素中，信息要素作用的比重越大，合作双方就越倾向于协商。相反，经济要素和位置要素的比重越大，合作双方所关注的焦点就会更多地集中在当前利益的实现或维系上，缺乏对一个企业核心能力的培育和发展，因此，在行为中更趋向于权力的运用。

　　所以，供应链联盟的创新发展很大程度上取决于信息要素的培育，一旦这种形式的能力被竞争对手所模仿或赶超，创新就会出现停滞，就不可能为合作双方带来长期的竞争优势或超额利润，在这种状况下，经济要素或位置要素的作用就被高估，权力开始复归，

197

而且更为严重的是，这种权力的复归有可能长期延续下去。这也就是很多企业在构筑供应链联盟后，特别是信息技术的投资后，没有产生太大的效果的直接原因。而对这种状况失望后，加之没有真正去推动更高层次的管理变革，就又出现了权力制衡关系的再现，以试图依靠原有的经营机制来保障自身利益的实现。核心企业的道德风险问题就更加严重了。

5. 对顾客核心需求识别不足

企业目标的实现首先依赖于企业所生产的产品能否真正满足顾客的需求，这就要求企业能够准确地识别顾客的核心需求，而供应链联盟的建立并没有增强对顾客核心需求的识别能力，反而在相当程度上损害了这一能力。原因在于：第一，在顾客本人有时也不能真正识别其核心需求的情况下，供应链联盟出现对顾客核心需求识别不清甚至识别错误的风险完全存在。第二，供应链联盟是由处于众多环节的企业构成的，它们都围绕最终顾客的核心需求而进行生产。由于有能力识别顾客核心需求的企业是那些离最终顾客最近的企业，有意愿识别顾客核心需求的企业是那些在供应链联盟中获得利益最大的企业，而有能力和有意愿的可能不是同一企业。第三，识别顾客核心需求所支付的成本要由单个企业承担，但准确识别出顾客核心需求所获得利益却由整个供应链联盟享受，故而难免会有相当一部分企业产生搭便车的机会主义想法，这样整个供应链联盟就会出现对识别顾客核心需求的投资不足，最终导致难以有效识别顾客核心需求，使供应链联盟的最终产品不能获得顾客的认可。

6. 对顾客反应速度减缓

在买方市场条件下，对顾客的反应速度成为竞争的关键，但供应链联盟有可能降低对顾客需求的反应速度。原因在于：第一，当顾客需求发生改变时，由于供应链联盟不能及时发现顾客需求的改变，导致对识别顾客核心需求的投资不足。第二，供应链联盟中的企业在长期的合作中形成了大量的专用性资产，任何单个企业的改变往往要求整个联盟中的企业都同时发生改变，这样就限制了企业对顾客需求变换的反应速度。

二、单边道德风险模型的建立及分析

（一）基本假定

为了简化讨论，我们作如下假定：

（1）供应链联盟中只有 A、B 两个企业，A 为生产型企业并向 B 企业提供产品；

（2）A 生产产品的总量为 1，产品分为优质产品和劣质产品两部分，优质产品的比率为 a，则劣质品的比率为 $1-a$；

（3）A 生产优质品的成本是 C_1，生产劣质品的成本是 C_2，$C_1 > C_2$；

（4）所生产的优质品价格为 P_1，劣质品价格为 P_2，$P_1 > P_2$；

（5）当 B 购买到货真价实的产品时，带给它的效用是它为购买产品所支付的价款，当买到假冒优质产品的劣质产品时，B 所获得的心理上的负效用仍为购买此种产品所支付的价款；

（6）如果 B 没有接受 A 提供的产品，即等于供应链联盟瓦解，考虑长期合作所带来的资产专用性成本、重新寻找合作伙伴的费用以及寻找到新的合作伙伴以前对生产或销售的耽搁等，此时双方都将损失 L；

（7）在加入供应链联盟时均签订了详细的合作条款和违反条款的惩罚措施，A 的侵占行为被发现时，将遭受一定程度的惩罚 M；

（8）A 的侵占行为被发现的概率为 b。

A 可能选择诚实告知 B 方产品的真实情况，此时优质品以价格 P_1 出售，劣质品以价格 P_2 出售。销售单位优质品获得的利润为 $G_1 = P_1 - C_1$；销售优质品获得的总利润为 $G'_1 = at G_1$，销售单位劣质品获得的利润为 $G_2 = P_2 - C_2$，劣质品提供的总利润为 $G'_2 = (1-a)t G_2$。A 也可能为了增加自己的利润隐瞒产品的真实情况，从而使所有产品都以优质品价格出售。此时销售单位劣质品获得的利润为 $G_3 = P_1 - C_2$，销售劣质品所获得的总利润，显然 $G'_3 = (1-a)t G_3$。

当 A 诚实时，B 购买到名副其实的产品，此时期望效用 $U_1 = $

199

$atP_1+(1-a)tp_2$，如果 A 隐瞒了产品的真实情况，此时 B 获得的产品给他带来的期望效用 $U_2=atP_1-(1-a)tp_1$。

由于 A 的利己行为被发现的概率为 b，被发现后将遭受的惩罚额为 M，则 A 的侵占行为预期将遭受的惩罚为 $-bM$。

战略表达式见图 8-1：

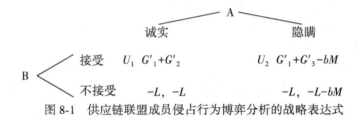

图 8-1　供应链联盟成员侵占行为博弈分析的战略表达式

(二)均衡分析

(1)当 $G'_1+G'_2>G'_1+G'_3-bM$ 时，模型有唯一的纳什均衡解(诚实，接受)。在这种情况下，A 方没有侵占行为，B 方也接受 A 方所提供的产品(或服务)，是供应链联盟的最佳状态。

(2)当 $G'_1+G'_2<G'_1+G'_3-bM$ 时，模型有唯一纳什均衡解(接受，隐瞒)。

(3)当 $G'_1+G'_2<G'_1+G'_3-bM$，且 $U_2>-L$ 时，模型没有纯战略纳什均衡解，考虑混合战略。设 A 以 p 的概率提供真实情况，以 $(1-p)$ 的概率隐瞒；B 以 q 的概率接受，以 $(1-q)$ 的概率拒绝接受。

A 的期望利润函数为：

$$\Pi(p,\ 1-p)=p[q(G'_1+G'_2)+(1-q)(-L)]$$
$$+(1-p)[q(G'_1+G'_3-bM)+(1-q)(-L-bM)]$$

达到均衡的一阶条件为：

$$\frac{\partial u}{\partial p}=q(G'_1+G'_2)+(1-q)(-L)-[q(G'_1+G'_3-bM)$$
$$+(1-q)(-L-bM)]=0$$

解得：

$$q=\frac{bM}{(1-a)(P_1-P_2)}。$$

从此等式可以看出，B 接受 A 方产品的概率与利己行为被发现的概率 b、被发现后将遭受的损失 M 以及 A 所生产优质产品占总产品的比率 a 成正比。

B 的期望效用函数为：

$$v(q, 1-q) = q[pU_1+(1-p)U_2]+(1-q)[p(-L)+(1-p)(-L)]$$

达到均衡的一阶条件为：

$$\frac{\partial v}{\partial p} = pU_1+(1-p)U_2-[p(-L)+(1-p)(-L)] = 0$$

解得：

$$p = \frac{(1-2a)P_1-L}{(1-a)(P_1+P_2)}$$

从此等式可以看出，A 提供真实情况的概率与退出后所有成员都将遭受的资产专用性等所带来的损失 L 成反比。

(三)基本结论

(1)当 $G'_1+G'_2 > G'_1+G'_3-bM$ 时，模型有唯一的纳什均衡解(诚实，接受)，整理得 $bM > +G'_3-G'_2$，由此可知，只要提高 b 或 M 到足够大就可以满足此式。这就要加大监督力度，以提高发现成员侵占行为的概率 b，同时要加大对实施利己行为的联盟成员的惩罚额 M。M 除了包括上节中所提到的由联盟对它的惩罚外，市场还应该形成完善的声誉机制，使成员的侵占行为一旦被识破，声誉上将遭受极大的损失。这种声誉上的损失将为其今后的经营增加很多额外的成本，从而转化成现实的损失以约束其行为。

(2)考虑 $G'_1+G'_2 < G'_1+G'_3-bM$ 时的情况，$U_2 > -L$ 时，模型有唯一纳什均衡解(接受，隐瞒)，L 越大，$U_2 > -L$ 条件越容易满足，这种条件下的纳什均衡解对联盟是不利的；当 $U_2 < -L$ 时，由 $p = \frac{(1-2a)(P_1-L)}{(1-a)(P_1+P_2)}$ 可知，A 提供真实情况的概率 p 与 L 成反比，因此应该尽量减小 L 值，即资产专用性、寻找新的合作伙伴等成本。这就要求联盟应该建立淘汰及相应的辅助机制，充分考虑到成员退出对联盟的影响，并做好相应的应对措施，把成员退出对联盟的影响

尽量降到最低。

由 $q = \dfrac{bM}{(1-a)(P_1 - P_2)}$ 可知，B 接受 A 方产品的概率与侵占行为被发现的概率 b、被发现后将遭受的损失 M 成正比，由此也可知应该加大 b 及 M。

通过对上述简单道德风险模型的分析，我们认为供应链联盟就是要在相互信任和相互依赖的基础上，通过成员间紧密的合作和快速的信息沟通来提高联盟在市场中的竞争地位。当供应链联盟成员有道德风险(侵占行为)时，供应链联盟成员间良好合作的基础不复存在，即使再先进的信息技术也无法实现快速的信息沟通，供应链联盟整体的竞争能力将随之降低。

三、双边道德风险模型

由于供应链联盟成员间的委托人和代理人的地位并不是一成不变的，一项交易中一方参与人在某些信息方面具有优势，此时他处于代理人的地位，但当他对另一些信息处于劣势时则可能变为委托人，因此道德风险不只是单向的，还可能是双向的、双边的。

下面我们以供应链联盟成员间质量控制为例，来分析一下供应链联盟的双边道德风险问题。

(一)一个典型分析：供应商与销售商的合作

为说明方便，我们典型分析一个供应商(即生产商)和一个销售商交换中间产品的情况。一般而言，供应商和销售商在合约签订和执行中的决策地位是不同的，销售商处于设计合约的地位，供应商则处于接受并执行合约的地位，二者之间的委托代理关系可通过合约中的决策变量发生作用。一旦签订了合约，即确定了合约决策变量，供应商和销售商的行为动机会随之发生变化，因此合约中决策变量的选择是否适当对合约的执行效果有重大的影响。

根据委托代理理论，理性的供应商和销售商所作的任何决策都是以自己效用最大化为前提的，在双方的决策行为都不能被对方观测到的情况下，往往会产生双边的道德风险行为，而这些行为最终影响了产品的质量。为了控制产品质量，必须对双方的道德风险行为进行惩罚，其中，供应商的道德风险行为体现为减少产品质量预防方面的投入，销售商的道德风险行为则体现为减少产品质量评价方面的投入。

(二)双边道德风险模型

1. 供应商与销售商的收益函数

一个风险中性的供应商和一个风险中性的销售商签订合约，由供应商为销售商生产某种产品。为了保证产品的质量，供应商应采取质量预防措施，而销售商在收到产品后要对产品的质量进行评价，并且根据评价结果决定接受或拒绝产品。无论供应商的质量预防措施还是销售商的质量评价措施都不能保证最终销售给顾客的产品质量一定是合格的，用 P_S 表示供应商提供给销售商的产品质量合格的概率。当供应商提供的是合格产品时，销售商的检测结果也一定是合格的，如果供应商提供的产品有缺陷，则用 P_B 表示销售商检测出产品有缺陷的概率。由于供应商采取的质量预防措施和销售商采取的质量评价措施都会产生相应的成本，在双方采取的措施不被对方了解的情况下，就可能存在道德风险。

供应商提供给销售商的产品质量合格的概率 P_S 可以写作：

$$P_S = P_S(I_S, \ \theta_S) \tag{1}$$

其中：I_S 是供应商在产品的质量预防方面投入的成本；θ_S 是均值为 μ_S、方差为 σ_S^2 的正态分布随机变量，代表外生的不确定因素对供应商产品质量的影响。

销售商检测出产品有缺陷的概率 P_B 可以写作：

$$P_B = P_B(I_B, \ \theta_B) \tag{2}$$

其中：I_B 是销售商在产品的质量评价方面投入的成本；θ_B 是均值为 μ_B、方差为 σ_B^2 的正态分布随机变量，代表外生的不确定因素对销售商检测结果的影响。

销售给顾客的产品质量主要取决于供应商的质量预防行为，为了控制产品的质量，销售商需要激励供应商在产品质量预防方面进行更多的投入。因此，销售商除了付给供应商固定的价格之外，当销售商检测出供应商的产品有缺陷时要对其施以数额为 W 的惩罚，并且当供应商提供的产品不合格而销售商未能检测出时，也要对供应商进行惩罚，设惩罚数额为 X。

在上述分析的基础上，建立如下的供应商的收益函数：

$$\Pi_S = T - (1-P_S)P_B W - (1-P_S)(1-P_B)X - I_S \tag{3}$$

其中：Π_S 是供应商的收益；T 是销售商对供应商的转移支付。

销售商在对供应商提供的产品进行评价后决定拒绝或接受产品。当供应商提供的产品合格时，无论销售商采取何种检测行为都会接受该产品，此时设销售商销售该批产品获得的收益为 Π_1。当供应商提供的产品有缺陷时，如销售商未能检测出存在的缺陷而将产品销售给顾客，则销售商会因负担信誉成本和契约成本而使自己的收益减少，设此时销售商可获得的收益为 Π_2。销售商检测出存在的缺陷，则会拒绝接受产品，而销售商的收益也会因可销售产品数量的减少而减少，设此时销售商的收益为 Π_3。

销售商的收益函数建立如下：

$$\begin{aligned}\Pi_B = {} & P_S\Pi_1 + (1-P_S)(1-P_B)\Pi_2 + (1-P_S)P_B\Pi_3 - I_B - T \\ & + (1-P_S)\times P_B W + (1-P_S)(1-P_B)X\end{aligned} \tag{4}$$

2. 产品质量控制分析

存在道德风险情况下，供应商的问题是如何确定质量预防行为水平 I_S，使自己的期望收益达到最大，即：

$$\max E\Pi_S = E\{T - (1-P_S)P_B W - (1-P_S)(1-P_B)X - I_S\} \tag{5}$$

我们计算 I_S 的一阶条件，有：

$$E\{P_S' P_B(W-X) + P_S' X - 1\} = 0 \tag{6}$$

其中，P_S' 是 P_S 对 I_S 的一阶导数。由式（6），可得：

$$I_S = I_S(W, X, I_B) \tag{7}$$

存在双边道德风险条件下，销售商在投入质量评价成本时也会考虑自己期望收益最大化的问题，因此，计算 I_B 的一阶条件后，有：

$$I_B = I_B(W, X, I_S) \tag{8}$$

由式（7）和式（8）可得出双边道德风险条件下供应商最优的质量预防投入 I_S 和销售商的最优质量评价投入 I_B。

考虑双边道德风险条件后，销售商的契约设计问题可用如下优化问题描述：

$$\max E\Pi_B = E\{P_S\,\Pi_1 + (1-P_S)\times(1-P_B)(\Pi_2+X)$$
$$+ (1-P_S)P_B\times(\Pi_3+W) - I_B - T\} \qquad (9)$$
$$s.\ t\quad E\Pi_S \geqslant \Pi_S,\ E\Pi_B \geqslant \Pi_B \qquad (10)$$
$$W\geqslant 0,\ X\geqslant 0 \qquad (11)$$
$$P_S = P_S(I_S,\ \theta_S) \qquad (12)$$
$$P_B = P_B(I_B,\ \theta_B) \qquad (13)$$

其中，Π_S 和 Π_B 分别为供应商和销售商的保留期望收益。

通过对上述模型求解，销售商可确定其最优惩罚水平 W 和 X。在双边道德风险情况下，这一契约设计方式可激励供应商和销售商付出相应的预防和评价努力，达到双边道德风险条件下质量收益的最大化。

上述分析表明这样一个道理：供应商和销售商为了减少这种道德风险，提高产品质量，在设计契约时必须合理考虑双方的激励问题。

我们把这一情况推而广之，认为为解决供应链联盟成员间委托代理过程中的非协作、低效率问题，供应链联盟委托方企业需要建立以利益共享和风险共担概念为中心的信息激励机制，从而促使代理方企业努力工作以完成委托方企业的目标。

▶ 第三节　防范道德风险的激励机制：供应链联盟企业间成功合作的关键

一、防范道德风险的一般激励模型：参与约束与激励相容约束

在委托代理关系中，委托人无法直接观测到代理人选择的行动和自然状态，只能观测到行动和状态所决定的结果。为了防范代理人违约而产生道德风险，委托人无法直接改变代理人的行动方案，

只有通过设计一个激励条件来迫使代理人从自身利益出发选择对委托人有利的行动方案，从而防止道德风险。在这里给出防范道德风险的一般模型：

假设委托人与代理人都是风险中性者或风险回避者，代理人选择的行动 a 和自然人 θ 共同决定着产出 x_1，委托人无法观察到 a 和 θ；只有产出 x 是委托人和代理人的共同知识，委托人根据产出情况 x 支付代理人报酬，并通过激励条件 $\delta(x)$ 诱使代理人选择委托人希望的行动，用数学语言表达为：

目标函数的委托人的期望收益最大：

$$\max_{i,\,s(x)}\left\{\int\sum_{j=1}^{2}(v_{ij}-s(x))P_{ij}\mathrm{d}x\right\}$$

其中：V_{ij}——代表选择方案 i 在 j 状态时委托人的净收益。

　　　P_{ij}——与方案 i 对应的分布函数(概率)。

　　　i——代理人可选择的方案集。

　　　j——代理项目成功的状态，1 为成功，2 为不成功。

委托人的问题就是选择 a 和 $\delta(x)$ 来最大化其期望收益。但是，委托人在这样做时，受到来自代理人的两个约束。第一个约束是参与约束，即代理人从接受合同中得到的期望收益不能小于不接受合同时能得到的最大期望收益，称为安全收益，记作 $\bar{u}$，因此代理人的参与约束可表达为：

$$\int\sum_{j=1}^{2}(u_{ij}+s(x)-c(a))P_{ij}\mathrm{d}x\geqslant\bar{u}$$

其中：$C(a)$——代理人在工作中自身的支出。

　　　u_{ij}——代理人选择方案 i 在状态 j 下的净收益。

第二个约束是激励相容约束，即在任何激励条件下，代理人总是选择自己期望收益最大化的行动 a，换言之：如果 a 是委托人希望的行动，a' 是代理人可选择的任何行动，那么，只有当代理人从选择 a 中得到的期望收益大于从选择 a' 中得到的期望收益时，代理人才会选择 a，激励相容约束的数学表达式如下：

$$\int\sum_{j=1}^{2}(u_{ij}+s(x)-c(a))P_{ij}\mathrm{d}x\geqslant\int\sum_{j=1}^{2}(u_{ij}+s(x)-c(a'))P_{ij}\mathrm{d}x$$

求解上述模型的最优解，可以得出委托代理人的最佳激励条件和代理人的最佳收益方案，从而能有效地控制道德风险，使委托人的期望收益最大化。

二、供应链联盟激励行为分析

根据上节分析，我们认为，对供应链联盟出现的道德风险的防范，主要是通过尽可能消除信息不对称性，减少出现大量道德风险出现的制度、机制环境，同时，要极力采用一定的激励手段和机制，使合作伙伴能比败德行为获取更大的利益，尽量消除代理人的道德风险。

（一）供应链联盟的激励流程图及分析

风险防范与激励机制流程图 8-2 如下：

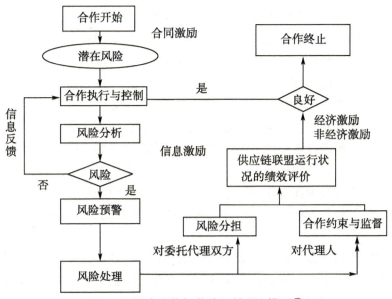

图 8-2 风险防范与激励机制理论模型①

---

① 本图为作者根据本书的主旨整理所得。

在图中所示的"合同激励"就是指对上节一般激励模型中的"参与约束"所进行的激励措施。"合作约束与监督""经济激励"和"非经济激励"就是指对上节一般激励模型中的"激励相容约束"所进行的激励措施。

(二)"参与约束"

在供应链联盟中,核心企业占主导地位,一般由它来对整个供应链联盟进行组织、协调和控制。站在核心企业的角度来看,在整个供应链联盟协调当中,供应链联盟的其他参与者拥有私人信息或信息优势(可以看做代理人),而核心企业相对处于信息劣势(可以看做委托人)。核心企业出于自身利益最大化的动机来最大化整个供应链联盟的利益时,需要其他参与者的配合与协作。

由于不可能通过行政命令来指挥其他参与者的行动,核心企业只能通过契约来寻求其他参与者的支持并约束它们的行为。核心企业在设计激励契约(协调机制)时,必须充分考虑参与者的利益,即必须满足参与约束条件,参与者参与这个供应链联盟、接受这个契约所能获得的利益,不少于不参与这个供应链联盟、不接受这个契约时的所得。只有满足了这条约束,整个供应链联盟才可能稳定地存在。供应链联盟中的参与者也不例外,核心企业在设计对参与者的激励机制时,一定要满足这一点。核心企业应在满足上述条件的基础上再来寻求最优的激励机制,以实现自身利益的最大化。

因此,对联盟成员间"参与约束"的合同激励关键性的要点在于:合作方必须在合作协议中明确约定,并在市场运作中在所有关键业务上对对方公开,这样才有可能产生协同效应,实现能力上的集成。

以产销联盟为例,一般来讲,生产企业的核心业务主要是产品开发,零售企业的核心业务主要表现在店铺运营上。产销联盟实现合作时,产销双方需要将各自核心业务的诀窍和能力向对方展示,并且实行共享。但问题是,无论对于哪一方的企业而言,将自己的核心能力与其他企业分享,是有相当大风险的,尤其是在以利益(无论是短期利益还是长期利益)为纽带连接而成的供应链联盟合作关系中，合作企业无论多么和谐，都非常清楚"世上没有永久的朋友"，因此，在这种观念和心理的驱使下，供应链联盟发展越是涉及企业的核心业务，关系就越紧张，企业之间的矛盾也就越大。

（三）"激励相容约束"

激励相容约束指代理人有积极性来选择委托人希望他选择的行动，即他这样做所得的期望效用不小于他那样做所得的期望效用。激励相容原则就是要求委托—代理合同中隐含这样的条件，委托人与代理人之间都获得他们预期的最大化收益。从理论上说，激励相容条件说明，代理人以行动效用最大化原则选择具体的操作行动，在代理人获得预期效用最大化的同时，也保证使委托人预期收益最大化。

假定委托人的效用最大化目标等价于企业利润最大化。委托人在监督双方契约的执行时存在的主要困难在于：

1. 契约是不完备的

即契约中不可能确切地规定代理人的工作努力程度，即使作了规定，事实上也难以观测。

2. 委托人不能完全依据企业的利润向代理人支付报酬

因为外部环境的不确定性使委托人无法辨别利润的高低是否由代理人的工作努力程度所致。从代理人的角度来看，他不仅比委托人更了解自己的才能，而且他更了解自己的工作努力程度等信息。不仅如此，由于代理人对自己经营的企业的外部环境对企业利润的影响更为了解，付出过量努力与享受闲暇对代理人来说会带来负效用，所以代理人会利用自己的信息优势，降低工作努力程度，从而也就损害了委托人的利益。

考虑委托人和代理人双方利益，最优契约的设计必须满足两个条件：①代理人总是选择使自己的行动都只能通过代理人的效用最大化行为实现，这就是所谓激励相容；②委托人代理人支付报酬后所获得的效用，不可能因采用任何其他契约而有所提高。

在供应链联盟中，要实现激励相容约束，委托人（既可能是制造商也可能是供应商）必须在实现参与约束（即设计出一个代理人

209

能够接受的契约)的基础上，对代理人进行必要的监督以进行必要的利益协调，并着眼于长远建立起长期的相互信任和协作关系，以使代理人在追求自身效用最大化的同时，实现委托人的效用最大化。

综上所述，达成供应链联盟成员企业间的委托—代理的均衡合同，既要符合参与约束条件，也要满足激励相容条件。这两个条件同时也是激励机制与绩效评估设计应满足的两个原则：

满足参与约束的机制是可行机制(Feasible mechanism)。

满足激励相容的机制是可实施机制(Implementable mechanism)。

同时满足这两类机制是可行可实施的机制。

三、供应链联盟激励机制的运行机制

(一) 供应链联盟的激励机制的"参与约束"：合同合作机制

在发展供应链联盟关系过程中，将各成员之间的权利、责任和任务分配，通过合同的形式确定下来，能够减少整个供应链联盟的交易成本。虽然整个供应链联盟的运作也是有成本的，但是，如果这一成本低于纵向一体化的企业或完全市场进行协调的成本，供应链联盟或其他介于企业和市场之间的组织性框架就会被组建起来。合同合作机制假定资产是可交易的，资产的专用性水平是决定一项交易应该在市场上还是企业中，抑或介于二者之间的一些其他形式中交易的主要因素。当一项耐久性投资被用于支持某些特定的交易时，所投入的资产即具有专用性，如果交易过早地终止，所投入的资产便完全或部分地无法改作他用。因此，当资产专用水平高时，为了防止交易一方的机会主义行为而提前终止交易，一些投资就需要以契约的或组织的保障来降低交易成本。例如，供应链联盟中的许多功能业务，如产品开发、设计、采购、制造、分销、配送等在各成员之间的动态转移和分配无疑是受交易成本影响的。通过合同可以确定与此相应的权利和义务，这样，整个供应链联盟的交易成本就能降低。因此，合同合作机制实际上在信息不对称时，确定了联盟成员对剩余索取权的分配，联盟成员中不拥有私人信息的委托人为克服拥有信息的代理人的机会主义行为，通过一定的契约激励约束代理人的行为。在商业现实中，供应链联盟成员采取详细的合同条款，并达成共同投资、相互参股和报酬计划协议等行为活动，正是受这一机制作用的。

（二）供应链联盟激励机制的"激励相容约束"：程序合作机制

合同合作机制在给定的信息结构下，为供应链联盟成员进行合作提供了制度安排。然而，当企业的高层领导之间就组建联盟达成协议后，实际的交易活动则由双方的工程师、销售人员和产品开发人员通过日常的活动来完成。这些日常的活动，体现了供应链联盟成员之间如何通过信息交换来进行合作，以使彼此都学会调整自己的行为来适应对方。在供应链联盟发展过程中，成员之间存在频繁的商业接触，有许多行为活动。如一定的人员政策、监视、正式的报告制度、任务分配、预算、人员培训和共同决策、直接反击、间接反击等，都是促使双方进行信息交换的一些方式。这些行为活动大大地减轻了双方之间的信息不对称程度，因而可以防止供应链联盟成员在联盟发展过程中的道德风险行为，进而使联盟关系能较好地发展下去。这些日常的活动正是受程序合作机制作用的，与合同合作机制作出制度安排不同，程序合作机制主要针对这些制度安排是如何被使用的。合同合作机制涉及成员之间的权利分配问题，而程序合作机制涉及成员之间的信息交换问题。程序合作机制显示了信息在各成员之间怎样、什么时候、以什么方式以及在多大程度上进行共享，即信息交换的频率、时机选择、方向和手段。在发展供应链联盟关系时，程序合作机制显然也是作为一种基本的合作机制，作用于成员的合作活动。

实际上，合同合作机制和程序合作机制是相互补充的，合同合作机制作出发展成员关系的制度安排，程序合作机制则在合同合作机制作出的制度安排界限内，将联盟成员之间的关系付诸实际，单独强调任何一种机制都会造成关系的失败。一方面，由于预期的不确定性，成员之间签署的合同，往往不能预见到所有会出现的情况。因而，合同不可能写得面面俱到，大量的合作活动无法脱离程序合作机制的作用。另一方面，为实现一定的组织目标，程序合作机制作用的发挥也离不开合同合作机制所作出的制度安排。例如：减少供应链联盟"牛鞭效应"不仅是成员之间的信息共享问题，还是与程序合作机制有关的激励相容约束问题。因此，合同合作机制和程序机制都是作为发展供应链联盟关系的基本合作机制而起作用的。

(三) 供应链联盟激励机制的基本运行机制

1. 形成机制

形成机制包括联盟伙伴的选择、谈判和协议的完成。联盟一方企业可能为合作项目投入无法作他用的联盟专用资产，同时合作伙伴的选择对今后的联盟绩效表现有很大的影响。在这一阶段，联盟成员都较为谨慎，并进行以下一些行为活动。

(1) 签署合同。签署合同给供应链联盟的运作提供了方向。同时，为了避免成员的机会主义行为给其他成员造成损失，合同条款往往不仅可以为受损失的成员提供保护，而且能发挥防止一方对另一方敌意接管、偷窃专有技术等机会主义行为的作用。由于签约后，一方并不能完全观察到另一方的行动，这种签约后的信息不对称属于事后不对称。因此，一方面联盟成员在签署合同时，尽量全面考虑将来其他成员可能会发生的各种道德风险行为及其后果，另一方面，更重要的是作为委托人的一方通过合同设计，诱使作为代理人的另一方从自身利益出发选择对委托人最有利的行动。联盟双方在商业现实中就共同投资、相互参股以及采取何种报酬计划达成协议，大大限制了成员可能发生的道德风险行为。

(2) 制定人员政策。联盟成员通过组建联合团队作为双方信息传递的窗口，同时也将作为双方互相学习技能的接收者。但是，企业往往指示其在联合团队中的成员，哪些技能能够共享，哪些技能不能够共享。有时，企业之间建立联盟，正是由于一方拥有专有技术和知识，因此，拥有这些技术和知识的一方必须防止专有技术的扩散。这一类企业往往将人员政策结合进联盟的战略计划过程，使联盟关系在后续阶段得到健康发展。

2. 运作机制

运作机制是对合同合作机制作出的制度安排进行执行的机制。联盟成员通过联盟的运作从而实现短期和长期目标。这一期间，成员之间有大量的信息传递，对对方的行为、表现以及自身收益也极为关注，主要表现有以下一些行为活动。

（1）监视。当联盟一方拥有关键信息时，另一方通过监视系统，能够提高信息拥有者隐藏信息或扭曲信息被察觉的概率。虽然监视可能会阻碍双方信任的发展，但是，完全忽略监视，也会传递这样的信号。即对对方的道德风险行为抱漠不关心的态度，这会增加对方的道德风险行为倾向，很有可能给自身带来极大损失。

（2）正式的报告制度。正式的报告制度实际上是一种能使信息得到及时传递的途径，通过给负责联盟关系的团队人员分配相应的职责来组织报告活动。这一制度不仅能加强双方的理解和沟通，从而建立起较为融洽的关系，而且，通过规定双方可接受行为与不可接受行为之间的界限，使得一些逃避责任或未履行义务的行为能定期反馈并得到有效制止。

（3）分配任务。供应链联盟成员之间不同的任务分配方案，会伴随有差别的信息传递方式和数量，进而供应链联盟的运作效率和组织间技能学习都会受到影响。例如，联盟企业在合作开发新产品时，有多项任务需要进行分配。当任务之间的关系紧密程度越低时，联盟企业合作的效率就越高，因为双方都可以独立完成各自的任务。然而，随着任务之间的依赖程度提高，复杂的知识交换过程更容易发生，进而扩大了组织间学习的机会。但是，商业现实中的企业组建联盟往往是因为一方拥有专有技术或知识，因此，其任务分配方案也往往考虑能有效制止发生偷窃专有技术和学习隐秘知识的道德风险行为。

（4）预算。人员培训和共同决策。联盟企业，尤其是以合资形式组建的联盟企业，通常对联盟工作人员所需资源进行预算。这样一方面可以限制无正当理由的花费，又能保证预算资金的花费建立在提高联盟绩效的基础上。对联盟双方的人员进行培训，可以增强

213

一方员工对合资另一方的忠诚，尤其在国际联盟企业中，通过这种方式可以使员工有更开阔的视野，去接受不同组织、民族和国家之间的文化差异，从而防止逃避责任、隐藏信息和背叛等行为发生。共同决策一方面可以缓解潜在的目标冲突，另一方面也可以减少由文化差异所带来的负面影响。另外，这种方式使双方活动和意图更加透明，减少了双方隐藏信息或混乱关键信息的道德风险行为。

3. 改进机制

改进机制是在联盟成员评价联盟绩效的基础上，根据合作的结果决定是否继续合作的机制。在联盟的改进阶段，由于双方的行动接近于一次性博弈，短期的道德风险行为较容易发生。因此，成员之间往往采取以下应对措施和活动，使联盟关系顺利发展下去。

（1）直接增加委员会成员、间接增加委员会成员。直接增加委员会成员指联盟一方吸纳另一方的执行人员进入自己的决策团体——委员会。这与因拥有股权而进入委员会决策不同，它实际上是联盟一方通过牺牲自己的某一些控制权，作为回报，换取一些对另一方决策和活动的控制权。一方成员通过让渡一些权利，能够得到另一方的信任，并使其相应地承担一些责任，进而，可以在一定程度上防止对方的道德风险行为，使相互之间的关系能够持续下去。

间接增加委员会成员并非是将对方的执行人员引入本企业委员会，而是通过发展第三方企业与本联盟组建新联盟而实现。当原来联盟任何一方企图误评另一方投资的联盟专有资产所带来的收益或想突然中断联盟关系时，另一方企业可以通过第三方企业向道德风险行为者施加影响，从而制止这些道德风险行为的发生。由于联盟企业享有复杂的关系资源网络，使得各方都慎重地对待相互之间的关系，进而使伙伴关系顺利发展下去。

（2）直接反击、间接反击。在联盟的改进阶段，随着一方道德风险行为增加，另一方也不得不采取较有威胁的行为活动作为应对措施，可以说，关系的维持和发展也是双方博弈的结果。直接反击意味着，当甲故意配送不符合标准的产品时，乙将延期支付货款；当甲企图偷窃乙的专有知识、信息时，乙将威胁滥用甲所投入的联盟专有资产。在双方这样的行动策略下，一方的道德风险行为所得到收益将会低于其所造成的损失，最终的均衡是，双方都遵守维持关系的准则。直接反击无疑发挥了传递信号的功能。

另外，当联盟企业中一方的实力处于劣势时，可能无力直接反击另一方的道德风险行为，但可以通过间接反击，即通过毁损道德风险行为者的声誉来达到目的。在可能失去良好声誉的威胁下，具有道德风险行为倾向的一方将不会选择采取这一行动。

因此，关系作为供应链联盟的战略资源，已成为这一合作方式能否成功并最终取得竞争优势的重要因素。由于信息不对称，使得供应链联盟这一受交易成本影响而产生的介于市场和企业之间的组织性框架，在发展的各个阶段都可能存在成员道德风险行为。很大程度上，关系的维持和发展并成为联盟的一种战略资源在于，在联盟的各个阶段能有效地防止双方的道德风险行为。商业现实中，联盟双方的一些行为活动正是建立在参与约束（合同合作机制）和激励相容约束（程序合作机制）基础上，受这两个约束（机制）的作用，为使联盟关系长期发展下去而作出的理性选择。

▶ 第四节　供应链联盟激励机制实施的基本条件、内容及局限性

一、供应链联盟激励机制实施的基本条件

1. 信息共享：从物质管理转向信息管理

供应链联盟激励机制实施的一个前提条件是随着现代信息技术的革命，各成员企业在全面掌握本企业信息的基础上，进行相关重要信息的共享和交流，适时、有效地指挥实施企业间的各种物流活动并加以管理和控制，通过对流通渠道中的物质活动全过程的监控可以有效地消除信息真空，从而降低商品库存。这是因为库存常常

是作为抵御不确定性和风险的一种手段，如果这类不确定性和风险能够降低，那么库存也将下降。所以，现代供应链联盟各成员企业的信息部门，是流通信息的管理者和协调者。因此，供应链联盟成员企业间的信息共享对各企业管理人员掌握现代信息系统和信息技术以及分析信息的能力有相当高的要求。

2. 协调管理：从企业职能管理转向过程管理

供应链联盟的一个核心是，商品的流动连接着多个不同的经济主体，即供应商、生产商、经销商和市场，因而供应链联盟的管理应当是一种对各企业活动的整体管理。这种观念显然是对传统的企业管理理念的巨大挑战，亦即各联盟企业对业务的管理再也不能仅停留在职能层次上，而是要求对整个供应链联盟的业务全过程进行综合管理，这样就必须跨企业、跨行业、跨职能部门对联盟的整个物流活动进行统一规划，并形成一些跨越企业、行业、职能分割的经营诀窍，只有这样才能更好地应对供应链联盟管理的发展。

3. 利益分配：从重视利润转向重视利润率

传统企业的利润观念十分重视其边际性，即商品销售的边际利润。供应链联盟的发展使我们看到，各联盟企业在寻求投资回报和效益增长的过程中，重视商品销售的边际利润尽管仍很重要，但联盟企业更须充分关注本企业的资源管理以及资财的利用对效益产生的影响。因为，利润率不仅来源于利润的边际性，也取决于资财的流转，所以，各联盟企业必须清晰地认识到，对资源、资财利用的有效管理以及相应的成本控制是推动供应链联盟发展的关键。

4. 市场导向：从产品导向转向顾客导向

供应链联盟发展的一个显著的效应是，物流作为顾客服务项目在联盟发展战略中发挥了举足轻重的作用，亦即供应链联盟不仅在创造价值，甚至决定了整个商品价值的实现。与此同时，由于生产过程以及市场营销过程都是从物流过程开始的，所以，它也间接地决定了物质产品生产及营销活动的效率。特别是伴随着物流信息系统化的发展，其有效的顾客信息管理机能，对生产和经营活动具有相当大的影响力。正因为如此，供应链联盟管理将更加重视顾客管理，这种重视反映在日常活动中，表现为各联盟企业对物流服务的水准经常进行界定、监测并按市场需求灵活地进行调整，从而使其成为整个供应链联盟管理的核心。

5. 信誉机制：从企业间的交易性活动转向关系性活动

供应链联盟的发展对各联盟企业间的交换方式也将产生较大的影响，这是因为供应链联盟管理要求各企业能从生产经营的全过程，即从整个供应链联盟的角度对企业经营活动进行有效的管理。而这种目标显然并非单个企业所能实现，它必须要求企业之间能通过一种合理契约及协调机制的形式来沟通协调各自的经营管理，或者说只有企业间结成伙伴关系，才能并做到统一综合管理。但是，不同企业间要形成战略上的联合，结成联盟，企业之间就必须进行各种组织上正式或非正式的接触、沟通与协调，并且能深入了解不同企业的经营状况与理念。也就是说，要实现供应链联盟管理，就必须对合作方所能做出的贡献、环境条件、各种促进方法以及合作所产生的效应等进行全方位的评估与控制，同时必须避免由于资金、权利等的差异而产生不平等的交易关系，真正达成创造性的合作伙伴关系。

二、供应链联盟激励机制的主要内容

(一) 信息共享的激励机制

在供应链联盟中实现信息共享，提升整体效率，需要各企业相互合作。传统分散控制环境由于缺乏有效的激励机制，信息共享契约难以达成，因此有必要明确信息共享激励机制的目标，然后以此为依据设计激励机制。

1. 信息共享激励机制的基本任务

供应链联盟中激励企业参与信息共享的激励机制应该完成的任务(或目标)包括：

(1)合理分配信息共享带来的额外利润。信息共享不仅要使整个供应链联盟都受益，而且要根据共享者提供的信息在供应链联盟中的作用大小，按恰当的比例分配利润。有效的激励机制应该能够向供应链联盟中信息共享者提供这样的保障。

（2）有效的激励机制应该能在这种信息不对称情况下采取诱导措施，促使企业与其他企业共享自己的私有信息。

（3）在激励机制约束下，各成员企业能够采取使自己利润最大化的策略。自身利润最大化是分散式供应链联盟中企业追求的唯一目标，激励机制应该诱使企业目标与整体目标一致，但是不能强迫企业采用指定的决策。

（4）兼顾成员企业和供应链联盟整体的效用。在激励机制下，不仅应使各个成员企业实现效用最大化，还应实现供应链联盟整体的效用最大化。激励机制应该能够通过诱导措施，协调整体目标与局部目标的冲突。

2. 有效的信息共享激励方式

通过对建立激励机制的模型的设计以及对该模型效用的分析，可以看出，在供应链联盟中建立信息共享激励机制，的确能够提高供应链联盟中信息共享的程度。根据信息共享效益最大化原则，通常在激励机制中采取以下激励方式是有效和可行的。

（1）核心企业帮助合作企业提高信息化水平。核心企业可以为了整个联盟的整体利益，向各合作企业适当地进行信息化集成、升级的专项资产投资。可以从以下两方面入手：①提高各节点企业自身的信息管理水平，各企业必须具备一定水平的信息管理人员与设备；②提高供应链联盟企业间的信息交流水平，要充分利用Internet、Intranet、Extranet、EDI 等现代手段，实现企业间信息交流的网络化、横向化、制度化、规范化、灵活化和安全化，使各节点企业能够得到及时、灵活、可操作的信息资源，充分掌握有关供应链联盟企业间的合作信息、产品的市场信息、其他企业的决策信息，使各企业能从供应链联盟的全局出发来安排生产与服务。

（2）对供应商实行价格激励。由于信息共享可以有效降低上游企业的库存成本和缺货成本，从而降低上游企业的生产成本。因此，在供应商与制造商实现信息共享的初期，制造商为了获得稳定的材料供应源，可以采取价格激励，促使供应商加入到信息共享系统中。这样，供应商获得了价格补贴，抵消了加入信息共享系统的成本。同时，信息共享使制造商的材料搜索成本、库存费用、交易费用降低，使制造商维持甚至超出原来的利润成为可能。当供应商与制造商的信息共享程度达到一定水平时，供应链联盟中的许多不确定因素就得到了消除，实现供应链联盟效益的最大化。

另外，上游企业可以给予参与信息共享的下游企业较低的产品转移价格，这样下游企业可以从信息共享中获利，从而影响下游企业的行为。传统的定价方式从企业利润最大化的角度出发，认为上游企业应该对下游企业采用统一的定价。这种方式没有考虑到企业参与信息共享与否的差别，只是简单地均分利润，因此会损害参与信息共享的企业的利益，势必会迫使所有企业都退出信息共享。定价激励方式可以考虑使用价格歧视策略，对参与信息共享的企业提供较低的供货价格，而对拒绝参与信息共享的部分企业采用抑止性高价。

（3）批量折扣方式。批量折扣实际上是价格激励方式的一种转化形式。给参与信息共享的企业一定的批量折扣也可以调整供应链联盟中的利润分配，有效克服"双重边际"现象，激励供应链联盟企业相互共享信息。

（4）返销方式。这种方式允许下游成员以低于批发价的返销价格将超过需求的产品退给上游企业。虽然返销方式能给下游企业比较宽松的订货数量，但是返销会使下游企业负担额外的成本，因此这种方式能促使下游企业认真预测自己的需求信息，并将信息及时反馈给上游企业，双方共担需求不确定风险。

（5）减少零售商前置时间。对于与零售商的信息共享，除了采用价格折扣等财务上的优惠策略外，在企业的经营过程中，可采用减少零售商前置时间的措施。虽然零售商前置时间的减少会导致零售商库存水平的下降，影响制造商的库存费用和缺货损失费用，但就整个供应链联盟来讲，零售商前置时间的减少使制造商和零售商的平均库存水平都得到了减少，而且前置时间的减少可以使零售商订货模型更加稳定，也会给制造商的生产决策带来更大的好处，能够保证制造商和零售商的双赢。

此外，还有涉及决策权分配的激励方式，这些方式的目的是最

219

大限度地集中信息，从供应链联盟整体角度制定决策，但是这需要很强的合同约束，一般只能在信息共享带来的效用能够诱使企业交出部分决策权时实施。

(二)利益协调的激励机制

由于供应链联盟是一个由经济上共同利益联系起来的松散性联合体。因此，供应链联盟利益协调激励的主体有多个，激励的客体(对象)是多方向和多方面的。归纳起来主要有：①核心企业对成员企业的激励；②制造商(下游企业)对供应商(上游企业)的激励；③供应商(上游企业)对销售商(下游企业)的激励；④供应链联盟对成员企业的激励；⑤成员企业对整个供应链联盟的激励。

1. 利益协调的激励机制建立的步骤

这种利益协调激励机制的设计一般要经过两个步骤：

一是要进行一个全局的合作规划。各个成员的行动必须进行优化组合，从而找到供应链联盟合作能够达到的最佳利益点。

二是要在全局规划的基础上，具体分析各个成员的利益要求，设计利益协调激励机制，实现合作总收益的分配和行动激励。一个理想的激励机制能够使得供应链联盟成员密切合作，实现联盟整体最优的状态。

一个良好的供应链联盟利益协调激励机制应该满足以下条件：

①实现联盟最优或次优的局势，在信息不对称情况下仍然能保证对成员的有效激励，激励成员提供真实的信息，激励成员采取供应链联盟合作规划所规定的行动。

②实现供应链联盟合作总收益的合理分配。比如能够实现成员利益的任意比例分配，或对分配比例的限制越少越好。

③激励机制的适用范围要广，实施容易，操作性强。

2. 有效的利益协调激励方式

有效的利益协调激励方式主要有以下几种：

(1)减少供应商的数量。减少供应商的数量，并与主要的供应商和经销商建立密切的、长期的、互利的合作关系，促使供应商放弃短期行为，着眼于长期利益。在可预见的长期利益的诱使下，供应商实施道德风险的可能性降低，从而有利于供应链联盟企业间合作关系的保持和发展。

（2）引导供应商、经销商共同参与新产品、技术的开发与投资。这可以让供应商全面掌握新产品的开发信息，有利于新技术在供应链联盟企业中的推广，同时可以开拓与稳定供应商的市场。这样做既有利于集中优势传递信息，同时又有利于风险的分担。

（3）科学地制定价格。在供应链联盟中，各个企业在战略上是相互合作关系，但是各个企业的利益不能被忽视。供应链联盟的各个企业间的利益分配主要体现在价格上，高的价格能增强企业的积极性，不合理的低价会挫伤企业的积极性。因此，委托人在确定价格时，应充分体现对代理人的激励机制。较好的做法是成本加激励法，即在供应商的成本基础上，明确地给予获利余地，体现对其的激励。

（4）建立科学评价体系，加强对代理人的监督。重视对代理人的监督，建立全面的评价指标体系，定期对供应商的绩效进行评价，对高绩效的供应商给予鼓励，而对于业绩较差者，应建立淘汰机制。对重要供应商经营的情况和存在的问题进行分析，对其业绩、设备管理、人力资源开发、质量控制、成本控制、技术开发、用户满意度、交货协议等方面作及时的调查，并进行科学的评估，一旦发现某重要供应商可能出现问题，应及时通知对方进行预防和改进，必要时对有关的供应商进行调整。这样一来，就让合作企业都有一种危机感，从而使企业意识到对其承担的供货任务，对成本、质量、交货期等负有全方位的责任。这样做一方面可以激发企业的发展，同时也可以使供应链联盟的整体竞争力保持在一个较高的水平。

（5）订单激励。一个企业能获得更多的订单就是一种极大的激励，供应链联盟的订单来源于最终用户，上游企业的订单来源于下游企业。因此是下游企业对上游企业的激励。

（6）商誉激励。一个企业有较高的商业信誉是经过市场经济长期洗礼而形成的无形资产，也是企业实力的表现。一个企业加入一个产品或服务的供应链联盟，特别是加入名牌产品的供应链联盟，在很大程度上可提高该企业的商业信誉。

（7）风险防范措施。对于参与信息共享的各成员，可以采用博弈论中的"冷酷"战略来防止成员间的不合作行为。对参与信息共享的各企业，一方首先选择"信息共享"，如果对方也选择了"共享"，自己就继续合作；如果对方一旦选择"不共享"，自己就永远选择"不共享"；除非对方重新开始合作，自己才开始重新合作。这种策略体现的合作原则是善意、强硬、宽容和简单明了，但成功的前提是双方要通过多次交易来熟悉和了解对方。

对于供应链联盟内部存在能力薄弱的节点企业的问题，可以通过建立供应链联盟整体评价系统加以解决。这一评价系统的建立要充分考虑整体供应链联盟跨越职能边界和组织边界的特点，从而造成各部分按照局部目标优化，易出现所谓的"自动化孤岛"。只有建立供应链联盟整体评价系统，定期对信息共享成员进行评估，及时发现问题并进行相应的调整，才能从根本上保证合作伙伴的信息共享，最终实现供应链整体目标最优。

（8）文化差异的克服。在供应链联盟环境下，节点企业来自不同的国家、地区、行业，有不同的价值观、人生观和生活方式，有不同的企业文化背景，对同一事物或问题有不同的观点和见解，这些都会对信息共享的有效性产生较大的影响。为了提高供应链联盟运作的绩效，减少文化差异对供应链联盟竞争力的影响，一要加强企业间的沟通，实现团队建设。保持企业间人员的频繁接触，取得相互的信任和理解，能更好地理解他人的行为，消除企业文化间的偏见，实现有效的沟通，进而发挥团队的整体效能。二要加强供应链联盟管理过程中的管理移植。供应链联盟管理过程中的管理移植就是将一种文化中成功的管理思想、方法、制度和技术，转移到另一种企业文化中，以求得相应的效果。三要提高供应链联盟内企业各自的核心竞争力。供应链联盟的一个重要方面就是实行业务外包，把资源集中在企业的核心竞争力上，以获取最大的投资回报。核心竞争力的提高在很大程度上取决于企业人员素质的提高，要加强人力资源管理，通过引进、教育、培训等方式提高各类人员的素质。四要建立虚拟企业，重构企业文化。企业文化重构是企业重构工程中的重要组成部分，通过文化重构，逐步实现供应链联盟企业间的文化融合，形成各具优势并有所发展的虚拟企业文化，相互促进、共同发展。

供应链联盟的建立在很大程度上依赖于核心企业对供应商、制造商、经销商重组。同样，供应链联盟利益协调激励机制的建立和发挥作用也有赖于核心企业制定措施、确定指标、检查考核。因为供应链联盟企业之间的价格、订单、新产品和新技术开发都有赖于核心企业的协调；淘汰制度的制定和执行只有核心企业能够行使；而商业信誉的激励也只有在核心企业形成强有力的市场竞争力和广泛的知名度后才能对其他供应链联盟企业具有激励作用。

（三）相互信任的激励机制

1. 相互信任的重要性

供应链联盟是一种以竞争为基础，以协同为主导的协同竞争模式，在协同竞争过程中获取更大的竞争优势，在供应链联盟中每个企业间的合作是联盟成功的关键形式，任何一个企业出现问题都会导致联盟的失败。由此，相互合作是保证供应链联盟正常运转的必要条件。因此，供应链联盟各成员企业同间的相互信任、忠诚、道德和沟通是保证供应链联盟良好运作的核心。在供应链联盟伙伴间的结构、组织和文化方面都存在差异的情况下，信任关系的建立可以大大降低各企业之间的协调工作量，并促使各企业以灵活的方式相互调整彼此的合作态度和行为，各企业通过建立良好的合作伙伴信任关系，可以方便地利用外部资源，共同解决问题，从而提高效率，获得竞争优势，降低失败的风险。

当各企业间相互信任时，它们能够共享机密信息，通常相互信任的双方不会感到有控制的必要。信任可促进供应链联盟间的合作，提高整个供应链联盟的快速反应能力；信任使企业不必重新选择新的合作伙伴，可以减少收集情报的环节。这样就省了控制成本，降低了结构成本，减少了供应链联盟的交易成本。信任关系的建立避免了供应链联盟中的管理僵化，从而有利于在供应链联盟中形成正确稳定的、具有创造性的伙伴关系。也就是说：相互信任是

223

导致供应链联盟成功的激励机制的最高层次。

2. 供应链联盟信任关系的建立

相互信任既是供应链联盟成员企业间互惠互利的需要，更是联盟发展壮大必不可少的行为路径。要建立起企业间的相互信任关系，首先是要建立起能够促成相互信任的产生机制。相互信任的产生机制有过程型、特征型和机制型三种形式，并据此将信任分为三种不同的类型，即过程型信任、特征型信任、机制型信任。每一种形式都不同程度地存在于联盟核心企业的控制范畴之中，通过产生机制的建立而确保整个供应链联盟形成 Win-Win 的协同效应。在核心企业选择供应链联盟合作伙伴、构建并优化供应链联盟的过程中，上述 3 种信任机制发挥着重要的作用。

(1)建立过程型的产生机制。供应链联盟中的信任关系是一个动态强化、相互诱导的过程。行为的一贯性和经验性是信任建立的基础；行为的连续性决定了过去的行为对现在及将来的行为有着不可磨灭的影响，因此长期持续、可靠的相互关系往往会进一步转化为相互之间的信任和依赖。而一旦合作各方预期相互关系的进一步发展可带来更大的利益时，相互信任的关系也就会随供应链联盟的发展而不断得以强化。在供应链联盟组建初期，由于对成员企业的信息了解不足，成员企业间相互猜疑、窥探情报、试探行动在所难免。但是随着时间的推移，合作伙伴根据所观察到的各方在实际中的表现，与所期望的行为的比较对照，会不断地增强对供应链联盟的信心与对伙伴的信赖。只要合作各方长期持续地关注沟通的改善和高级管理层在生产、计划等职能上的相互合作，以及随之而来的密切的个人关系的确立，必然会使成员间的相互信任度越来越高。

(2)建立特征型的产生机制。相似的企业文化能够确保供应链联盟强大的凝聚力。供应链联盟合作各方的社会背景和公司文化越接近，它们的思维和行为模式的一致性也就越高，从而形成一个具有明显特征的、能够涵盖各方利益的和共享的联盟文化的可能性也就越大，相互间的信任受到的干扰和破坏也就最小，从而成为维护供应链联盟稳定性的基础。对于跨越国界的供应链联盟而言，由于文化背景、风俗习惯、语言文字等的不同，企业文化往往呈现出较

224

大的差异。此时，信任关系的建立要求合作各方事先认识和理解到这种差异以及这种差异对企业观念、行为和绩效的影响。通过跨文化的管理培训、鼓励非正式接触、提高行为和策略的透明度等来努力消除彼此的隔阂和陌生，使各种文化在合作中相互渗透、相互交融，最终通过相互学习、取长补短，形成成员企业都能接受的，既融合各种特色又有鲜明联盟特征的处事原则和方法，从而确保供应链联盟成员有个统一的相互信任的文化基础。地域上的接近也有助于供应链联盟中信任关系的确定，由于处于相似的经济、社会、文化环境中，供应链联盟企业之间往往具有相似的管理制度、工作方式等，使得不同企业的人员容易沟通，易于达成共识。尤其是在相对集中的地域围内，不同企业的人员之间存在血缘、亲友等关系将大大有利于供应链联盟企业信任关系的发展。

　　(3)建立机制型的机制。即使是在高度信任的合作关系中，成员企业也必然受到预期的经济利益的诱惑，所以要使每个成员的行为理性化，尤其要抵抗住外部的巨大诱惑，供应链联盟内部建立一个阻止相互欺骗、防止机会主义的规范机制是十分必要的。对于核心企业而言，拟订一个能够确保各方实现多赢局面的供应链联盟协议是建立机制型信任关系的基础。这一协议至少应包括以下两个方面的内容：第一，建立合理的收益分配机制，从正向激励方面激发节点企业之间的相互信任、密切合作；第二，建立有效的风险防范机制，从正向激励方面激发各合作企业履行自己的义务，加大欺骗和逃逸的成本，稳定供应链联盟的合作关系。供应链联盟协议的拟订应确保公平，包括分配公平和程序公平。所谓分配公平，是指利益的分配与责任的承担对等，强大的核心企业不能仗势欺人，剥夺其他企业的合理收益；所谓程序公平是指负责制订供应链联盟协议的核心企业在制订与伙伴有关的条款时要与它们充分协商，在条款确定后应允许它们对已有的政策提出异议，核心企业应充分重视它们的意见和建议。供应链联盟协议强调内在的激励效应，由于各企业自利动机的存在，每个企业都会将潜在的违背协议条款带来的收益与因违约而受惩罚的损失进行对比，如果违约的潜在收益比受惩罚招致的损失小，供应链联盟企业就不会试图违约。

3. 供应链联盟中合作伙伴信任关系的发展

供应链联盟中伙伴信任关系的发展遵循一条循环往复、螺旋上升的路径。如图 8-3 所示，在供应链联盟构建之前，首先需要核心企业供应链联盟构建方案和供应链联盟协议，作为与潜在的供应链联盟合作伙伴谈判和建立初步信任关系的基础，在候选的合作伙伴信用等级、竞争实力等相同或相近的前提下，核心企业应尽可能选择那些与自己的企业文化、社会背景等相似的企业作为供应链联盟合作伙伴，以便一开始就建立特征型信任关系，减少由于文化的相异可能导致的猜疑和摩擦。随着供应链联盟协议的生效，供应链联盟各企业通过磨合期加强互相的交往和了解，在各方遵守协议、信守诺言的过程中，信任关系得到进一步发展。由于不确定性因素的

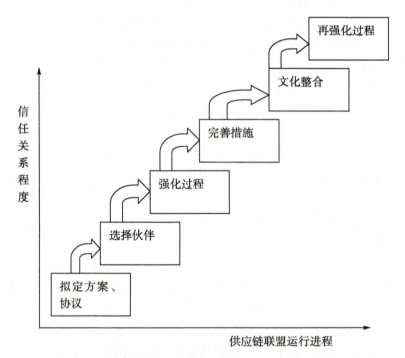

图 8-3 供应链联盟中合作伙伴信任关系的发展路径示意图

资料来源：刘南，李燕. 供应链信任机制的建立[J]. 经济论坛，2004 (21).

存在，已经签订的供应链联盟协议不可能面面俱到，也未必能够都尽如人意，但只要各方都坚持不以对方的弱点攻击对方，在加强沟通友好协商的氛围中，可以修订供应链联盟协议。在优选合作伙伴的过程中，出于核心竞争力、能力水平等方面的考虑，所选择的合作伙伴未必与核心企业的企业文化和社会背景相近，此时，存在着一个企业文化整合的过程，通过整合，使各方的企业文化即使不能达到相近的目标，也能够达到相容的目标，增进各方之间的特征型信任。在此基础上，再通过各方的诚实经营、携手共进，进一步增进过程型信任关系。如此不断深化、改进供应链联盟运行的绩效。

4. 供应链联盟信任关系的维护

（1）进一步完善决策机制。在供应链联盟中传统的命令控制职能极大地弱化了，任何涉及多法人的问题的识别和解决都必须照顾到相关各方的观点和利益，组织决策的复杂程度和方式已大大超出了传统的个体管理者的范畴。各公司管理决策人员的注意力也将从管理财务转移到关注建立伙伴关系、加强与伙伴企业之间的协商上来。供应链联盟整体决策不可能由某一个企业中的单个或某些管理者作出，它必须让各方参与到组织的决策中来。独立的法人和经济主体的成员身份以及市场经济的公平规则决定了任何一项决策必须考虑到各方利益，更不能牺牲某一方的利益。这里的利益是一个短期、长期利益的总和，因为有时短期利益缺损可以被接受，但对应的长期利益必须大于这一短期机会成本并以被相关成员认同和接受为前提，否则该成员对供应链联盟的信任和合作就会大打折扣，甚至要求退出这一合作组织。作为一种适应性反应，就要求我们必须放弃传统的在单独企业中使用的强制性的"少数服从多数"的原则，而采用"协商一致"的原则，也就是决策所带来的是一种理想化的改进以创造双赢和多赢的局面。这就要求在供应链联盟中建立以协商一致作为群体决策准则的高层管理团队，以维护每个成员的利益，促进供应链信用水平的提升。

（2）建立快而有序的转化制度、互惠互利的强化机制、优胜劣汰的优化机制。每次新成员的加入都是带着强烈的合作意愿和对供应链联盟的较高预期，这种冲动和加盟动力需要加以正确引导，将

227

其转化为合作中实际的相互信任。具体来说，要将供应链联盟总体战略目标细化以使合作各方分工明确、责权分明，形成各方均能接受的决策制度、分配制度、运作制度，让强烈的合作意愿转变为具体合作过程中彼此间的信任。各成员间的相互信任是一种奇特的无形资产，正确地利用它会给合作各方带来巨大的利益，若使用不当则会适得其反。各方均以信任为前提进行每一次合作，就可能带来非合作状态下不曾拥有的利益，这种结果会诱使合作各方进一步提高相互的信任程度，以促进下一次合作效率和效益的提升，如此良性循环可使供应链联盟成员间的信用空前高涨。这种供应链联盟中的信用资源可以提升、强化成员之间的互惠观，随后供应链联盟成员会逐渐摒弃短期行为，共同致力于长远战略目标的实现。密切的合作又会促成联合体行为标准的形成，最终发展成为基于相互信任的成员之间对行为的共同期望，最终表现为对供应链联盟信誉度追求的高涨。相反，如果合作诚意不高甚至存在商业欺骗行为则会使合作中的成员利益受损，结果会导致在下一次合作中成员间降低相互信任程度。作为正常反应，合作各方也会在合作过程中投入更多的精力用于监控"不法分子"，同时也使控制成本提高、效率下降。整体的绩效下降又会使成员对供应链联盟的整体能力产生怀疑导致忠诚度下降、欺骗行为等败德行为盛行。

（3）供应链联盟要维持自己的信誉良好必须具有一定的动态调整机制，这是供应链联盟自身和成员利益的要求。一个有一定规模的联盟难免会出现滥用信用的害群之马，对其严惩甚至将其从联盟中除名都是很有必要的。这种措施能够产生足够震慑作用的前提是一视同仁和可观的退出成本。

三、供应链联盟激励机制的局限性

（一）问题的提出：联盟内部利益分配矛盾的不可调和性

联盟的核心企业与合作伙伴企业的入盟动机以及对入盟带来的利益的估价标准是有差别的。对于核心企业而言，结盟形成固定的合作伙伴，可以降低交易成本，分担投资风险，其最终目标就是抓住它们发现的市场机遇并实现该机遇应有的价值。而合作伙伴企业的最终目标就是完成核心企业最终目标的一个具体分解，通过实现这个目标获得利益。显然，由于合作伙伴企业的目标与核心企业相差一个等级，它们期望获得的利益也将相差较大，相应的，在联盟的利益分配上，核心企业期望获得的份额将高出合作伙伴企业。

(二)垄断问题

1. 成员间垄断利润分配的不平衡性决定了核心企业背约的可能性大于其他合作企业。

联盟成员之间相互(或顺序地)购买产品或服务，因此可以用市场对比方法确定其中单个企业的收益，企业的生产利润通过正常的市场交易得以实现。与一般企业一样，联盟成员通过自己的生产活动，实现对输入物品(原材料、信息、服务等)的增值，获得应有的生产利润，该部分收益是明确的，一般不存在分配纠纷等问题。

但是，由于结盟的垄断效果，各成员还有另一部分收益：垄断利润份额加上交易成本节省量。由于联盟垄断利润是所有成员共同创造的，没有明确的形态和数量，因此这部分收益往往很难有完美的分配方案。所以，这部分隐含收益的利益分配实际上是不平衡的。

根据经济学的结论，当垄断者边际成本不变时，产品的需求弹性影响价格。若顾客对产品的需求弹性较低，则厂商对他收取较高的价格是合理的；需求弹性高时，收取的价格将降低。由于结盟协议的约束，联盟成员被限定在相对较小的市场中(至少与联盟相关的部分业务是这样的)，相互连接形成联盟。因此，企业在各自的生产环节就具有了一定的垄断地位。对联盟而言，产品需求价格弹性小的成员应为核心成员，否则为非核心成员。需求弹性小的产品，生产者获益较多，需求弹性大的产品自然就获益较少。如此，在联盟内部的正常交易中，就自然实现了一部分利益分配。成员产品的需求弹性系数可以作为利益分配的一个参考指标。联盟企业通过协定内部供应价格来分配联盟整体的垄断利润，由于各自产品的

229

差异性，内部定价的同时也就决定了各成员的利益分配份额。

根据上述分析，为了获得尽量多的利益份额，联盟成员有动力去降低自己产品的需求弹性，并努力增加上游产品的需求弹性。因此，核心企业在组盟时，将考虑更多上游供应商加盟，以增加自己的选择，使自己处于类似完全竞争的市场，通用汽车的零部件供应商多达几千家就是一个典型例子。而另一方面，它们有动机尽可能少地吸收生产同类产品或替代品的企业入盟，尽量使自己的产品生产形成垄断。这样，核心企业在联盟利益分配中往往占据有利地位，这也是盟主为什么会在联盟运行过程中有背约行为的原因。

2. 联盟中普通企业的背约倾向导致联盟内部利益冲突不可避免。

按照上面分析的同样道理，联盟的普通盟员也在寻求增加上游产品(原材料)的需求弹性，而降低自己产品的需求弹性，但它们没有盟主企业选择成员的权利。为了解决这个问题，盟员企业有动机采取以下行为：

(1)合谋。即联合联盟内部其他盟员，组成价格联合，使更多垄断利润流入该子联合，如此将致使联盟分化成若干利益集团，最终结果是平均需求价格弹性小的集团获得较大的利益份额；

(2)盟员企业在小范围内另外组建新联盟，自己充当盟主，新联盟的其他盟员企业与原联盟无关。如此，该盟员获得利益的增加部分实际来自于联盟外的一部分企业，即它新组建的联盟，原联盟的利益分配没有发生变化；

(3)对联盟中其他成员施加压力。当某个(些)成员在规模、技术、资源等方面具有一定优势，它们往往会采取这种方式，以图获得利益。如跨国连锁巨头沃尔玛，依靠全球几千家连锁店形成的强大采购能力，不断向上游供应商施加压力，以取得最低的采购成本。

3. 利益冲突的具体表现。

(1)追求差别化的竞争优势而产生的产销对立。对于生产方来讲，产品的差异化是供应链联盟差异化的核心要素，也是差别化竞争优势的重要源泉。但是，产品的差异化带来了庞大的产品开发和广告费用，因此，要得到良好的效益或回报，不仅要求生产商在营销方面做出努力，同时也要求零售业者在销售方法和店铺空间安排等方面给予最大限度的支持，例如设立生产商产品专卖店等形式。而对零售商来讲，生产商的这种要求在某种程度上是不能接受的，其原因是在差异化产品的销售趋势尚未明确的状况下，大量进货或将货架和店铺空间大量给予特定生产商的产品几乎是不可能的。因为这一方面意味着零售店进货品种的减少，从而削弱了零售店铺在多品种上吸引顾客的竞争力，另一方面一旦出现产品滞销，不仅直接损失巨大，而且还会产生各种高昂的间接费用（如机会损失、库存费用、商品管理费用等），况且在当今大规模零售业态占据主导地位的状况下，为特定生产商开设专卖店是不可能的。从零售商的角度看，要体现供应链联盟的差异化，就必须在连锁店经营方式上做到差异化，或店铺的经营必须适应当地的特点，这就需要生产商为之提供独特的产品和独特的配送服务等。但是，对供货方来讲，这种要求增大了机会损失，特别是在所合作的零售商不是大规模企业时更是如此。所以，一方面生产商不太愿意为中小型零售企业提供差异化的产品和服务，另一方面，由于大型零售企业为数不多，而且它们更多地关注与少数大型生产商合作，因而缺乏生产企业与大型零售企业之间的各层次合作。除此之外，在没有大规模销量的保证下，生产商向特定的零售商提供差异化的产品，必然会刺激它与其他零售商之间的关系。所以，基于以上问题，差异化的供应链联盟构筑就变得十分困难，产销矛盾必然加剧。

（2）创新与权力的相互作用。供应链联盟的一个重要创新之一就是各联盟企业之间（如生产商与零售商之间）通过建立和发展各种信息技术或网络，实现信息共享，并将分享的信息及时有效地运用于生产经营决策中。从这个意义上讲，这是需要长期积累和发展的能力，而不是一时半会儿可以办到的。因此，供应链联盟内部的管理过程中的创新必然是周期性的，即创新能力的形成——稳定、积累——更新能力的形成（或者说创新）——停滞（可能是暂时的停滞）——再创新，这种创新上的周期性所产生的一个负效应就是核心企业权力的不断复归。具体地讲，在创新的启动时期，由于经营形态的重大变革刺激了生产和经营效率的大幅提高，使得销售额和利益都扩展很快，合作各方在这种高速发展的过程中既享受到了创新所带来的效益，也暂时掩盖了各种矛盾和冲突。即使在合作过程中产生了各种各样的问题，也都倾向于用说服、协商等各种非权力的手段来解决问题，从而产生所谓的战略伙伴关系，这正是供应链联盟中所强调的产销关系。然而，在创新出现停滞时，由于合作各方的利益增长迟缓或不对称，原来所存在的各种矛盾被放大，再加上新的问题出现，就必然会出现优势企业利用威胁、恫吓、制裁等各种权力手段来迫使弱势企业接受自身的交易条件或满足在商品生产经营上的各种要求，亦即权力运用的复归。这样，随着创新周期的波动，权力制衡现象时隐时现。如果说以上还是从创新周期的正常波动所引起的权力复归来讲的话，那么，这种现象在竞争驱动之下的信息权力的同质化情况下，更是起着推波助澜的作用。

（3）因涉及核心业务而产生关系的紧张。在供应链联盟建立和发展过程中，一个很重要的方面或关键性要素是：合作双方必须在所有关键业务上对对方公开，这样才有可能产生协同效应，实现能力上的集成。以产销联盟为例，生产企业的核心业务主要是产品开发，零售企业的核心业务主要表现在店铺运营上。产销联盟构建时，产销双方需要将各自核心业务的诀窍和能力向对方展示，并且实行共享。但问题是，无论对于哪一方的企业而言，将自己的核心能力与其他企业分享是有相当大风险的，尤其是在以利益（无论是短期利益还是长期利益）为纽带连接而成的供应链联盟中，合作企业无论多么和谐，都非常清楚，世上没有永久的朋友。因此，在这种观念和心理的驱使下，供应链联盟发展越是涉及企业的核心业务，关系就越紧张，企业之间的矛盾也就越大。当然，要消除这种因为涉及核心业务而产生的紧张关系，一是双方在各自的核心业务上具有压倒性的优势，以至于同产业的其他企业不可能效仿，或者因为合作企业的核心能力能够持续发展，其他企业不可能追上；二是合作确实能给双方带来巨大的利益。只有这样，才可能真正建立起超稳定的供应链联盟，并发挥相应的作用。

(三) 关系租金问题

通过上面的分析我们知道，联盟伙伴之间增强彼此的信息共享、利益协调和建立各方的信任关系，不但能节约交易成本，还由于合作伙伴之间的投资的资产专用性，能产生一种大于单个企业收益之和的超额利益，这就是联盟内部的关系性租金。正是这种关系性租金成为企业生产率提高和竞争力实现的源泉。

关系性租金是特定企业特定资源交换关系中共同产生的一种超额利润，任何单个企业是无法实现的。只有当特定合作伙伴通过资产、信息、资源等特定要素的交换与结合，并借助于一种有效的制度来降低交易成本，从而保证共同行为实施的情况下才能产生关系性租金。这种关系性租金在普通的交换关系中不太可能产生，因为其极易模仿，不能产生超额利润，只有在战略伙伴之间才有可能产生。它们是出于战略目的，共同投入、共同运作而组成的一种联盟，在长期重复的交易过程中逐渐培育出默契与信任，使关系性租金的产生成为现实。

1. 供应链联盟内部产生关系租金的原因

根据经济学的资源依存论的观点，关系性租金的形成取决于以下几个关键因素：

(1) 企业间特定关系的资产专用性。资产的专用性是产生租金的必要条件，而且战略性资产在本质上就是专用性的，从这个意义上讲，联盟要形成竞争优势，就必须建立与合作伙伴相连接的特定资产。只有企业愿意作出关系性特定资产的投资，才有可能从价值链中提高经营绩效。

资产的专用性划分为三种类型：一是厂址的专用性，二是物质资产的专用性，三是人力资产的专用性。这些关系性专用资产的投入增加，能通过降低联盟内部运作成本、扩大产品的差别、加速产品开发周期等实现关系性租金。

在论及关系性特定资产时，还有两个影响合作方产生关系性租金能力的要素也是需要充分关注的，一是联盟的约束力和利益协调激励机制是否完善，即作为防止道德风险产生而形成的联盟协议的

233

约束力量及时间长短的情况。因为，关系性特定资产的投资通常是固定、预先支付的，而且它比其他投资持续的时间更长、成本更高昂，所以，只有在确保投资者能在规定时期内收回这些成本时，合作方才会进行关系性资产的投资。

第二个影响因素是联盟合作企业之间交易的规模与广度。企业间的交易和合作达到一定的规模，才能促进参与方投资关系性特定资产，提高联合行为的效率。联盟参加者之间交易的广度越大，通过关系性特定资产的投资而实现的关系性租金也越高。

（2）企业间信息与知识的共有化。各联盟企业间的信息共享是联盟竞争力实现的基础，联盟通常在与合作方相互共享信息、交流学习的过程中取得发展。联盟能通过制定信息、知识共有化的机制产生关系性租金，在这种信息共享机制上投资越多，关系性租金产生的也越高。

（3）资源赋予的互补性。另一个产生关系性租金的条件是参与者之间资源赋予的互补性。资源赋予的互补性是形成关系性契约或长期交易伙伴关系的重要衡量标准。合作者只有将各自不同的资源带进联盟，经过相互结合，能产生一种共动效应，从而使所结合而成的新资源变得更稀缺、难以模仿、不能分割，联盟本身才具有意义。所以，联盟合作者拥有这种共动效应的资源比例越高，关系性租金产生的可能性越大。

上述三个产生关系租金的基本条件，在供应链联盟内部都是具备的。但是，关系租金的产生不是理所当然的事情。

2. 联盟内部的激励机制是形成关系租金的重要因素

联盟内部的激励机制在关系性租金形成过程中起着关键性的作用。联盟内部的激励机制对交易成本和合作参与者创造价值的激励有相当大的影响，使企业在既定的专用资产投资水准条件下通过降低交易成本取得竞争优势，并通过有效的监督机制，促使联盟参加者都比未参加联盟的企业投资更多的专用性资产。如果联盟不能保证关系性特定资产，尤其是人力资产不被竞争者轻易获取，合作者就不会与联盟各成员从事知识、信息的共有化和战略资源的互补。显然，联盟内部的激励机制与关系行为越相吻合，潜在的关系性租金越大，因此，对于联盟的各企业来说，一个重要的目标是如何认可和选择既能降低交易成本又能提高经济绩效的联盟内部的激励机制。

联盟内部的激励机制对形成关系租金的主要作用主要表现在降低联盟内部交易成本方面。

首先，联盟内部的激励机制节约了签约的成本，交易的参加者相信自己能得到公平的报酬，因而不必花费大量时间、精力和成本就合约的每个细节加以推敲斟酌。

其次，在监视成本上，联盟内部的激励机制强调联盟内部自我控制而不是外部或第三方的介入，这样既不需要投资于高昂的监视机制，又省去了为符合第三方(如法院)要求而准备各种违约材料或证据的成本。

再次，联盟内部的激励机制因为允许参与各方根据不断变化的市场环境灵活改变自己的战略，不拘泥于契约，因而降低了各种复杂的适应性成本。

最后，在联盟内部的激励机制条件下，交易延续不局限于契约的期限，而有赖于交易各方的相互默契、理解与期望，并且相互了解、作用的时间越长，联盟维系的可能性越高，所以，它在再签约等长期成本方面具有优势。

但是必须看到，联盟内部的激励机制的建立和正常运作往往有很多条件，它还要由很多不确定因素，诸如信息是否共享、利益是否相互协调及各成员企业之间是否相互信任等决定。

3. 政府管制对联盟内形成关系租金也起重要作用

由于联盟内部存在关系租金，核心企业或优势企业就有可能会利用自己的盟主权力，违背当初构建联盟时与入盟企业签订的基本合作协议而进行创租行为，侵害联盟其他企业的利益。在这种情况下，联盟内部利益争端就需要引入第三方(无论是国家还是法律机关)来解决，政府管制就有必要了。

235

第九章　供应链联盟成员间道德风险的政府管制

▶ 第一节　供应链联盟成员间关系租金的市场机理分析：不完备契约、资产专用性与合同治理方式

供应链联盟成员间的道德风险是供应链联盟的各联盟企业之间合作时出现的市场失灵。这种市场失灵在市场机制（联盟各企业之间委托代理关系下合理的激励机制）的作用下，会得到一定程度的缓解。但是，由于关系租金问题和垄断利润的分配问题的存在，市场机制和联盟内部利益协调机制对供应链联盟成员间的道德风险的自我缓解作用是有限的。供应链联盟各成员间在合作过程中存在道德风险的市场失灵，为政府管制提供了理论上的必要性、可能性。本章主要论述的问题就是，对供应链联盟各成员企业间在合作的过程中出现的道德风险问题进行政府管制的必要性、可能性和主要的具体管制措施。

由于种种客观原因，供应链联盟内部任何契约安排都是不完备的。无论是短期合约还是长期合约，要想完全详细表明将来所交易产品的质量与数量都是不可能的。合约的不完全性，需要在合约履行过程中重新谈判。即使是合约的重新谈判进行得非常顺利，从双

方交易中获得的收益分享也将依赖于当事人事后讨价还价的力量，而不是依赖于事前所表明的条款的规定或经济效率如何。

正是这种原因，当事人担心在重新谈判阶段被对手剥夺自己的利益。这是除各联盟成员间委托代理关系以外，引起利益侵占的败德行为的另外根源。

对于不完备合同的治理，根据市场机制和政府管制的作用不同，大致可分为四种方式，即市场机制方式、三边治理机制、双边治理机制和一体化治理机制。

一、关系租金与道德风险

（一）不完备契约与资产专用性

1. 不完备契约

联盟毕竟不是企业，交易各方所承受的是软约束。合作各方虽然签订了合作契约，但这个契约往往是不完备的，有一定的缺陷：

（1）信息的不完备性。客观世界是复杂多变的，人们往往只能拥有有限的信息，而要掌握更多的信息则要付出很高的成本，受信息获取能力和信息成本预算的限制。

（2）个人的有限理性。即使面对完备的信息，也是仁者见仁，智者见智，因个人的能力、智力、经验有限，往往难以认识真理的全部。

（3）合作过程充满了不确定性和变化因素。合作初期不可能全部预料到并将其全部纳入契约中，因而导致了缺陷契约的产生。

这种不完备性或缺陷的契约降低了联盟对合作各方的约束。当出现新问题或面对利益争夺点时，原始契约难以发挥约束作用，合作各方可能陷入重新谈判，甚至为了自身利益脱离联盟。所以在联盟管理上以及在联盟契约的订立、执行上应提高警觉性，尤其在订立、执行关系专用性资产的委托代理契约时，则更是要慎之又慎。

2. 资产专用性与关系租金

所谓关系专用性资产就是投资于支持某项特定交易的资产。因

237

为该资产专用性高，一旦投入后大部分会沉淀，所以交易各方依赖性较强，转换贸易伙伴的成本较高。关系专用性资产投入后必然会存在"准租"，即关系租金。所谓关系租金，指交易者实际可获收入与该资产次优收入的差。专用性资产一旦投入，对"关系租金"的争夺导致了双方的不信任，二者可能从相互合作转为相互防范。资产投入方不愿意对方了解自己的生产，以免对方了解生产成本后要挟降价。资产投入方甚至在一开始就降低投入资产的专用性，转为灵活性相对高的资产，以防对方违约而给自己造成巨大损失，但是这以损失专用性资产的高效率为代价。同样的，产品需求方也可能会暗地里寻找产品供给的替代者，以防对方的威胁和违约。

所以在契约的制订、执行上，理论上一定要兼顾好各方的利益、平等合作、资源共享，促进联盟和链上企业共同繁荣。不过由于客观因素的影响，缺陷及不完备契约的存在是难以避免的。供应链联盟中的企业面对缺陷契约的低约束力，利用伙伴对自己的依赖进行要挟，相互防范和不信任，满足私利膨胀，会导致联盟的动荡不安甚至解体。

(二) 关系租金与"敲竹杠"问题

1. "敲竹杠"问题的概念和本质

所谓"敲竹杠"问题，就是当联盟合作企业一旦作出专有资本关系投资后，担心事后重新谈判被迫接受不利于自己的合约条款或担心由于他人的合约行为使自己的投资贬值。也可以把在专有资本关系投资的长期合约中合约当事人事后的机会主义归结为"敲竹杠"行为，或合约当事人从他的专有投资关系中获得的可占用的专用性准租值可能被他的交易对手剥夺。

"敲竹杠"问题本质上是信息不对称下的败德行为，即这种合约行为也称为事后的道德风险合约行为。在专用性投资和不完全合约的条件下，当事人利用合约的"缺口"使自己的利益最大化就产生了要挟问题。

2. "敲竹杠"问题造成联盟资源浪费

合作企业的相互要挟行为会造成各成员企业将围绕利润、"准租"展开激烈的争夺之战。对"准租"的争夺加剧了双方的不信任，陷入周而复始的重新谈判之中。如果这种争夺最终不能达成共识，则会导致合作瓦解。

在这场激烈的利益争夺战中，供应链联盟中的成员付出了巨大的成本。首先是谈判成本，周而复始的谈判和再谈判，消耗了人力、物力、财力，甚至可能延误企业正常的生产；其次是信息成本，为了获取对方的内幕信息，双方可能不择手段，花巨资攫取联盟伙伴的企业机密以求在利益争夺中占据上风；最后是效率成本，联盟双方的互不信任导致在生产、技术上不能合作，降低投入关系专用性资产，妨碍了技术创新的步伐，降低了生产效率。

这些成本因为没有用于企业生产，所以不会提高联盟的总体效益，是一种资源的浪费。图 9-1 表示合作双方相对于对方行动的反应曲线。横轴和纵轴分别代表 A、B 两企业为争夺利益而投入的资源，在点 (X_a, X_b) 双方达到均衡。

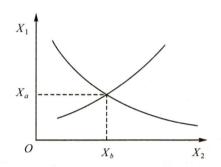

图 9-1　联盟合作双方的行动反应曲线

资料来源：李纬澍. 供应链中关系性租金的经济学分析[J]. 物流技术，2004(4).

令 $X = X_a + X_b$，"X"是合作双方为争夺利益的资源消耗之和。X 的消耗没有创造任何价值，是联盟内部资源的浪费。

若 X_a 大于 A 企业在联盟内可以获取的超额利润，A 企业就可能会做出退出该联盟的选择；同理，若 X_b 大于 B 企业在联盟内可以获取的超额利润，B 企业就可能选择退出该联盟。

由此可以看出，由于内部的冲突和缺陷契约的不完备，供应链联盟从存在的一开始就充满了不稳定因素。在联盟高速发展期和成熟期，由于联盟收益的增长，对"准租"的争夺进一步加剧，联盟内不稳定性因素逐步增加，联盟变得动荡不安。甚至可能由于冲突的升级，联盟还未进入成熟期便陷入了衰退期。

二、关系租金的市场治理机制及其局限性

（一）关系租金的市场治理机制

市场机制对关系租金的调解和治理主要来自以下方面：

1. 专用性资产治理

专用资产是联盟正常开展的核心资产。资产质量的好坏是联盟契约实施的基础。联盟资产的质量差异，使得下游企业通过对不同品牌比较，决定是否通过契约进行专用性投资。联盟契约是在下游企业进行了专用性投资，以最大获取利润，并降低败德行为可能性的机制，良好的资产质量可以吸引更多的企业加盟，增加联盟契约履约的可靠性和稳定性，减少利用劣质专用资产套牢对方。所以，最为根本的措施在于对加盟的专用资产建立严格的质量、技术评估和认定体系。

2. 联盟行为治理

现代契约经济学理论分析的重点在于不完全契约行为分析上。经济学家们把契约看做交易各方充分界定未来业绩和配置未来事件风险的方式。理论上，显性契约可以解决联盟的道德风险问题，但是常常成本极高。由于各种偶然事件无法低成本地在契约中规定，甚至无法预料，并且由于法律解决冲突的成本很高，因此交易者一般也依赖隐性的契约，这种联盟契约利用市场而不是法律实施契约，它通过终止预期未来业务造成资本损失。

（1）显性契约治理。在联盟契约中，下游企业可能向联盟方投入一次性专用资产，从而在很大程度上把潜在的"锁定"从下游企

业(通过提供劣质服务搭共用商标的便车)向核心企业(无故终止或者威胁终止联盟契约)转移。

通过明确的、可以由法庭强制实行的显性契约条款界定企业绩效，如果规定专用资产的使用范围，联盟各方就无法利用自己可以操纵的资产锁定、要挟对方，这使得核心企业迫使交易伙伴遵守既定条款的能力和跳到自我实施范围以外的能力受到了限制。因此，明确的契约条款节约了联盟各方进行专用性投资的比较成本，由于明确契约限定，联盟各方的共同所有权可以保护联盟相互依赖的价值。所以对于战略联盟来说，责任能被恰当集中，利益能够统一，通过显性契约把不确定性转变为可测度的风险，减少不确定性的可能，消除或者削弱道德风险，联盟就会更有效。

一般而言，供应链联盟的显性契约分为以下类型：

①最小购买量契约。买方承诺在单次交易或某段时期内的订货量不小于一个指定的最小量。作为交换，卖方会提供价格折扣。在实际操作中，卖方会列出一个详细的表单给买方，上面给出不同的购买量可以对应不同的价格折扣。买方可据此挑选一个与相应折扣相对的最小购买量。这种契约类型适用于纺织工业。

②灵活的最小购买量契约。卖方在提供价格折扣时，会在总购买量上强加一些限制条件(例如限定某种产品数量)。超过这些约束条件的任何数量的订货都需要支付更高的价格。

③定期的固定购买量契约。买方需要在每一个时期购买固定量的货物。卖方的折扣是根据买方的最小购买量水平来给定的。通常，卖方会在价格折扣所对应的购买量上强加一些限制条件。任何超过这些限制条件的订货量要支付更高的价格。

④弹性购买量的定期契约。卖方一般会指定一个最大购买量和一个最小购买量，而买方可以在这个连续的区间内自由选择购买量。单位购买价格由区间宽度决定，并随着宽度的增加而增加。

⑤滚动弹性的定期契约。在第一阶段买方允诺会在每期购买指定的货物量。买方变动订货量的弹性是极有限的，他可以在指定的范围内变更以前的购买量，单位价格随着灵活性范围的加大而提高。这种契约类型应用于电子工业。

241

⑥期权定量契约。买方承诺在未来各期购买指定的货物量,而且还向卖方购买了一个期权。这个期权允许买方在未来按规定的价格购买一定相应数量的产品。通过期权的购买,买方就获得了调整未来订单的权利。

⑦质量担保契约。卖方知道自己的生产质量水平,拥有信息优势,而买方处于信息劣势。由于信息不对称,会产生两个问题:第一,卖方做出错误的质量承诺,买方不能正确辨认卖方的能力,由此产生了悖逆选择问题;第二,卖方可能采取欺骗行为,存在着败德行为问题。为保证买卖双方的利益不受侵犯,并保证供应链绩效优化,契约双方必须运用合作激励机制(一定程度信息共享),采用合同惩罚(当卖方提供不合格的产品的惩罚)。

⑧备货契约。为买方提供一定的采购柔性,买方承诺在销售旺季采购一定数量的产品,卖方按其承诺数量一定比例为买方保留存货,并在销售旺季到来之前发出其余所有商品。买方可以按原始的采购成本采购卖方保留的商品并及时得到货物,但要为没有采购的部分支付罚金。

⑨退货契约和销价契约。退货契约经常应用在时令商品市场。在一定时期内,买方可以以一定的价格把积压的产品退还给卖方。销价契约是一种新型的契约类型,主要目的是避免买方把过时的产品退还给卖方,而以一定价格消减为激励,逼买方继续保留那些过时的产品。

(2)隐性契约治理。由于有限理性、不确定性、机会主义交易费用的存在,在专用性投资中,锁定和要挟的现象不可避免。法院虽然可以以第三方的身份出现,促使当事人进行谈判以减少这种现象,但是由于法庭或仲裁者的判断无力,也可能引起道德风险问题。为此,各联盟企业间就必须创立一种自动履约机制,使得联盟顺利进行。在现实生活中,大多数契约依赖于习惯、诚信、声誉等方式完成,付诸法律解决往往是不得已的事情,但往往也是必要的。相反,利用一个隐性契约实施机制可以有效防止锁定、要挟发生。针对契约各方的道德风险倾向,通过私下的契约快捷调整,可以在减少裁定的成本下获得良好沟通且易于接受,除非矛盾真正不可调节而求助于法庭上显性契约的裁定。联盟获利的一致性使得隐性契约成为调整的最佳形式。

根据这种情况，一个自动履约的契约就可以利用交易者性质和专用关系将个人惩罚条款加在违约者的身上。这个惩罚条款包括两个方面：一方面是终止与交易对手的合作关系，给对方造成经济损失；另一方面使得交易对手的市场声誉贬值，使与其交易的未来伙伴知道其违约的前科，以至于不相信该交易者的承诺，造成进入其他联盟的困难。

（二）关系租金市场治理机制的局限性

上述对关系租金的市场治理的分析，是假设各联盟企业的合作契约是在现代契约理论的公平、公开和自愿的原则下形成了合意的基础上签订的，在实际上是假定各联盟企业都有较好的市场信誉。因而，这种分析是存在局限性的。

笔者认为，市场机制缓解信息不对称的基础之一就是信誉机制。联盟内部的信誉机制越完善，成员企业之间的相互信任才会更加稳固。信誉是信息占有优势方向信息占有劣势方所做出的不欺骗的承诺：在联盟企业间的商品交易中，信誉是卖者对买者做出的不卖假冒伪劣产品的承诺；在资本交易中信誉是企业对投资者做出的不滥用资金的承诺。买者、投资者之所以相信这种承诺，是因为如果卖者企业不履行这种承诺，就要失去其他盟员的信任。如果这种信誉机制是完备的，则各联盟企业选择诚实能够获得收益，而选择欺骗则会受到市场机制的惩罚（而且惩罚要远高于其所可能得到的收益）。

但是信誉机制在供应链联盟中发挥作用是有条件的，我们可以将信誉机制发生作用的条件概括为以下四点：

第一，双方的交易必须是重复的。如果交易关系只进行一次，当事人在未来没有赌注，放弃当期收益就不值得，信誉就不会出现。但如果交易重复发生，这种情况可能就不会发生，因为"声誉"的破坏有损今后的利益。用博弈论解释，就是重复博弈使囚徒困境中的双方最终走向合作。

243

第二，（当事方）联盟企业必须有足够的耐心。当事方越有耐性，就越有积极性建立信誉，因为说到底，建立信誉就是牺牲眼前利益获取长远利益。

第三，当事人的欺骗行为能被及时观察到。当事人的欺骗行为如果不能够被及时观察到，当事人就可以进行连续的欺骗，被发现的时间愈晚，当事人在这一段时间里的既得利益越多，从而可以在一定程度上抵消失信后被发现的损失。这一点说明，一个高效率的信息传递系统对信誉机制发挥作用有至关重要的意义。

第四，当事人必须有足够的积极性和可能性对交易对手的欺骗行为进行惩罚。惩罚对实施惩罚的人来讲是有成本的，这种成本包括物质的成本，也可能包括非物质的成本。如果惩罚成本过高，受害人就可能没有积极性惩罚。因此对联盟来讲，如何降低惩罚成本是一个非常重要的问题。

上述分析表明，信誉机制的作用范围和绩效都是有局限的。因此，关系租金市场治理机制也是有局限性的。

（三）关系租金几种治理方式分析

根据联盟成员企业间的关系互信程度、交易频率和资产专用性高低，可以分为市场治理、三边治理机制、双边治理机制和一体化治理机制四种：

1. 市场治理

市场治理方式下，供应链联盟内企业的关系是最松散的。这种治理方式对应于资产专用性低的标准化交易，如供应链联盟内企业将标准化零件的生产外包。在这种情况下，交易各方都能根据市场价格竞争机制容易地、低成本地寻找自己的交易伙伴，达成各自交易。因为在这种情况下，交易各方都可以随时低成本将自己的资产移作他用。即使这种交易是长期进行的，这种长期关系仍可以当做一系列短期合约来做，因为市场竞争可以有效地防止任意一方占另一方太多的便宜。

这种高度标准化、重复进行的企业间交易是理想化的，这种市场也是瓦尔拉斯均衡的理想化市场，在实际存在的规模小、资源分散、充满不确定性、法律不健全、机会主义盛行的市场上，有限理性的各方企业很难对长期因素进行理性预期。因此，如果想将所有后果都能事先预测出来并且明确地规定在合同中是不可能的，或者成本极高，并且由于交易各方对于"履约"标准的理解难以完全统一，在各方掌握不对称信息的前提下履约也容易产生纠纷。

2. 三边治理

对于供应链联盟内交易频率较低，但具有一定或高度专用性资产的交易，各联盟企业一旦确定了契约关系，就强烈地希望履行到底。在这些交易中，不仅已经发生了专用性投资，其投资在其他用途上的机会成本很低；而且，这些资产在转让给另一位供应商时会发生严重的资产估价问题。对于高度专用型交易，交易主体维持交易关系的动机特别强烈。

对于这类情况，市场治理并不能尽如人意。对于发生频率较低的交易，建立一个交易专用性治理结构的成本常常无法收回，因此，需要有一种中间制度形式。针对这种交易，各联盟成员企业可订立较为灵活的契约，保留市场交易的关系，同时规定，在发生冲突或争议时并不马上求助于法律诉讼，而依靠某一第三方机构或行业惯例进行协调，避免合作关系破裂。

3. 双边治理

对于供应链联盟内发生频率较高，且具有一定或高度的专用性投资的交易，通常需要各联盟企业一起设计专门的治理结构。"对于交易的非标准化特征，根本性转换适用于这类情况。交易关系的持久性在这类情况中具有价值。交易重复进行的特征使专用性治理结构的成本能够收回。"

双边治理有以下三个适用条件：

（1）交易应该是重复发生的。不是一次性、偶尔发生的，进行专门投资也能够收回成本，这就为专门对这项交易进行投资提供了经济规模基础。

（2）交易需要的资产必须是高度专用的。当然不可能所有投资都是专用性的，但至少其中的核心投资部分是专用的，如果不用于这些交易，这些投资基本上是没有价值的，或者价位会大打折扣，以至于没有必要去将这些投资转换为别的用途，因为那等于重新投资于别的项目。

（3）交易是非标准化的。如果交易是标准化的，可以通过市场治理的方式得到满足。但在高频率、高资产专用性的情况下，对交易价格，交易条件等的判断没有市场标准可以遵循，需要合作各方有战略上的合作意愿和默契，因而联盟各成员企业间要有紧密的"关系"。显然这种"关系"不会存在于市场上一般交易者之间，在双边治理结构中，这种关系和身份具有明显的市场价值，是合作的基础。交易对于双方的重要性已经使得交易双方要采取接近垂直一体化的方式进行共同治理。

双边治理的情况下，交易双方签订关系合同，合作建立在战略合作关系的基础上。双边治理与三边治理的区别在于：双边治理下的双方关系更加紧密，近似于垂直一体化关系；三边治理结构中的冲突解决机制在双边治理结构中在交易双方内部实现。由于任何一方脱离交易关系都要付出沉重代价，双方有强烈动机维持交易关系而不是让它终止。

4. 一体化治理

这是供应链联盟治理结构的一个极端，垂直一体化就是将外部治理变为内部治理，将供应链联盟内企业之间的关系变为企业内部的关系。它的优势是，如果有必要，可以对专用性资产的投资事宜进行连续调整，而不用考虑、终止或修改企业间协议。

综合上述，供应链联盟内的治理结构根据交易的频率和资产专用性的不同而采用相应的治理方式，以达到节约交易成本的效果，如表 9-1 所示。

如果交易的对象是标准化的，或者没有发生专用性投资，企业间是较松散的接近市场交易的关系；若交易中发生了一定专用性投资，供应链联盟内企业要采用三边治理，交易双方企业签订协议式的合作合同，并针对交易对手安排大量的专用人力资源，按照法律规定或行业惯例协调、解决双方的冲突。随着交易的特异性增强及交易频率的提高，交易双方采用更紧密的双边治理方式，此时企业的合作往往建立在权益性合作协议的基础上。交易双方可能相互持股或组建合资公司，以绑定彼此的利益，保证冲突和矛盾能在内部解决，而不至于导致联盟伙伴关系的破裂。

表 9-1 　　　　　　　　　　　**交易性质与治理结构**

交易性质		资产的专用性		
合同/治理		非专用型	混合型	专用型
频率	偶尔	古典合同/ 市场治理	新古典合同/ 三方治理	
	频繁	古典合同/ 市场治理	关系合同/ 双方治理	关系合同/ 一体化治理

资料来源：刘小卉. 供应链构建的新制度经济学研究［D］. 上海：上海海事大学，2003：22.

由于供应链联盟内企业的关系不是静止不变的，而是随着市场环境变化，因此要针对不同的交易特征采用或紧密或松散的合作方式。另外，动态地考虑供应链联盟企业间的合作，在专用投资发生后，由于合约的不完全性或事后市场条件的变化，在合约的履行中就会出现"要挟"的道德风险问题。

根据上述情况分析，政府管制在一定范围还是有必要的。

▶ 第二节　供应链联盟内部关系租金的政府管制

一、政府管制的主要措施

1. 制定供应链联盟发展计划

政府虽不直接干预联盟的组建，但可通过发展计划，宏观间接引导联盟的发展，发挥政府在制度环境变迁中的主导作用。如采取打破垄断、鼓励竞争与适当干预兼重的战略，把宏观经济政策的重心放在调整结构上，以营造有利于高新技术产业化的法律制度环境来推动高新技术产业的发展。

政府还可以放松对微观经济层面的管制（Deregulation）以促使企业组织制度创新，把许多过去被认为是合谋的行为现在更多地看做合作，给予联盟宽松的政策环境，促进股权式、非股权式联盟的大量涌现。

联盟发展计划的制定要包括以下内容：

（1）在高新技术领域，支持长期性、高水平的技术开发合作，协助建立具有国际竞争力的高新技术产业。

（2）对一些综合性、奠基性的战略工程和项目，政府按市场经济的运作方式，出面协调企业共同攻关。

（3）对企业自发建立的联盟，政府可根据项目与国家产业政策的关系，给予不同比例的基金补贴。

2. 加强技术信息网建设

联盟是不同经济主体之间的行为，信息交流是建立联盟的必要条件。如美国前总统克林顿在竞选中发表了《复兴美国的设想》，提出为了使美国再度辉煌，要建设 21 世纪的信息高速公路。继美、日之后，欧共体委员会 1994 年 2 月也宣布兴建欧洲信息高速公路。

信息高速公路是数字化大容量光纤通信网络，用以把政府机构、企业、科研机构和家庭等的计算机联网，一体化的数据库将实现信息资源的国际共享，为联盟活动提供非常好的物质平台和技术条件。发达国家联盟活动的活跃，与良好的技术信息网是有密切关系的，这也和政府在这方面的投资支持有重要联系。

3. 发展企业技术联盟的法律保障

发展联盟同样离不开法律，即只有建立和完善相应的联盟法，才能使供应链联盟成立和发展得到法律保障。

早在 1984 年，美国就颁布实施了"国家合作研究法"，鼓励"在有相似技术需求的公司之间进行合作研究与开发"。我国应加快制定联盟相应的法律法规，包括：法律应当明确合作开发联盟各环节的程序以及双方当事人的权利与义务关系；构建社会性协调机制，及时控制、化解联盟内部冲突等。对强强联合所造成的垄断问题，法律也应制定相应的条例进行规范，以维护正常的市场秩序（在以下的两节里将进行深入分析）。

4. 为联盟构建良好的社会环境

建立良好的社会环境，除完善相应的法律制度以外，还应当从以下两个方面着手：

（1）有关部门要组织力量，宣传建立供应链联盟的重要意义，加强企业的"双赢"意识；同时介绍国外供应链联盟的发展经验，供国内企业参考。

（2）建立中介服务机构，为企业建立联盟提供咨询服务。

5. 引导社会信用制度的建立

现代市场经济的发展在根本上依赖于信用体系的建立与不断完善。从经济学的角度看，守信可以大大地节约联盟内部各成员企业的交易成本，从而提高经济运行的效率。相反，如果失信较为严重，交易者就不得不花费大量的时间和金钱来收集有关的信用信息，同时采取各种手段来防范失信行为。

信用是一种无形资产，它有如下特征：

（1）不能独立存在，只能依附于企业、商号或品牌等信用载体。

（2）一方面，由于信息的传递过程，建立信用或信誉往往需要逐渐形成。另一方面，虽然不守信的坏名声也要有个信息传递过程，但通常是"下坡路好走"，因此短期行为者与失信的相关度较高。

（3）衡量信用价值的难度主要取决于获得信息的准确性和及时性。

因此政府对有关的市场机制和法律设计就十分重要。

249

二、一个特例：我国国有企业产权不明晰下的供应链联盟关系租金问题

供应链联盟是一种比兼并要松散的组织结构，但从我国现存的

联盟实践看，政府介入行为时有发生，而且介入程度较深入，与规范的政府管制还有一定距离，甚至出现了类似企业兼并中的"拉郎配"现象和行政性垄断导致行为的发生。如我国的民航业就是一个典型案例。

我国供应链联盟政府干预的原因主要包括：

（1）政府转换职能不彻底，仍然对企业实施直接干预；

（2）实施联盟战略的企业一般都是国有企业，即使是上市公司的联盟运作也摆脱不了国有企业的身份；

（3）体制性问题。如民航公司依然在民航总局这个"婆婆"所属之下，民航价格联盟是政府行政性垄断行为的结果。

1. 产权不清及其危害性

国有企业与非国有企业的功能区别在于：非国有企业一般以利润最大化为生存发展的唯一目标，其从事社会公益的活动目的仍是为了与自身经济利益相关的企业形象、品牌效应、公众认同感等。

国有企业的功能性目标是二元的，"国有"性质决定了其"公共性"的目标取向，"企业"性质又决定了其"赢利性"的目标冲动，国有企业也需要赢得利润以生存发展，这两重性目标该如何处理？我们都知道在市场经济条件下，市场在国家宏观调控下对资源配置起基础性作用，政府作为宏观调控的主体，主要是弥补市场缺陷或市场失灵，提供市场无法提供或由市场提供效率不高的公共产品。我国近十年国有企业改革始终在如何协调政企关系上做文章，"产权清晰、权责明确、政企分开、管理科学"的现代企业制度便是最新探索。但是由于国有企业本身的两重性，使得政企分开实际存在两难。政府作为所有者不可能将国有资产全权委托给经营者后不再实施控制，目前日益加强的对国有企业的资产监控和财务约束已体现了这一点。

同时，由于所有者虚置，国有资产的股东由政府某一或若干机构担任，责任风险不能人格化，资产增值和剩余索取与官员自身利益并无联系，也不能产生真正的"股东"意识和责任感，又没有形成有效的责任压力机制，"偷懒"行为甚至"化公为私"现象时有发生，违反市场的共谋行为发生也就不足为奇了。由政府自上而下推动而并非由企业主动根据市场机制的作用所进行的改革，本身就具有很强的行政性，政府本身应该说动力不足，一部分政府主管部门的权力和利益交织在一起，利益刚性的存在，使得政府很不情愿放弃手中的权力，或者放弃得很不彻底。尽管我们可以将国有企业划分为若干层次，关系国计民生的极少数关键部门、行业仍由政府控制，但现阶段属于竞争性赢利性的绝大多数国有企业的政企分开在操作上仍面临更多的探索，供应链联盟的行政干预仍将在相当一段时期内存在。

2. 一个值得深入探讨的问题：国有企业是否适合构建供应链联盟

供应链联盟关系性租金的形成取决于以下几个关键因素：

(1)资源禀赋的互补性。产生关系性租金的第一个条件就是参与方在资源禀赋上的互补性。任何进入联盟中的企业都期望在相互的合作与交换中获得自己的利益，毫无疑问，这并不是一场零和博弈。供应链联盟的成员企业都试图在提供产品或服务的同时，获得自己想得到的，从而实现双赢，之所以能实现双赢就是因为各类企业的资源禀赋有差异。正是这种资源禀赋上的差异导致了各自拥有不同的比较优势，也正是这种比较优势从本质上揭示了交换关系存在的可能性和合理性。在供应链联盟系统中，核心企业的比较优势可能在于拥有一项特别的技术，从而在市场或行业中具有主导地位，这在一些高科技产业尤其明显。或者核心企业在多年的经营过程中塑造了自己的品牌优势，在市场中有较大的占有率。而对于一些原材料和零部件的供应商来说，它们的比较优势往往是廉价的劳动力或是某种特殊的自然资源，显然，我国的很多大型国有企业都具备这一条件。

(2)信息的完全性程度。从信息经济学的角度来看，由于信息的不完全，供应链联盟中的成员企业会存在机会主义倾向，导致败德行为盛行，不利于关系租金的形成。但是，这种道德风险可以通过市场机制和联盟内部的利益协调机制减轻。我国的大型国有企业在这一方面也是具有很强的能力的。

(3)制度。一旦供应链上的企业识别了潜在的合作者以及互补

251

的资源，下一个问题就是充分利用互补性。虽然战略性资源建立了潜在的关系性租金，但这种租金只有在相适应的组织体系和协调行为下才能成为现实。很多的研究表明，大多数战略联盟的失败不是因为合作双方缺乏互补性的战略资源，而是缺乏一种有效的机制或制度。

一般而言，供应链联盟关系租金的最终形成，有赖于以下三个方面的合理制度设计：厂址的专用性的制度设计，物质资产的专用性的制度设计和人力资产的专用性的制度设计。

其中厂址和一部分物质资产的专用性（资金和技术发展较快的设备）随着时间的推进，其可替代性不断增加，故合作关系容易中断，因而所产生的关系性租金是有限的。

而人力资产是供应链联盟中成员之间长期持续交易中所积蓄的特定知识、经验和诀窍，故很容易产生路径依赖。不仅潜在的竞争者难以模仿，就是参与合作的成员也难以随时中断合作，因为这样做对双方来说都会造成巨大的损失。因此，人力资产的专用性所产生的关系性租金往往是持续性的。在制度设计时，要充分考虑到特定人力资源的战略重要性，将业绩和收益相联系，从而达到正面的激励作用。而当前我国的大型国有企业的主要问题就在于对企业内部的人力资产的不合理制度设计上。

3. 明晰人力资产的产权是国有企业创造关系租金的关键所在

在国有企业中信息也是一种资源，作为信息优势者的经营者利用这种资源就应该允许其可以获取适当的利益。而作为信息劣势者的所有权者（政府）缺乏信息资源，如果不能设计出合理的人力资产制度，会使其利益受到信息优势者（人力资产的私人所有者）的侵损。因此信息资源的平衡就很必要，有效的激励是一种互惠的、双赢的制度安排。

这种制度设计的基本原则为：

（1）贡献与报酬相一致原则。贡献与报酬相一致的制度设计应该注重两点，第一，经营绩效的有效评估问题。经营绩效的有效评估是激励制度正确实施的前提，如果评估体系失效，则最佳的激励制度都不会发挥其应有的功能。如果不解决贡献的质和量上的有效测度，则一方面企业产出的质或量会受到影响，另一方面经营者和职工的报酬无法有效确定，从而无法实施科学的激励。第二，报酬的性质问题，报酬应该以经济性为主，超经济性为辅。之所以提出这个问题，是由于我国传统体制下，对"物质刺激的废置和对精神刺激的完全依赖"①构成了最基本的刺激结构和激励机制。这种制度结构一方面诱导和迫使经营者提高工作努力程度与对个人非货币利益的追求保持一致，抑制了经营者对个人经济利益的追求；另一方面导致了额外的包括监督成本在内的非生产性成本，这两者都会导致经济效率的低下。

（2）对经理赋予部分剩余索取权原则。在贡献与报酬相一致的基础上对企业剩余索取权的合理配置也是相当重要的，只有这样才能在企业内部形成整体的最佳激励。从企业的剩余索取权与激励强度的关系考察，剩余索取权不应该全部归于产权主体，制度还应考虑其他主体的剩余索取权。一般而言，企业的剩余索取权应与企业的控制权相匹配，谁拥有控制权，谁就应拥有与之相适应的剩余索取权，这是至关重要的，否则控制权就会变成一种廉价投票权，控制权的使用结果因此可能会与产权主体的目标相背离。剩余索取权还应尽可能分配给企业中最具有信息优势的成员，因为他们拥有信息优势就难以被监督，或监督成本过高而使监督不可行，这使他们追求制度外利益从而损害企业利益成为可能。对他们最为有效的监督办法就是通过剩余权的赋予而使他们的利益与企业的利益兼容，使他们的行为尽可能地符合企业的利益，从而无需对他们进行监管。

（3）短期激励和长期激励相结合原则。为了使经营者的利益与企业的利益相兼容，使经营者在追求自身利益的同时也实现企业的利益，从而减少经营者的代理成本，必须对经营实行短期激励与长期激励相结合的激励方式。因为短期激励虽然对经营者有较强的行为激励，但也会导致经营者的短期行为，从而减损企业利益；而长

253

①　陆小曼. 经济体制转轨与增强思想政治工作有效性[J]. 湖湘论坛，2004（4）.

期激励虽然可以克服经营者的短期行为，但往往激励动力不足，两者的结合可以克服对方的不足，实行优势互补，从而实现最佳激励。

主要制度设计有：

（1）年薪激励。年薪中应该包括工资和奖金，前者是固定的，后者是与经营状况挂钩的。在我国，经理的年薪是偏低的，因此没有发挥出其应有的激励作用。

（2）期权激励。期权激励是指企业股东或董事会与经营者协商确定的，在经营者任期内由经营者按照既定价格获取一定比例的企业股份，在经营者取得约定绩效的前提下获得相应收益并将收益延期兑现的一种激励方式。期权激励相对于年薪激励是一种长期激励，它引导经营者在较长时期内实现公司的良好绩效，从而有助于确保经营者行为在较长时期内符合企业的发展目标。

（3）股权激励。股权激励是指通过让经营者拥有企业实际股份的途径，促使经营者进行有利于企业行为的激励方式。股权激励使经营者成为股东，从而有可能实现经营者与企业之间的利益捆绑。因此股权激励既是一种短期的激励方式，也是一种长期的激励方式。

▶▶ 第三节　供应链联盟成员间的垄断问题：侵占行为和政府管制

通过上一章的分析，我们知道供应链联盟作为一种新型的组织形式，相关企业联合组成一个临时团体，能够有效地降低交易成本，更高效地利用资源，并在一定的区域或细分市场达到临时、相对的垄断地位，联盟获得垄断利润，成员相应得到在结盟之前无法得到的额外份额。联盟成员通过自己的生产活动，实现对输入物品（原材料、信息、服务等）的增值，获得应有的生产利润，该部分收益是明确的，一般不存在分配纠纷等问题。但是，联盟垄断利润是所有成员共同创造的，没有明确的形态和数量，因此这部分收益往往很难有完美的分配方案。

一、垄断利润分配的机理分析

1. 中间产品的定价决定了联盟成员企业的利润分配

一般而言，供应链联盟由原材料零部件供应商、生产商、批发经销商、零售商、运输商等一系列企业组成。原材料零部件依次通过联盟中的每个企业，逐步形成产品，产品通过一系列流通配送环节，最后交到最终用户手中，这一系列的活动就构成了一个完整供应链联盟的全部活动。在供应链联盟企业间的利润分配过程中，上游企业总是希望提高中间产品的价格从而使其收入增加；而对于下游企业，其成本支出包括上游的收入，中间产品的定价越高其支出越大，下游企业总是尽量压低中间产品的价格。所以，中间产品的价格决定了企业间利润分配，中间产品的定价成为供应链联盟关注的核心问题。

2. 价格决策权的重要性

由于价格决策权是决定企业自身利润大小的重要因素，因此供应链联盟中一般只有核心企业才有权决定中间产品的价格。这样，拥有价格决定权的核心企业就拥有联盟利润分配的垄断权力，价格关系的价格接受方就只有根据该价格决定可接受的产量，从而决定供应链联盟内部的产量。最终，拥有价格垄断权力的核心企业将会由于有决定中间产品价格的权力而获得有利于自身的更大的垄断利润。而一般各企业都没有绝对的价格垄断权力，但都有根据价格决定自己利润最优产量的反应能力。中间产品价格对任何一个中间产品的输入价格，各企业的最优产量反应往往是不一致的，但作为相互合作的供应链联盟中企业，最终会达成产量的一致，形成供应链联盟的统一产量。

3. 垄断利润分配的冲突

通过上述分析，我们认为：联盟成员企业通过完成联盟的某一部分任务(或目标)获得应得的生产收益，并根据各自产品不同的需求价格弹性，获得对联盟利润的不同配额，这个配额体现在联盟成员之间的协议交易价格之中。同时，非核心成员企业还可能通过增加上游产品需求价格弹性和降低自己产品的需求价格弹性的方法来获取更多的垄断利益分配。

因此，在建立联盟时，核心企业有吸收更多的供应商入盟的内在动力，而尽量减少替代品制造商。由于核心企业还拥有中间产品的定价权这种特殊权力，它在联盟垄断利润的分配上占据有利地位。同样，联盟中非核心企业也有类似需求，它们将通过合谋、建立新的子联盟以及压榨其他实力较小的盟员等途径增加利益。合谋和剥削其他盟员的份额等方法只会使利益分配偏离均衡，不能增加联盟的总体利益，而通过建立新的子联盟可以增加个别盟员的利益而不损害联盟内其他盟员，实质是将联盟外的利益带入了联盟之中。

4. 核心企业的侵占行为

因此，作为盟主的核心企业必须建立一套有效的管理与组织方式，协调联盟成员的集体行动，包括成员之间信息交换方法、交易方式、最低激励利益分配以及冲突消解机制等。

将联盟内博弈各方效用函数的定量化。一旦定量确定效用函数计算方法，联盟的组建（盟员选择）、运行协调（盟员企业之间的博弈）、利益分配、成员更替、联盟解体等问题均可得到基本解决，这将大大增强供应链联盟的实际可操作性。

另外，由于通过产品需求价格弹性实现利益分配的方式导致联盟的分化和稳定性的降低，需要确立更完善的分配机制，在联盟内部必须加入补偿性和转移性支付形式，以缓解利益分配与稳定性的矛盾。而要合理制定补偿和转移等方式的额度，必须对结盟之后的超额（垄断）收益有准确的掌握。因此，核心企业还有必要对各企业结盟前后交易成本的估算以及入盟前后收益进行确定。

但是核心企业的上述协调工作却会带来严重副作用：权力的复归。核心企业这种利用自己的市场优势地位和联盟中的主导地位来强权控制和管理其他企业倾向，是与供应链联盟各成员企业的相对独立和对等关系相悖的，容易导致供应链联盟成员之间冲突甚至关系破裂。

这种冲突主要表现在以下几个方面：

（1）价格控制。核心企业利用在市场上的主导地位，要求它们的供应商给予更低的价格或更大的数量折扣。最典型的就是沃尔玛，它作为世界上最大的零售商，意识到很多供应商害怕失去沃尔玛所拥有的巨大顾客资源，要求它的供应商满足其苛刻的条件并要求非常低的价格。供应商为了不失去这个大客户往往不得不接受沃尔玛的条件，例如 1996 年沃尔玛不与供应商协商，就要求所有供应商下调价格。零售商还要求厂商支付促销的费用，例如在美国食品业中，有些大型杂货连锁店借 ECR① 商品分类管理的名义，除了向处于上游的生产商索要资源和人力等方面的帮助外，还额外地要求对方支付 10 亿美元的赞助金。显然，这对于生产企业而言是无法承受的。

（2）库存控制。准时生产制 JIT② 极大地降低了企业的库存水平，它通过在需要时接收货物来减少库存。它的实施要求供应商进行小批量、多频度的配送，并严格遵守交货时间；同时要求稳定地提供高质量的零部件以便节约检验时间，保证最终产品的质量。然而，JIT 能否实施也取决于买卖双方的相对权力大小。大的制造商能够要求它的供应商开展 JIT 配送而不用或仅仅支付少量的额外费用；相反，小制造商就因为无法取得供应商的合作而很难做到这

①　ECR 是英文字母 Efficient Consumer Response 高效消费者响应三个英文字母的缩写。ECR 起始于食品杂货业，是指食品杂货的分销商和供应商以满足顾客要求和最大限度降低物流过程费用为原则，及时作出准确反应而进行密切合作，使物品供应或服务流程最佳化。

②　JIT，及时制（Just In Time，简称 JIT）指的是，将必要的零件以必要的数量在必要的时间送到生产线，并且只将所需要的零件、只以所需要的数量、只在正好需要的时间送到生产。这是为适应 20 世纪 60 年代消费需要变得多样化、个性化而建立的一种生产体系及为此生产体系服务的物流体系。JIT 是由日本丰田汽车公司在 20 世纪 60 年代实行的一种生产方式，1973 年以后，这种方式对丰田公司渡过第一次能源危机起到了突出的作用，后引起其他国家生产企业的重视，并逐渐在欧洲和美国的日资企业及当地企业中推行开来，现在这一方式与源自日本的其他生产、流通方式一起被西方企业称为"日本化模式"。

一点。

日本的汽车制造商之所以能充分推行 JIT 方式是由于日本汽车产业特殊的结构。日本的汽车零部件供应商大多依附于丰田等几家大的汽车制造商，它们之间的关系是非对称的。小的供应商除了合作外别无选择，尽管 JIT 增加了它们的成本和库存水平。丰田公司对供应商送来的产品无须检查就可使用，是因为丰田公司对供应商的质量管理全过程都进行检查。JIT 生产方式是通过将零部件企业的生产过程与汽车的生产过程紧密连接而实现的，这也是外国汽车商在进入日本市场时面临的劣势之一。

（3）运营控制。大的制造商对供应商的产品施以严格的质量标准，如（ISO9000），并要求它们不断改进产品的质量。这一质量要求在很多企业已经制度化，并作为它们选择供应商的重要因素，很多供应商由于不能达到严格的质量要求而被排除在外。在供应链联盟中，强大的零售商也会对供应链联盟中的其他成员施加各种运营控制。在 20 世纪 80 年代，美国的零售商们曾经要求制造商在产品包装上印制条形码以便于顾客付款时的电子扫描。大的零售商还要求厂家提供定制产品，规定产品的型号、颜色、尺寸、送货时间、送货量等，厂家不接受就以取消其供货资格相威胁。

（4）渠道结构控制。制造商与经销商在分配产品的销售区域问题上也面临冲突。制造商希望增加经销商的数量以增加产品的总销售量，但这会影响每个经销商的销售量及利润，因此现有的经销商往往不希望在自己的销售区域内增加新的经销商。另一个问题是目前越来越多的零售商不经过批发商而直接与制造商进行交易，制造商也设立直销网点，而这与零售商也存在利益冲突。有时强大的制造商会要求其经销商不得销售竞争对手的同类产品；反过来，强大的零售商也要求制造商给予某一产品独家销售的权力，或限制经销商的数目。

（5）信息控制。信息是供应链联盟权力博弈中决定各方强弱的主要来源。当一方拥有信息或扭曲信息时，它的权力会得到加强。企业可以通过拥有信息而获得权力，大企业可以运用它们的权力获取信息。

企业间信息交换的手段之一是电子数据交换(EDI)。通过采用EDI传送标准商业文本，企业大大减少了订单处理的成本。但是，使用EDI的问题之一在于各个企业开发自己的EDI系统，而小企业不得不与这些EDI系统兼容。大企业如沃尔玛、福特等强迫它的供应商采用自己的EDI标准，小企业不得不进行大量投资、购买软硬件、培训人员，以及重组业务流程以满足客户的要求。根据1994年美国的一项调查显示，55%以上的企业采用EDI是因为它们的主要客户或供应商要求如此。而小企业一旦采用某个大企业的EDI标准，就会由于操作习惯、人员培训、设备投资等的缘故而面临较高的转换成本。小企业一旦被"锁住"就在交易中越来越处于劣势。

　　在供应链联盟中施加权力的企业会遭到抵抗。在供应链联盟中利益受到侵害的企业也会采取一些报复措施。抵制大企业滥用权力的一种措施就是部分或完全终止与其交易。有时，受到损害的一方甚至采取与原合作伙伴的竞争对手合作的方法来反击。若制造商试图跳过中间商而开始采取直销的方式，原来的中间商会拒绝销售其产品，甚至与其竞争对手合作来报复。但这些报复措施往往导致供应链联盟伙伴关系的破裂，因此成本很高，对双方都有损失。

二、侵占行为的一个典型例子：宝洁公司(P&G)与沃尔玛(WAL-MART)①

　　1989年宝洁公司(P&G)与沃尔玛(WAL-MART)实施纸尿裤产品供应链管理，构筑JIT型的自动订发货系统和MMI(Manufacture Managed Inventory)系统，打破了原有的多环节流通体制，建立了单环节的产销联盟。产销联盟的建立使得沃尔玛店铺中宝洁公司(P&G)的纸尿裤商品周转率提高了70%，销售额提高了50%，达到30亿美元，取得了巨大的成功。此后双方将合作领域逐渐扩大

259

　　①　郑称德，赵曙明.供应链管理发展及其面临的困境——后成本时期供应链管理研究[J].生产力研究，2003(3).

到其他主要产品，到 1992 年，宝洁公司(P&G)在美国市场总销售额的 20%通过沃尔玛实现。它们的成功合作被称为供应链联盟的典范。1993 年 3 月开始，沃尔玛与所有供应商的关系建立都参照该模式，形成了以沃尔玛为核心的产销协作网络。沃尔玛也因为新型销售体制的建立，1990 年销售额一举超过原来处于第一位的凯马特，成为美国第一大零售商。

产销联盟为供销双方带来了巨大的成功，但随着沃尔玛在流通领域优势地位的确立，出现了一个值得注意和研究的情况——权力复归或强权管理。实际上核心企业强权管理在供应链联盟启动初期就一直存在，但在巨大利润的掩盖下没有引起重视。当进入差异化核心能力构建时，为了自身战略目标的实现，强权管理问题开始凸显。其主要表现有以下几个方面：

(1)利用合作生产企业之间的激烈竞争，迫使生产企业更加紧密地依存于沃尔玛。1994 年，沃尔玛要求宝洁公司(P&G)的最强劲竞争对手、美国纸尿裤第一大品牌生产商 Kingberly-Clark 公司为其提供 PB(Private Brand，销售商自有品牌)产品。由于激烈的市场竞争和对沃尔玛很高的销售依存度，P&G 对沃尔玛这种违背联盟关系的行为却只能忍气吞声，不敢给予惩罚。

(2)沃尔玛要求生产商提供差异化的专业产品服务。20 世纪90 年代中期，沃尔玛为了在后成本时期强化自身竞争实力，在零售业中树立差异化竞争优势，要求供货商必须以最优惠的条件提供PB 产品，并根据沃尔玛店铺地域、布置等特点开发专用产品。这一举措显然有违于生产商的发展目标，因为 PB 产品的大量生产将削弱生产商的影响力和资源投入，增加对销售商的依存度，削弱生产商在合作关系中的谈判实力和地位。虽然其他厂商如 Beacon、Lego 等公司都采取了合作的态度，P&G 却断然拒绝了沃尔玛特的这一要求，P&G 开始积极改革经营战略，向多渠道化方向努力，以逐渐减弱对沃尔玛的依存度。

(3)运用权力进行利益分配。1996 年，沃尔玛要求所有供货商下调价格，该决策显然是沃尔玛为了寻求自身的发展而实施的战略举措，本无可厚非。但问题的关键是这种价格的调整不是建立在与供货商充分协商、双方互利的基础上作出的决定，而是完全利用沃尔玛在市场上的优势地位作出利益偏向于零售商、但生产商不得不接受的决策。

强权管理不但出现在沃尔玛特和宝洁公司（P&G）的产销联盟中，在 1993 年美国食品产业开始实施的 ECR（Efficient Consumer Response）也有表现。从 20 世纪 80 年代以来，以凯马特、克鲁加为首的大型零售商进行了超大规模的兼并行动，产业集中化使得零售业规模得到迅速提升，加之它们能够准确、及时掌握市场的关键信息和顾客需求，所以，相对于远离市场的生产商占据了信息上的优势地位，在产销买卖谈判中占据了主动。很多零售企业在商品分类管理名义下，经常向上游生产商收取赞助费，加重了生产商的利益负担，损坏了 ECR 互利、互助的平等合作基础，导致生产企业对 ECR 的抵触，ECR 开始陷于停滞。

三、供应链联盟内部侵占行为的政府管制

根据上节的分析，供应链联盟的侵占行为指的是，市场优势地位企业（核心企业）所实施的，能够影响市场结构，破坏供应链联盟内部的秩序的行为和措施。笔者认为，侵占行为可分为两大类：排他性侵占行为和剥削性侵占行为。排他性侵占行为是指这些行为不是建立在一般的商业绩效基础上，而是寻求损害优势地位企业竞争者的竞争地位，或者从根本上将它们排除出联盟，甚至是市场。剥削性侵占行为是指直接剥削联盟成员企业，间接侵害到消费者的利益的行为。优势地位企业试图通过它的市场力量提供的剥削机会而对消费者进行剥削。这种侵占行为，将其细分将会有很多种类，但一般而言主要包括以下几种：超高定价、价格歧视和搭售等。对这几种不同类型的侵占行为，政府要进行不同的有针对性的管制。

1. 超高定价的政府管制

超高定价是剥削性侵占行为的一种。它是指优势地位企业（核

261

心企业)利用优势地位将产品或服务价格定在超过竞争水平之上的行为，强迫联盟其他成员接受。

按照经济学的观点，超高定价是优势地位企业通过运用其市场控制力将价格定在竞争水平之上。但经济学界认为超高定价不是反竞争的，因为在一个运行良好的市场经济里，若一个企业总是将其价格定在超高的水平，会使原来的联盟非核心成员退出联盟，自然会使这种超高的价格降下来。因此，超高定价不应该也没有必要受到政府管制的太多关注。事实上，超高定价没有减少总的联盟福利，仅仅影响了这种福利的分配。

因此，对这种侵占行为的政府管制要视核心企业的市场垄断地位的高低，进入联盟是否有障碍和核心企业的承受能力而定。管制的基本原则为：

(1)在核心企业市场优势较为明显，进入有障碍的情况下，需要价格规制，不需要进入规制。

(2)在核心企业市场优势较为明显，进入无障碍，核心企业有承受力的情况下，政府不需要规制。有明显市场优势的核心企业有承受力能保证企业不会被挤出市场，由于进入无障碍，使得潜在的合作企业的进入威胁可以取代政府的规制职能，迫使核心企业制定盈亏相抵的中间产品价格。

(3)在核心企业市场优势较为明显，进入无障碍，企业无承受力的情况下，不仅需要价格规制，而且需要进入规制。价格规制使价格高于边际成本以消灭亏损，同时避免中间产品价格过高；不允许潜在合作企业进入联盟以保证核心企业不被挤出市场。

(4)在核心企业市场优势不明显，进入有障碍的情况下，只需要进入规制不需要价格规制。价格规制使价格等于边际成本，允许核心企业盈利。

(5)在核心企业市场优势不明显，进入无障碍，企业有承受力的情况下，不需要规制。政府可借助潜在合作企业进入联盟的威胁，迫使核心企业制定边际成本价格。

(6)在核心企业市场优势不明显，进入无障碍，企业无承受力的情况下，既要价格规制又要进入规制。价格规制使价格等于边际成本，允许企业盈利，不允许潜在合作企业进入联盟。

2. 价格歧视的政府管制

价格歧视就是价格方面的差别待遇。是指同一物品对同一消费者索取不同的价格，或者同一物品对不同的消费者索取不同的价格。庇古(1920，《福利经济学》)将价格歧视分为三种：一级价格歧视、二级价格歧视和三级价格歧视。一级价格歧视又称完全价格歧视，在完全价格歧视下，垄断厂商可以对不同的消费量索取不同的价格，从而获取全部的消费者剩余，但是这需要关于消费者偏好的完全信息，因而在现实生活中很少做得到。二级价格歧视运用"激励相容原理"(Incentive Compatibility)对消费者提供不同的消费计划，让不同的消费者根据各自不同的情况而选择愿意接受的消费计划和价格水平。这种价格歧视不直接针对人，而是通过设置一种"自我选择"的机制，让消费者愿者上钩，因而往往是通过对同一种商品不同数量的购买量设定不同的价格水平。例如，批发价与零售价的差异、多买打折行为等就属于二级价格歧视。三级价格歧视则是通过直接的信号有区别地对待消费者，这些直接的消费信号包括性别、年龄、就业岗位、地域差异等。三级价格歧视主要是针对不同的消费者进行的。如同一种类的海尔冰箱，销售商可以根据南京和北京消费者价格需求弹性的不同而向两地的消费者索取不同的价格。厂商追求利润最大化的条件是各地区的边际收益和边际成本相等。

因此，价格歧视不仅影响联盟利益分配，而且还会最终损害消费者的利益。供应链联盟中优势企业对弱势企业的价格歧视方法主要有：非统一定价、数量折扣、搭售、佣金津贴、推销佣金、为买者提供服务或设备、质量歧视等。

对供应链联盟价格歧视的侵占行为，政府管制的一般原则为：

(1)对各联盟中的重要产品实行有区别的、合理的政府限价。政府限价，使得核心企业可以在一定的价格范围内根据市场需求的变化调整价格，使价格具有一定的灵活性。同时，政府的限价可以

263

使政府管制与市场调节起作用。

政府在实行政府限价时，还要特别区别的是价格歧视与价格差别是不同的，价格差别有其存在的合理性，而对价格歧视要强化管制。政府在对价格歧视治理的过程中要对这两者区别对待。

（2）政府要强制核心企业实现定价行为公开化。企业定价要公开化，一方面要广泛听取各联盟企业的意见，另一方面要有利于各非核心企业监督定价行为。要想真正达到定价行为公开化，必须完善价格听证制度，主要有以下两方面的工作：第一，完全彻底地公开化，让价格听证的整个过程完全暴露在各联盟合作企业的面前，接受监督。第二，加强听证制度立法工作，从制度层面上确立参加听证会的成员组成比例，加大各联盟企业对价格的控制力。

3. 搭售的政府管制

关于搭售（tying arrangement，tie-in），我国《反不正当竞争法》第12条规定："经营者销售商品不得违背购买者的意愿搭售商品或者附加其他不合理的条件。"这是搭售概念第一次出现在我国的法律中。在这之前，1986年5月25日，国务院就商品销售中的搭售发布过文件，即《国务院关于认真解决商品搭售问题的通知》（以下简称《通知》），可见，我国政府在改革开放的早期即重视对搭售行为的管制。

随着人们对搭售行为认识的深化，对搭售概念的认识也进一步接近搭售的本质。《通知》对搭售有一个解释，认为搭售是"以名牌、优质、畅销商品搭配杂牌、劣质、滞销商品出售"。这种对搭售的理解，与现实生活密切相关，当处于短缺经济时期，名牌、优质、畅销商品供不应求，不少商家借出售这些商品之机，对消费者搭配杂牌、劣质、滞销的商品。《反不正当竞争法》颁布之后，如何理解法律所规定的搭售行为，权威部门解释为："这条规定所讲的'搭售'，并不是指零售企业在向消费者销售名牌、优质、畅销商品时硬性搭配杂牌、劣质、滞销的商品。"

《反不正当竞争法》所称搭售以及附加不合理条件，指的是经营者利用其在经济和技术等方面的优势地位，在销售某种产品时强迫交易相对人购买其不需要、不愿购买的商品，或者接受其他不合理的条件。这种行为违反了公平销售的原则，妨碍了市场竞争的自由，也影响了交易相对人自由选购商品的经营活动，还会致使竞争对手的交易机会相对减少的后果，因而具有明显的反竞争的性质。依此解释，搭售是指经营者利用其在经济和技术等方面的优势地位，在销售某种产品时强迫交易相对人购买其不需要、不愿购买的商品，或者接受其他不合理的条件。

对供应链联盟搭售的侵占行为，政府管制的一般原则为：

（1）要分析搭售的核心（优势）企业是否具有显著的市场优势地位。如果企业没有足够的市场力量，很难成功地进行搭售行为，因为其他联盟企业可以进行多种选择，并非要选择搭售产品；即使企业能够成功地进行搭售行为，对联盟运行也不会形成较大影响，如果其他企业愿意购买搭售产品，极可能是基于效率的考虑，这种搭售对受搭售企业也是有利的，否则将转向其他企业的产品。因此，市场优势地位是企业进行搭售行为最重要的考虑因素。

下列的因素可作为企业市场优势地位的原因：①如果产品是专利或著作权产品，则推定搭售企业在生产或销售市场具有市场力量；②通过其他企业对搭售品的偏好或搭售品的特殊品质来判断搭售企业的市场优势地位；③搭售品的市场占有率。

（2）要分析核心（优势）企业的搭售行为是否显著影响了市场竞争、联盟利益分配和联盟内交易数量。如果优势地位企业的搭售行为并未对市场竞争造成显著的影响，则企业的行为不违法。判断搭售行为是否对市场竞争造成显著的影响，主要考虑下列因素：

①市场结构。在不同的市场结构下，搭售对市场竞争的影响是不同的。芝加哥学派认为，在完全竞争的市场结构下，当产品的使用比例固定、产品间的关系为互补时，搭售对社会没有不利的影响，对搭售应按合理原则处理。当产品的市场结构为垄断性结构时，如果企业的搭售明显地损害其他合作企业的利益时，搭售不仅在短期内对社会造成了不利影响，而且长期也不利于市场的竞争。尤其是企业通过搭售基于排除竞争对手、促进默示的共谋等导致杠

265

杆作用的结果，按本身违法原则处理。

②利益分配。如果在信息不对称的情况下，即使搭售企业不具有显著的市场优势，企业的搭售行为也按本身违法原则判断而成为违法行为，因为，企业利用信息不对称造成了联盟利益的不公正转移。

③交易数量。搭售行为必然影响联盟内部的交易量，政府管制也有必要对这一数额进行相关的规定。

第十章　供应链联盟的政府管制失效

▶▶ 第一节　供应链联盟政府管制失效的主要原因

　　市场失灵的存在仅仅是管制的必要而非充分条件。因为有限理性的政府在不确定的世界中同样面临着信息约束问题，即管制可能引致非常高的交易成本。这种现象被称为"管制失效"。

　　关于"管制失效"的原因，有多种不同的解释。查尔斯·沃尔夫在其《市场或政府》一书中主要着眼于政府供给的性质。他认为非市场缺陷受制于如下因素：一是确定和度量产出的困难，直接导致用生产投入来度量非市场的产出现象；二是起因于其生产上的垄断地位，这对政府而言更为显著；三是由于该产出所需的技术是未知的或模棱两可的；四是缺乏对非市场产出的评价基准及对无效产出的中止的机制也是导致非市场供给缺陷的重要原因。布坎南和尼斯坎南则认为私利本位及追求预算最大化是政府失败的原因和表现。

　　本章在分析供应链联盟的管制失效时将着重从契约经济学的角度分析政府失败问题。

　　笔者在以上章节中对政府管制领域的界定是基于对市场解决信息不对称问题不足的分析之上，将政府管制作为市场的一种补充来进行的。当然，我们也可以尝试分析以政府管制完全替代市场方法来解决信息不对称问题，但鉴于信息不对称是因私人信息与行为而产生的这一特点，希望完全以政府管制办法替代市场方式去解决信息不对称的问题，这可以说几乎也是不可能的。理由很简单，政府无法强迫或引诱联盟各成员企业显示其所有的私有信息与行动。因此，我们认为，政府在解决信息不对称问题方面最多只能是作为市场的一种补充而无法完全替代市场。

一、政府对信息不对称管制的局限性

将政府管制作为市场的一种补充的分析结果是，政府可以或者应该在解决信息成本和虚假信息两个方面开展其管制活动。因为这两个问题是市场无法解决的问题，① 如果借助政府的力量可以完全解决这两个问题的话，信息不对称的问题就可以彻底地得到解决。但非常遗憾的是，我们说政府可以在解决信息成本和虚假信息两个方面开展其管制活动并不意味着政府就一定可以完全解决这两个方面存在的问题。政府管制作为市场解决信息不对称问题的一种补充仍然会存在一定的局限性。

首先，在解决信息成本问题方面，政府管制作用有限。政府虽然可以借助其任何组织形式均不可比拟的优势在信息搜寻、强迫联盟企业信息显示、免费提供信息公共品和创造良好的合同签订与执行的法制环境等方面有所作为，从而降低经济活动中的信息成本，但要注意的是政府在从事这些活动时其本身也是存在成本的，有时这种成本有可能是非常高昂的。从效率角度评判，我们认为政府可以作为市场解决信息不对称问题的一种补充是基于以下两个假设而言的。一个假设是政府具有市场所不具备的力量来搜寻和提供信息公共品，也就是说有些信息依靠市场力量和市场方式是无法搜寻到或不可能去搜寻的；还有一个假设就是政府提供信息公共品的成本

268

---

① 根据我们前面的分析显示，市场机制下形成的信息市场最多只能部分地解决信息成本问题。

小于市场同样能够提供时的成本。是否由政府来进行信息的搜寻和提供，除考虑市场方式的局限性之外，有时是需要比较成本的高低而定的。

其次，政府在解决信息成本方面的局限性的另外一个表现是政府不可能从根本上消除信息成本。经济发展的历程清晰地表明，随着人们的不断搜寻和制度的不断创新，市场中的公共信息始终是在不断增加的，但与此同时并存的信息不对称现象却并未因此而有所减少。

政府管制不可能消除信息成本，不仅仅是因为政府提供信息的本身也存在成本，而主要是因为信息的搜寻是永无止境的。因为供应链联盟各成员企业间各种经济活动的自身就是不对称信息产生的源泉，只要各企业间存在不同的利益，那么，信息不对称就永远不可能消除。这不管是对市场还是对政府来说都是一个无法克服的局限性。在解决虚假信息方面，虽然依靠市场所不具备的强制力，政府确实比市场有可能做得更好，但同样不可否认的是，政府也无法完全杜绝市场中(包括政府本身)存在的虚假信息和不法行为。

就像中国有"银广夏"事件①，美国有"安然-安达信"事件②一样，这点无论是在市场不完善的阶段还是在非常完善的阶段都是如

---

① 银广夏，一家连续亏损的上市公司，靠伪造合同、发票以及银行、海关、税务等方面的业务单据，无中生有地创造出"辉煌"业绩。这家叱咤一时的上市公司，其实是一个金玉其外、败絮其中的空壳公司。扣去虚增成分，银广夏几乎一无所有。一家"垃圾"公司，凭借一种神乎其神的"萃取技术"，居然骗取了所有人的信任，从普通百姓到专业人士，从小股民到大基金，从政府监管部门到中介机构，对银广夏一路绿灯，任其胡作非为，给我们敲响了警钟。

② 美国能源巨头安然公司破产案揭开了美国审计业的巨大"黑洞"。为安然公司进行审计的安达信公司，多年来一直为安然虚报收入和利润、隐瞒巨额债务和亏损、出具虚假财务报告，使安然的投资者和债权人遭受了巨大损失。长期以来，以安达信为代表的美国五大会计师事务所被视为全球业界的典范。连安达信这样的大型信息中介咨询公司都胆敢在其审计业务中一再弄虚作假、见利忘义，甚至在事发后销毁安然公司的大量财务资料，充分说明了政府监管部门也是无法消除信息不对称的。

此。当然，我们指出政府在解决虚假信息和不法行为方面存在的局限性并不是否认政府在这方面可以起到的积极作用，而只是表达我们的一种观点，那就是不管是市场还是政府都无法彻底解决供应链联盟成员企业间的信息不对称的问题。

二、契约经济学的视角：管制失效的主要原因

契约经济学将各交易主体之间的关系看成一种契约关系，而有限理性、信息不对称等导致了合同的不完全。契约经济学主要用来构造政府和企业之间的关系模型，但显然也可将之运用到政府管制中来。从契约经济学角度来看，供应链联盟政府管制失效的原因可基本概括为以下几个方面：

1. 政府的有限理性

在完全合约中，个人理性被假设是完全的，交易双方不仅完全了解自己与对方的选择范围，而且对将来可能的选择也清楚地知道，并根据其选择了解选择的结果或至少洞悉这种结果的概率分布。

然而，在现实经济生活中，尽管人的选择行为可能是理性的，但人的理性选择却是不完全的。西蒙认为，"我们可以假设可供选择的对象不是一个固定的数集，而设想有一个产生各种方案的过程；也可以假设不知道结果的概率分布情况，而把这些情况的估计程序引进我们的分析……我们也可以不作效用函数最大化的假设，而只设想一个令人满意的策略"①。当然，西蒙只是强调理性的有限而非认为理性不在发挥作用。人们应做的是建立易于把握和遵循并发挥相当作用的决策规则。林德布罗姆之所以强调政策制定过程的渐进性，自然是建立在这一行为假定之上。他认为传统的理性分析过程"超越了人类心智的能力……不论个人或组织，政策制定者在穷尽其分析之前，早就精疲力竭了"。②

① ［美］赫伯特·西蒙. 管理行为［M］. 中文版，北京：社会科学出版社，1993：99.

② ［美］林德布罗姆. 政策制定过程［M］. 中文版，广大文化股份有限公司、桂冠图书股份公司，1991：25.

而哈耶克则在有限理性的基础上，对那种"设计"制度的企图大加抨击。根据他的观点，标准的理性假设高估了人所具有的理智力，却低估了他们活动于其中的社会领域的高度复杂性。他认为自由的政治秩序并非来源于设计，而是演化的结果，唯理主义传统"旨在构建一种乌托邦，极为夸张地设定了人的理性具有无限的力量"①。在捍卫自由秩序传统的同时，哈耶克澄清只是反对对理性的滥用，"亦即反对各种要求政府拥有强制性的和排他性的权力的主张……这种权力不仅不容许任何可供选择的方案的存在，而且还宣称自己拥有高于一切的智慧……所反对的还有那种最终会排斥较当权者所信奉的计划为优的种种解决方案的做法"②。值得注意的是，哈耶克所反对的是那种强制性权力的滥用，认为企图通过命令来改善市场配置的干预是徒劳的。然而，由于管制并非仅仅未用命令形式，如果管制过程是一种动态的过程，则产生出来的管制法规可以避免纯粹设计的危害。"通过重复的听证和法规制定，使产生的管制模式不但远不同于管制机构的成文法令，也远不同于管制机构的直接控制……无法被管制机构先验地预期或有效地设计"③。因而，我们不能简单地视管制机构为人为设计的产物，实际上，这也是管制仍需在某种边界内继续存在的原因。

2. 信息不对称

信息不对称与人的有限理性有关。信息不对称主要表现在合约双方占有不对等的信息量。不对称信息大体上有外生和内生两种类型，前者发生在交易之前，在某种意义上是一种先天禀赋；后者则是合约签订后他方无法观察、监督，事后也无法推测的行为。

管制者和被管制者往往处于不对称的信息结构中，管制者一般很难获得被管制者的财务、会计、事业计划、需求结构和动向以及

271

---

① ［美］弗里德利希·冯·哈耶克. 自由秩序原理［M］. 中文版，上海：上海三联书店，1997：75.

② ［美］弗里德利希·冯·哈耶克. 自由秩序原理［M］. 中文版，上海：上海三联书店，1997：82.

③ ［美］丹尼尔·史普博. 管制与市场［M］. 中文版，上海：上海人民出版社，1999：106.

技术等方面的详细资料。

信息不对称状态意味着由政府提供信息可以产生福利所得，但管制机构收集信息所耗费的巨大成本又提供了反对行政性配置资源的口实。管制活动的指挥和控制要求对企业的技术和管理熟悉备至，在极端情况下，达到完全的控制起码要求按企业的管理组织来复制管制机构。而且管制机构取代市场配置机制的企图还涉及了解大量的有关消费者需求的资料。除了管制机构收集信息需花费大量成本之外，消费者和企业自愿或被迫向管制机构提供信息也是价格不菲的。如果考虑到有限理性，政府管制所产生的甚至不仅仅是信息收集成本问题，更多地体现为因信息分布不均匀带来的监控上的虚弱。

巴伦和麦尔逊在 1982 年的研究证明①，在被管制者知道单位平均成本费用，而管制当局不知其正确值的不对称信息结构状态下，资源就会出现低效率配置，并且被管制者可以通过隐瞒真实信息而获得超过收支平衡状态的收入，从而缺乏提高内部效率的激励。

3. 管制合同的不完全性

有限承诺、多重委托人及管制收买引起的合同的不完全是导致管制失效的另一个原因。这种管制合同涉及立法者、管制机构及受管制企业三个主体，它们之间存在着两重委托—代理关系。

（1）有限承诺。管制合同在很大程度上还受到政治制度的限制。由于规制决策大多具有事先决定的特点，而在事先预测事后可能产生的事情显然非常困难，因而管制者只能依据现有信息与被管制者签订弹性契约。当被管制者通过一些提高效率的措施降低生产边际成本时，在以后的管制契约中，管制者就会设法降低价格，甚至侵占被管制者的效率收益，形成管制中的"棘轮效应"（通俗解释是"鞭打快牛"），从而严重影响被管制者提高效率的激励。

（2）多重委托人特征。从合同角度看，公共部门区别于私有部分的一个显著特点在于前者具有在几个委托人之间分权的特征，而

---

①　王万山，庄小琴. 市场规制失效与反规制治理［J］. 求实，2003（9）.

后者则可以看成是厂商的所有者以集中方式提供的一个总合同。这样，管制合同便是一系列双边合同，每个委托人具有自己特定的目标函数，都以局部眼光看待对企业的管制。多重委托关系时，受管制企业会利用管制合同的外部性及信息优势逃避控制，从而获得更多的垄断租金。因此在设计管制制度时，应考虑到多重委托的成本。

因此，虽然相关的法规政策提供了管制的原则和准则，但是大量具体而详细的管制规则需要在实践中完善和规定，这样，管制者便拥有相当程度的自由裁量权。在对管制者缺乏监督时，管制者为了小集团或个人的利益将通过自由裁量权进行创租和卖租，即出卖公共产权。由于这种创租和卖租活动常常不可避免地与政府自利性行为相联系，并且是再分配性活动其产出为零甚至为负，因此在很大程度上损害了市场的管制效率，是管制失效的一大根源。这种现象特别是在对管制者监控体制不健全的国家尤为严重。

（3）管制俘获。这个问题在经济学文献中讨论得较多，最经常为人们所提及的是斯蒂格勒的"管制俘获"理论。基本结论是，管制是为满足受管制企业的需求而存在的。从合同角度看，管制机构是作为一种信息中介而存在的，即公众委托其收集和获取有关产业的信息以提高社会福利，从而避免因为"搭便车"而导致的监督缺失。同任何委托合同一样，这里同样存在着对管制机构的监督和激励问题。由于存在着信息不对称，因而委托人无法观测到管制机构的全部行为，具有决策权的管制机构就可能利用其所掌握的信息优势谋取私利，这就是"管制俘获"。管制机构具有决策权的大小取决于激励机制的强度。在高强度激励机制下（如价格上限合同），管制机制具有较大的回旋余地，而企业有可能获取较高的信息租金。如果管制机构掌握到企业的成本状况和技术信息并将之公开化，则企业就会失去租金；相反，若管制机构宽容相待或视而不见甚至隐瞒，则企业就会获得很高租金。管制俘获的政策含义是，若这种威胁相当严重，应该减小管制的激励强度或增加收买成本。

273

三、政府管制失效的基本对策思路

上述可见，管制者在实施管制时，也需要对其实行有效监督，才能防范和减少管制者的机会主义行为和增加管制者的责任感，从而提高管制的效率。根据管制失效的主要成因，对管制者的监督可有以下的主要途径和制度安排：

（一）强化对管制者的监督

1. 制定合理的政府机构分立、竞争制度和制度制衡机制来避免管制者被利益集团所捕获

政府管制失效的主要原因之一是政府管制的目标和效果往往受不同利益集团的影响，这些影响来自政治上的压力，也来自利益集团的寻租。因此，行政分权和杜绝行政垄断是管制优化的首要制度安排。

首先，管制主体的设立必须具有相对的独立性。管制的立法机构、管制的行政性执行机构和法律执行机构三者之间必须独立并互相监督。

其次，作为管制者的政府必须具有竞争性进退机制，并受到社会的普遍监督和约束。这样，才有减少政府被政治寻租和经济寻租的可能。

以我国为例，目前我国管制机构并没有通过三个相互独立的主体来分担执行，管制政策制定者也几乎没有竞争压力，受到的社会监督和约束的程度也微乎其微，由此造成各大企业跑资金、跑项目、跑减免责任的寻租风盛行。

2. 建立和强化对管制者的管制执行权力约束和惩罚机制

在管制活动中，由于自主裁量权的存在，使管制者有可能滥用职权，不按市场效率最大化原则规范行事，而是出于某一企业的利益，或凭主观意愿行事，或是干脆为自己或小利益团体创租和卖租。

因此，要建立和强化对管制者的管制执行权力约束和惩罚机制

以有效限制管制者拥有过大的自主裁量权，关键在于真正实现行政程序法治化和权力制衡、法政分开，使行政和立法、执法的功能明确，并使行政承担起明确的管制者法律责任。

还以我国为例，当前我国的管制机构一般集行政执行权、自主裁决权、准立法权、准司法权于一身，部分职能与执法机构重叠，管制的权力空间十分宽大，致使过度管制的"卡""逼""挟"等创租、卖租行为盛行；而实际需要政府管制的领域，却因管制者无利可图而使行政、执法互相推诿。可见，要控制管制者的自由裁量权，抑制创租卖租行为，尽可能减少权力失控的政府管制失灵，必须建立和完善行政执行制度，做到法政分开、依法规范行政秩序。

具体而言，我国行政制度的改革必须做到以下三点：

一是行政程序制度应该包括情报公开制度、告知制度、听取陈述和申辩制度、职能分离制度、不单方接触制度、回避制度、记录和决定制度、说明理由制度、时效制度和救济制度。以此使管制者的行为得到规范。

二是将《行政处罚法》所确定的一些具有普遍意义的程序原则，如事先将采取行政行为的理由通知有关当事人，给予当事人陈述意见进行申辩的机会，组织合法权益的行政行为之前开展听证活动等，逐步推广到所有涉及公民、组织合法权益的具体行政行为的程序中去，以尽可能增大政府行政活动的透明度。

三是鼓励社会监督和参与，把听证制度列入行政立法和其他行政行为的程序，同时保障裁判性行政机构与人员的相对独立性，并将行政裁判程序逐步司法化。

（二）建立公共租金消散机制

275

管制权属于公共权力，公共权力因为具有重新界定私有产权的权威而总是包含着特定的租金，如果公共产权代理者出卖其掌握的公共产权，租金便会"变现"成为两个暗中交易者的"利润"，政府管制由此而严重失灵。强化对管制者的管制是建立租金消散机制之一，但其主要建立在宪政和法律体系基础层面，不足以全面消除"公租私卖"，故还须从社会、文化道德和经济激励机制等方面建立起公共租金消散体系。

1. 应从管制机构成员的进入上减"卖租"动机

根据政治学家威尔森的观点，管制机构的成员可以划分为三类：第一类为职业主义者；第二类是政治家；第三类是专家。第一类属于职业主义者的成员行为偏好使管制机构长期存在并发展，他们期望长期占据管制机构里的职位，以保持自己职业生涯的稳定，他们不喜欢放松管制等任何有可能削弱管制机构权力的举措。第二类政治家成员所关心的是自己政治生涯的发展，管制机构只是他们通向更高、更好职位的一个阶梯或跳板，大多数规制机构的成员可以归入此类。第三类的专家成员更多地带有知识分子的色彩，他们与其他两类成员相比更追求"真理"一些，他们真正从规范经济分析的角度来考虑到底实行什么样的管制政策。如果说他们也有什么私利的话，那就是他们极为看重自己的专业声誉，并力求在专业研究领域不断进步。不同类型的管制成员偏好不同类型的管制政策，对外界寻租的防范力也有所不同，这都会对管制政策的制定的效果产生不同的影响。①

如在我国目前的政府管制机构中，成员类型大多属于职业主义者和政治家的类型，属于专家类型的则比较少。因此，为避免管制机构成员依据其所居位置，出于自己的私利而使政府管制的目标发生偏离，应对我国现行的行政人事任免制度进行改革：一应加大进入竞争，减少"卖租"的可能性；二应采取考试考核聘任制，适当增加管制机构中专家类型的成员，以增加道德制衡和动机制衡。

2. 应加大社会的制度约束

除上述的法治约束外，这里主要指民主制度约束。管制寻租的根本原因是公共租金因制度失陷而容易获得，使"经济人"从生产性的寻利转向非生产性的寻租。这其中的原因之一是公共选择失效甚至不存在，而公共选择的基础是民主制度及社会约束制度。管制者也是"经济人"，在社会软约束的条件下必然以寻求自身利益最大化作为行为准则，只要公共租金容易创设，就会有卖租的激励。

276

---

① 丁美东. 政府规制失效及其优化[J]. 当代财经，2001(8)：17-20.

因此，解决公共租金问题的根本办法之一是社会制度创新，增加民主参与公共选择的制度安排，加大社会制度约束力，从制度上建立社会约束型租金消散机制。在我国，民众参与公共选择的程度很小，这与我国公共决策和政府管制历来是自上而下紧密相关。因而，只有还权以民，才能加大我国管制中的社会制度约束力，限制制度性腐败。

民主制度约束的另一个重要方面为道德文化约束。道德的支撑力来源于法治、政府行为和人们的公爱心，即公共精神理念。在政府管制上，尤其需要培养公爱的社会文化观，以使政府行为渗透着公益精神，在心理上修建起一道防止越轨"卖租"的防线，而这需要开放融通的文化交流和舆论监督。对我国而言，这方面应向欧美国家学习，充分发挥社会道德管制功能，全面培育公爱文化，从而增强社会对管制者的监督约束和管制者自身主动自我的约束力。

3. 应建立起对管制者行为的激励体系

从经济学上考察，政府管制实际上是政府作为公共代理人接受民众的委托实施委托—代理契约的行为。由于政府处于多重委托—代理关系之中，代理人的某些行为信息并不为委托人所知晓，委托人也不能完全了解和控制代理人的行为动机，因而其中存在着明显的道德风险。要降低这种风险，必须事前设计一种激励代理人机制，采取奖惩措施使代理人的行为目标与委托人的目标最大限度一致，达到防止代理人实行机会主义的目的。激励机制的设计通常有两种方式：正激励和负激励。

正激励机制以代理人的行为和绩效与委托人的期望和目标相一致的程度来衡量和确定给代理人的奖励性报酬水平，以此作为代理人履行契约的机会成本来达到约束和激励代理人的目的。正激励机制是克服作为代理人的政府管制者和作为委托人的企业和消费者之间因信息不对称造成管制者选择机会主义行为的有效办法之一，其关键点在于如何设计和制定出考评管制者工作绩效的测评体系。西方发达市场经济国家都有一整套完善的公务员管理、考核和晋升制度，这是对管制者正激励的主要机制。近年我国正在模仿西方建立

277

现代公务员制度，但成效很差，主要的问题出在"政绩"的评价不是靠完善的测评体系来决定，而是更多地通过"关系"来定夺，即激励机制所需要绩效主要"出"在管制者小组织内部，而不是出在满足委托人的目标上。因此，增强我国政府管制正激励的主要措施是建立起完善规范的管制绩效测评体系，使多数的公共管理者从工作成绩和事业成就感上获得激励，而不是走上创租、卖租的单行道。

负激励机制是通过惩罚性的措施来克服代理人对委托人契约采取机会主义行为给自己牟取私利的反向激励方法。负激励的惩罚包括法律惩罚、行政处罚、报酬惩罚、退出惩罚等，其关键点在于建立起管制者之间的竞争机制和建立信息公开透明的管制机制。没有竞争压力，甚至是互相勾结保护（如官官相卫），必然导致有恃无恐，没有风险和责任意识，直接导致惩罚机制失效。没有管制的信息公开和透明，结果必然是管制者和寻租者之间"黑箱操作"交易，寻租和卖租行为盛行。从"经济人"的成本—收益分析，没有惩罚机制的管制体系将是代理人完全为自己谋私利的工具，因为代理人可以无穷地违背委托人的目标而利用委托人的"支付"为自己创利，即代理人违约的机会成本为零——"绝对的权力导致绝对的腐败"①（阿克顿名言）。在我国，缺乏对管制者的负激励是管制失效的主要成因。改革的取向是尽快建立起公共行政负责机制、监督机制、竞争机制和惩罚机制，使掌握公共权力的政府管制官员对其"违约"行为负起全部责任。具体包括：建立起独立行政检查监督机构和反贪机构，并给予法律保障；完善《行政诉讼法》，健全行政申诉程序和制度，强化对行政违法的惩罚力度；实行多方位的社会监督制度，对失职的管制者实行停职、开除直至法律惩戒；实行行政公开透明制度和官员进退的竞争制度，严惩官员的瞒上欺下的"造假"行为，等等。

---

①　"权力导致腐败，绝对的权力导致绝对的腐败"，这一句精辟的话出自英国的阿克顿勋爵。参见阿克顿. 自由与权力——公共译丛［M］. 中文版，北京：商务印书馆，2001.

(三) 管制方式的创新：激励性管制与协商性管制

在传统的管制模式下，管制客体的生产效率太低或者成本太高。低效率的表现形式包括缺乏内部控制、雇佣过多的劳动力、管制低效、缺少创新、投资不慎重、奖金失控等，同时，企业增加的任何成本都可以通过增加服务费的方式自动转嫁到消费者身上，企业不可能有提高生产效率的激励。因此被管制客体需要激励，用经济学家 Weyman Jones 的话说，"管制的任务就是通过有关的激励措施来消除各种非效率现象，以达到低价格和低成本的目的"①。

1. 激励性管制

激励性管制是通过引入竞争或明确奖惩的方式来给予企业提高内部效率的诱导和刺激。它包括特许权竞标、区域间竞争、价格上限管制、稀缺资源公开拍卖等方式。

关于如何激励，产业组织、信息经济学等理论的发展为其提供了解决思路，博弈论的发展为其提供了分析方法。比如在产业组织理论关于管制的最新发展中，以机制设计理论为核心的管制理论取代了传统的建立在价格理论基础上的管制理论；信息经济学中关于非对称信息下的激励机制设计理论的发展，以及博弈论中的合作博弈，合作—非合作博弈理论的发展都为解决这个问题准备了条件。按 Jos-kow 和 Schmalensee 的说法，以激励为基础的管制可以包括任何形式的管制，只要被管制者产品的价格结构部分地或完全地与报告的成本结构无关。

在这些理论的基础上，出现了很多旨在提高管制绩效的激励模型：如 Demsetz 提出的特许权投标模型；Loeb 和 Magat 提出的在管制者保证的前提下，企业除利润外还能获得由部分消费者剩余让渡而得到的额外利益的模型；Baron 和 Myerson 提出的当管制者不掌握成本信息时的管制模型；Littlechild 提出的企业可以获得其真实成本低于限定价格之间利润的价格上限管制模型；Laffont 和 Tirole

279

---

① [英] T. G. 威曼·琼斯. 公用事业规制经济学的最新发展[M]. 中文版，北京：中国税务出版社，2000.

提出的将企业成本与企业降低成本的努力挂钩的模型；Shleife 和 Littlechild 提出的将垄断企业分为几个地区性企业，使特定地区的企业在其他地区企业成就的刺激下提高自己内部效率的标准竞争模型；以及社会契约或成本调整契约，等等。

尽管上述激励性管制也不同程度存在着某种缺陷，但很大程度上改善了传统管制存在的问题，在欧美一些国家的实践中取得了较好的效果。

2. 协商性管制

协商性管制是管制者与被管制者之间就如何进行管制所达成的协约。被管制者在这一管制模式中由原来的被动接受管制转变为主动参与决策，制定管制政策。协商性管制的常见方式是社会契约制度，它是管制者与被管制者双方就社会目标、经济目标、行业进入标准、产品质量标准和违约惩处方式等内容所达成的协议。

协商管制各种潜在的好处，必须依赖于以下前提条件：①被管制者可以与政府就管制内容进行协商，这需要相应的政府决策机制的改革；②对于协商的结果双方必须无条件执行，协商结果一般会写成法律文件，共同约束委托人和代理人，即所谓的"君子协定"（Gentlemen's Agreement）；③协商的结果是种双赢或多赢的格局（win-win situation）；④保持政府的独立性、公正性，防止被利益集团所左右。这需要强调的是，政府作为一个合同方应言而有信，不应以自己的权威单方面改变合同。如果政府失信，可能会导致严重的后果。

在协商性管制的实践中，可以采取政府与各行业的社会团体、与各联盟核心企业之间通过协商的方式进行。这种协商管制方法下政府与社会团体、各联盟核心企业达成的协议一般要具有以下特点：

（1）协议的达成至少有两个前提：意愿和在意愿基础上的协商一致；

（2）政府权威不能直接强制某个协议达成，虽然政府可以间接地通过施加其他更严格的管制来达到这个目的；

（3）政府与私人部门之间达成协议的过程采取灵活、公开的方式进行。

第二节　我国政府管制失效的特殊性分析

一、特殊性的一般分析

政府管制是一种行政行为，因而直接受到一国法律、政府制度的制约。而在国家与社会、政府与经济活动具有天然主从关系的中国，政府管制更要受到社会结构、经济制度的影响，这些影响构成了中国在转型期中政府管制失效的特殊性背景。

1. 中国在转型过程中所发生的政府管制失效，最主要的根源在于政府角色的冲突和错位

我国政府在整个社会中承担着三种角色，一是社会管理者，二是市场管理者，三是国有企业的所有者和生产者。目前行使管制职能的政府部门大多曾经或仍直接拥有或完全拥有被管制行业的企业。政府是几乎所有的自然垄断行业、公共企业及大部分竞争性领域中大企业的所有者，多重角色身份使管制机构无法独立、中立地行使自己的职能。当企业发生亏损时，管制机构就可以利用其特有的垄断权力，来保护自己作为所有者的利益。因此，在转轨经济中，这种三位一体的身份，使政府产生了深刻的角色冲突，政府就可能利用它作为管理者所拥有的特殊权力，来谋取它作为所有者的利益。

从现有的政府管制造成大量垄断的情况来看，我们的管制其实是一种反竞争政策。作为政府机构对企业市场行为实施管制的法律依据的管制法，目前在我国多数是由政府各有关部门起草报国务院再由全国人大审议通过，而通过这种方式产生的管制政策主要体现的必然是管制机构和所属垄断企业的意愿，缺乏社会公正性。由于缺乏有效的监督与约束，这些行业的官僚作风和效率低下的问题十

281

分突出。利用行业或地区垄断地位，损害消费者利益和乱收费的现象也非常普遍。

2. 管制主体缺乏统一性、权威性和独立性

这是转型期政府角色冲突的直接产物。到目前为止，我国除环保局、物价局、国家产品质量认证监督委员会、国家标准委员会等机构外，专事管制职能的机构不多，也没有以法律形式明确管制机构的地位，主要是由一些行政管理机关按照各自的职能共同执法。如我国《反不正当竞争法》第 16 条规定："县级以上监督检查部门对不正当竞争行为可以进行监督检查。"而监督检查部门包括工商、物价、卫生、计量、环保等行政管理部门，这就意味着这些部门都是《反不正当竞争法》的执法机构。

由不同政府部门共同管制同一产业，必然引起各行政管理部门之间职能交叉、职权不明、执法严格程度不一、重复执法以及相互之间争权夺利、踢皮球等问题，并为寻租活动提供更多的机会。

3. 受管制市场不健全，是导致转型期我国政府管制无效运作的又一特殊诱因

根据佩尔兹曼的管制的政治或立法模型，① 立法者作出管制决策的约束条件是使他所期望的选票数最大化。他的目标函数取决于利益集团财富水平的"大多数生产函数（majority-generating function）"。利益集团可以是消费者和企业。政治家所选择的管制政策，不仅要满足选票数的最大化，还将使政治的边际替代率等于企业利润与消费者盈余之间相互转移的边际替代率，从而达到一种均衡。但是，佩尔兹曼的管制模型在我国并不存在。在我国的受管制市场上，虽然企业和消费者的目标不变（企业追求利润最大化，消费者追求消费者剩余最大化），但立法者和管制者却不用追求选票数的最大化，因此，企业和消费者在很大程度上依附于政府，能够充分表达自身利益，进行合理博弈的独立、成熟、强大的产权明晰的供应链

---

① 关于这一模型的相关介绍，可参看余晖. 受管制市场的政企同盟［M］∥ 张昕竹，汪向东，李雪松等主编. 中国规制与竞争：理论和政策，北京：社会科学文献出版社，2001：23-24.

联盟核心企业尚未出现，这就在客观上为政府管制机构漠视企业利益、操纵管制过程或滥用管制权力提供了可乘之机。

而由一个具有三重角色的政府来进行管制的消极影响是显而易见的：第一，具有三重角色的政府作为管制者，不可能站在中立的立场上平等对待所有的市场参与者，新的进入者或非国有企业很可能受到歧视；第二，政企同盟的存在，会导致在立法和执法过程中藐视非核心企业及消费者利益的现象层出不穷。

4. 管制者同时也是垄断者，对管制者的外部监督机制不健全

我国现阶段的管制者也是垄断利益所得者的现象尤为突出。原因之一是政府部门既是管制的制定者，又是具体业务的实际经营者。管制机构本身便是经营行业的主管部门，政企不分的现象较为严重，政府部门既当裁判员又当运动员的状况就决定了管制的利益是为本行业、本部门考虑的。这种政企合一的体制使经营企业产权不清，缺乏竞争力，部门内企业与部门外企业在进入市场发展经营业务等方面发生矛盾时，主管部门难以公正地作出决策。

原因之二是政府管制缺乏社会监督。虽然非核心企业形成的利益集团是由数以千百计的中小企业组成，但政府管制对其造成的不利影响由非核心企业分散承担，对核心企业较为有利，非核心企业便普遍存在机会主义倾向，缺乏为供应链联盟的整体利益积极努力的动力。

二、我国与供应链联盟有关的政府管制现状

（一）限制竞争市场行为的主要表现

随着我国社会主义市场经济体制的建立和发展，现实经济生活中流通产业领域中各种限制竞争的行为频频出现，已经涉及经济生活的方方面面，形式也多种多样，尤其以联合限制竞争行为表现最为突出。其主要表现形式有如下几个方面：

（1）经营者之间协议统一定价。这是我国限制竞争行为中危害最为严重的一种形式。如中国农业机械工业协会农用运输车分会召

283

集业内 8 家主要企业进行座谈，出台了全国三轮车市场销售自律价及实施细则，规定了产品的最低限价，对不执行最低限价的生产、销售企业进行处罚，当时占有相当市场份额的山东时风集团为此受到两次处罚。

（2）经营者协议划分市场。划分市场主要表现为划分地区和划分顾客。如某行业生产同类产品的几家大企业，通过协议限定各自的销售地域，甲主要销往东北、华北，乙主要销售华东、华南，丙要销往西北、西南，以此来避免相互之间的直接竞争。

（3）联合抵制。如一向以低价位经营的国美，当其连锁店开到沈阳时，便遇到了当地几家商业企业的联合抵制。

（4）联合限制生产数量。某市多家砖瓦厂联合成立了"砖瓦协会"，将全市生产的红砖产量一律比照上一年年产量削减 30%，并共同限定最低售价，并不得提高产量。

（5）协议串通投标。如几个投标人在对不同的项目投标报价时，商定其中一个投标人提出一个最低报价其他人均报高价，以便他们能够在不同的项目投标中以较高的价位轮流中标。

（6）限制转售价格协议。如国内 9 家洗衣机生产厂家与北京八大商场进行价格协调。一方面，9 家洗衣机厂对各商家的供货价格及有关交易条件实行统一，另一方面，各商场必须执行厂家规定的统一零售价格。

（7）独家交易协议。如一些电子产品店只经营联想或其他一种品牌电脑，而排除对其他品牌电脑的经营。

（8）选择性交易。如上海通用公司的别克轿车、广州本田公司的本田轿车、一汽大众的奥迪 A6 轿车等，在营销中都采用了选择性交易制度。

（9）特许协议。这种现象在我国市场竞争中也越来越多，特别是在知识产权的保护领域。

上述联合限制竞争行为中（1）～（5）属于横向限制竞争行为，是与供应链联盟间接相关的限制行为；（6）～（9）属于纵向限制竞争行为，是与供应链联盟直接相关的限制行为。

(二)我国与供应链联盟有关的政府管制的基本现状

我国对限制竞争市场行为的调整，最早体现在 1980 年《民法通则》中："恶意串通、损害国家、集体或第三人利益"的民事行为无效。国务院 1987 年《关于整顿市场秩序加强物价管理的通知》中规定，"所有企业都不准串通商定垄断价格"；1987 年《物价管理条例》规定，企业之间或行业组织之间商定垄断价格的行为，属于价格违法行为；我国有关地方性立法中也就联合限制竞争行为的法律调整作出了规定。与全国性的规定较为概括、笼统、抽象的情况不同，地方性的规定则表现出具体、全面、可操作性强的特点，并一般均就限制竞争市场行为的豁免情形作出了规定。

总之，我国现行有关限制竞争市场行为的立法既不系统，也不完善。对于市场竞争中的限制竞争市场行为，法律规定得很不具体。比如，1993 年 9 月出台的《中华人民共和国反不正当竞争法》第 15 条中规定："投标者不得串通投标，投高标价或者压低标价"，"投标者和招标者不得相互勾结，以排挤竞争对手的公平竞争"。而对于其他限制竞争的市场行为却只字未提。依国际惯例，应属于反垄断法或反限制竞争法所调整的集体报标、串通投标、瓜分市场、低价倾销等横向限制和搭售等纵向限制，我国却规定在《反不正当竞争法》中。由于垄断与不正当竞争有重大区别，这样，立法不仅影响反不正当竞争的统一性，也制约了反垄断立法的独立性，在理论和实践上存在许多矛盾。因此，有必要制定反垄断法，并将限制竞争的市场行为纳入其中。

三、完善我国与供应链联盟有关的政府管制的建议

尽管我国在近些年来制定的一系列法律、法规及一系列地方性的法规中，对限制竞争的市场行为进行了揭示和管制，无疑起到了积极的作用，对减少和消除这种不正当的市场行为起到良好的效果。但是，由于法律法规本身的滞后性，这些规定还不能一下适应日新月异的市场经济形势的发展变化对公平竞争的客观需要。因

此，我们应借鉴国外成熟的做法，结合我们本国的实际，通过反垄断立法对限制竞争的市场行为进行较为系统与完整的管制。笔者认为，我国反垄断法对限制竞争的市场行为应从以下几方面作出规定：

1. 确定宽严相济的管制原则

限制竞争的市场行为本身对经济生活具有积极作用和消极作用正反两方面的特点。

人们对横向限制竞争行为形成了较为统一的认识，认为价格卡特尔、数量卡特尔、划分销售市场等对市场竞争关系具有较严重的负面影响，应予以禁止和约束。但是，对于纵向交易限制这种纵向限制竞争行为则存在正面的评价。

①采取纵向交易限制形式，而不是完全从市场上采购，既可实现渠道利润的扩大和最终零售价格的降低，又能相对减少搭便车，改善服务与提高生产流通的整体效率。

②降低部分外部交易费用。如果制造商与流通者不建立相对稳定的交易关系，完全从市场采购，则每次交易的搜索、选择与谈判费用都大大增加。而且当市场不完全，资产具有专用性时，完全外部交易的损失会更大。

③激励对方给予更好的服务与更多优惠条件。对于流通企业来讲，制造商过高的密集分销制度(密集型分销即某品牌在某交易区域内许多可能的销售地点都可以购买得到)，会造成渠道中竞争对手过多，降低其独特性与差异性。而对于制造商来讲，品牌内部零售企业间短期的价格竞争是值得的(而非批发层面)，可以在相同批发价格上通过零售降价扩大销量，但是这无法持久，因为除极少强势品牌外，流通企业会对品牌不再支持，它们可能采取以下行为：一是转向经营替代品牌，二是放弃整个产品系列，三是象征性陈列，劝说顾客转向其他品牌。制造商为了解决上述问题，往往采取纵向交易限制策略。对于流通企业一样，对供应商采取适当限制竞争，可激励对方更好地提供服务与获得更好的价格折扣。

④减少搭便车行为。由于流通企业间存在横向外部性，提供更多服务的零售商因支付更多成本而索取更高价格，但未支付成本的

286

零售商可能会搭便车(消费者接受前者的服务,而购买后者的低价商品),造成零售商间的不公平竞争,这种竞争,会导致制造商与消费者所需要的服务的供给不足。因此,为了保证提供服务的零售企业的利益,制造商也需要采取某些纵向约束策略,消除零售商间的竞争,否则零售企业都倾向于搭便车而不是自己提供服务。

⑤扩大制造者剩余的同时降低价格。当制造商之间与流通者之间是完全竞争时,企业利润都为零,在有可能的情况下,企业会倾向于选择限制竞争的行为,而当二者均是垄断企业时,也有选择纵向约束的动机。以制造商的决策为例,在非一体化的情况下,流通企业是以自身利益最大化为动机进行决策的,并不会考虑它带给制造商的利润增量,为了保有自己的利润,会设立一个较高的零售价格,结果市场需求要比渠道整体利润最大化时(纵向一体化时的渠道内制造与零售利润加总)的水平低,制造商所获得的利润也相对低,因此,制造商有动力选择纵向约束的形式。斯宾格勒1950年曾以"二重垄断论"(或者叫双重最大化)论证了这点。他认为,在制造商与零售商都处于垄断地位的情况下,二者未进行一体化时,最终零售价格要经过两次以边际成本为基础的加价,而一体化时,最终零售价格是制造商与零售商合计边际成本与二者在最终零售市场的边际收入相等时的价格,因此,一体化时获得的渠道总利润比未一体化时总利润高,消费者获得的最终零售价格也更低。也就是说,制造商与流通企业实行一体化时,即使仍对最终消费者要求垄断价格,但其垄断价格肯定低于未一体化时。

所以我国在对限制竞争的市场行为管制时,要采取宽严相济的原则,对那些严重的直接危害市场竞争秩序的联合限制行为采取严厉制裁措施,坚决打击,绝不手软。同时还要分析考察所要管制的限制竞争的市场行为,要清楚地认识到并非所有的限制竞争的市场行为只会对社会具有危害性,还要看到它对社会整体经济生活和社会公共利益具有积极作用的一面。对此种限制竞争的市场行为就不能简单地采取严厉打击的态度,而要采取宽容的态度,允许其在一定程度上和一定的范围内存在,并给予相应的立法保护,从而限制、消除其消极作用,保护、发挥其积极作用。

2. 科学界定管制范围

基于限制竞争的市场行为具有积极的和消极的两方面作用的前提，要正确对限制竞争的市场行为进行管制，发挥其对社会经济的积极作用，避免、消除其消极作用，就要科学地界定限制竞争的市场行为的范围。为此，笔者认为可以借鉴我国刑法分则条文对各种具体犯罪罪状和罪名的规定，可将限制竞争的市场行为分为简单性规定和叙明性规定。

所谓简单性规定，就是只对限制竞争的市场行为作概括的一般性规定。这些规定就是那些虽符合限制竞争的市场行为的一般性特征即概念特征，但对社会整体经济生活危害不大，甚至有积极作用的限制竞争的市场行为，对这些联合限制行为一般采取宽容的态度，允许它们在一定程度、一定范围内存在发展。如为适应市场变化、制止销售严重下降、生产明显过剩采取共同行为；中小企业为了增强企业竞争力，采取共同行为等。

所谓叙明性规定，就是比较详细地说明某一限制竞争的市场行为的具体构成特征或表现形式，如两个以上的企业联合限制市场价格；联合限制产量、销售产品数量；联合抵制、排斥其他竞争对手的措施等。这些规定是针对社会危害性大的限制竞争的市场行为，条款应当详细列明，如联合限价、串通投标、划分市场等，明列详举、明令禁止。

3. 确立豁免规则

在科学界定限制竞争的市场行为范围的基础上，确立联合限制竞争行为的豁免规则是必要的，这样更利于具体操作和使用。

当然这种规则的确立，一定要从我国的实际出发，不能照搬别国的经验模式。确立限制竞争的市场行为规则应该有相应的程序性规定、实体性规定，也包括豁免的范围性规定。这样既可以避免豁免规定的滥用，也可以有效地保护对社会整体经济和公益事业有益的限制竞争的市场行为。

4. 建立豁免审查制度

这种审查制度，是启动豁免程序的前置程序，当某一限制竞争的市场行为面临管制制度的强制措施时，联合行为主体或利害关系人或权力机构都可以先提出申请，提请豁免审查，如果在审查阶段仍不能平息争议，就可以启动豁免程序，按豁免规则进行实体性审核。符合豁免规定的，作出裁决给予豁免，不符合豁免规定的，作出不予豁免的裁决，并作出相应的制裁或强制措施。这一审查制度的确立，可以节约司法资源，提高工作效率，更快、更直接地保护相应当事人的合法权益。否则，豁免裁决的作出，需要大量的市场调查等工作，裁决前限制竞争的市场行为主体对自己的行为去向未做出正确判断，将处于进退维谷的境地。

5. 规定系统的管制措施

由于限制竞争的市场行为存在的普遍性，涉及经济生活各个领域，涉及面广，表现形式又复杂多样，行为主体也呈复数化，对经济生活影响的程度也表现不一，其限制竞争的市场行为的程度也不同，要有效地对其进行管制，发挥其积极作用，只采取单一的形式很难奏效。根据其特点，也应建立一套系统的、相对完善的立体管制体系，从民事、行政、刑事等多方面进行管制，充分发挥利用三大诉讼法、实体法的优势对限制竞争的市场行为进行管制。需要追究民事责任的追究其民事责任，给利益受损人以经济补偿。需要进行行政制裁或利用行政手段调控的，利用行政权力或行政诉讼的手段加以解决，及时有效地制止各种限制竞争的市场行为，保护经营者、消费者的合法权益。触犯刑律的，给国家和人民的利益造成重大损失需要追究刑事责任的，依照《刑法》《刑诉法》的相关规定予以追究，包括对直接责任人的刑事追究和单位的财产刑的适用。这样才能更有效地、全方面地、及时地维护市场竞争秩序，维护社会的总体经济利益。

参 考 文 献

(一) 中文文献

[1][奥]哈耶克. 个人主义与经济秩序[M]. 中文版, 北京：北京经济学院出版社, 1989.

[2]科斯, 哈特, 斯蒂格利茨. 契约经济学[M]. 中文版, 北京：经济科学出版社, 1999.

[3]张维迎. 博弈论与信息经济学[M]. 上海：上海三联出版社、上海人民出版社, 2001.

[4][美]迈克·波特. 竞争战略[M]. 中文版, 北京：华夏出版社, 1997.

[5]王冰. 现代市场理论[M]. 武汉：湖北人民出版社, 2003.

[6]郭冬乐, 宋则主编. 中国商业理论前沿 II[M]. 北京：社会科学文献出版社, 2001.

[7]吴易风, 王健, 方松英. 政府干预和市场经济[M]. 北京：商务印书馆, 1998.

[8][美]保罗·萨缪尔森, 威廉·诺德豪斯. 经济学[M]. 第十六版, 中文版, 北京：华夏出版社, 1999.

[9]吴敬琏. 腐败：权力与金钱的交换[M]. 北京：中国经济出版社, 1993.

［10］［美］肯尼斯·阿罗. 信息经济学［M］. 中文版，北京：北京经济学院出版社，1989.

［11］［美］库尔特·勒布，托马斯·盖尔·穆尔编. 斯蒂格勒论文精粹［M］. 中文版，北京：商务印书馆，1999.

［12］［美］杰克·赫什莱佛，约翰·G. 赖利. 不确定性与信息分析［M］. 中文版，北京：中国社会科学出版社，2000.

［13］马费成等. 信息经济学［M］. 武汉：武汉大学出版社，1997.

［14］王则可. 对付欺诈的学问——信息经济学平话［M］. 北京：中信出版社，2001.

［15］胡代光，高鸿业主编. 现代西方经济学辞典［M］. 北京：中国社会科学出版社，1996.

［16］胡代光主编. 西方经济学说的演变及其影响［M］. 北京：北京大学出版社，1998.

［17］马士华，林勇，陈志祥. 供应链管理［M］. 北京：机械工业出版社，2000.

［18］［英］乔恩·休斯. 供应链再造［M］. 中文版，大连：东北财经大学出版社，1998.

［19］陈荣. 物流供应链管理［M］. 大连：东北财经大学出版社，2001.

［20］［日］植草益. 微观规制经济学［M］. 中文版，北京：中国发展出版社，1992.

［21］［美］斯蒂格勒. 产业组织和政府管制［M］. 中文版，上海：上海三联书店，1996.

［22］夏大慰. 产业组织学［M］. 上海：复旦大学出版社，1994.

［23］王俊豪主笔. 中国政府管制体制改革研究［M］. 北京：经济科学出版社，1999.

［24］张昕竹，让·拉丰，安·易斯塔什. 网络产业：规制与竞争理论［M］. 北京：社会科学文献出版社，2000.

［25］［美］丹尼尔·F. 史普博. 管制与市场［M］. 中文版，上海：上海三联书店，上海人民出版社，1999.

［26］金碚. 产业组织学［M］. 北京：经济管理出版社，1999.

291

[27]马建堂. 结构与行为——中国产业组织研究[M]. 北京：中国人民大学出版社，1993.

[28]王慧炯. 产业组织及有效竞争——中国产业组织的初步研究[M]. 北京：中国经济出版社，1991.

[29]陈小洪，金忠义主编. 企业市场关系分析——产业组织理论及其应用[M]. 北京：北京科技文献出版社，1990.

[30]王俊豪等. 现代产业组织理论与政策[M]. 北京：中国经济出版社，2000.

[31][英]马歇尔. 经济学原理[M]. 北京：商务印书馆，1995.

[32]诺斯. 制度变迁理论纲要——在北京大学中国经济研究中心成立大会上的演讲[M]. 上海：上海人民出版社，1995.

[33][美]乔治·斯蒂格勒. 产业组织和政府管制[M]. 中文版，上海：上海三联书店，1989.

[34][美]约瑟夫·斯蒂格利茨. 政府经济学[M]. 中文版，北京：春秋出版社，1988.

[35][英]埃里克·罗尔. 经济思想史[M]. 中文版，北京：商务印书馆，1981.

[36][美]詹姆斯·亨德森，里查德·匡特. 中级微观经济理论数学方法[M]. 中文版，北京：北京大学出版社，1988.

[37][美]查尔斯·沃尔夫. 市场或政府[M]. 中文版，北京：中国发展出版社，1994.

[38][美]布兰查德，费希尔. 宏观经济学[M]. 中文版，北京：经济科学出版社，1998.

[39]杨治. 产业经济学导论[M]. 北京：中国人民大学出版社，1985.

[40]李悦. 产业经济学[M]. 北京：中国人民大学出版社，2000.

[41]贺卫. 寻租经济学[M]. 北京：中国发展出版社，1999.

[42]王慧炯. 产业组织及有效竞争[M]. 北京：中国人民大学出版社，1991.

[43]汤敏，茅于轼. 现代经济学前沿专题(第二辑)[M]. 北京：商务印书馆，1993.

［44］陆丁．看得见的手：市场经济中的政府职能［M］．上海：上海人民出版社，1993.

［45］［美］威廉姆森．治理机制［M］．中文版，北京：中国社会科学出版社，2001.

［46］［美］大卫·辛奇-利维等．供应链设计与管理：概念、战略与案例研究［M］．中文版，上海：上海远东出版社，2000.

［47］刘东．微观经济学新论［M］．南京：南京大学出版社，1998.

［48］张成海．供应链管理技术与方法［M］．北京：清华大学出版社，2002.

［49］邹昭晞．企业战略分析［M］．北京：经济管理出版社，2001.

［50］李显君．国富之源：企业竞争力［M］．北京：企业管理出版社，2002.

［51］孙希有．竞争战略分析方法［M］．北京：中国金融出版社，2003.

［52］王冰．市场失灵理论的新发展与类型划分［J］．学术研究，2000(5).

［53］王冰，黄岱．信息不对称与内部性政府管制失效及对策研究［J］．江海学刊，2005(2).

［54］王冰，黄岱．"市场结构—市场行为—市场绩效"范式框架下的政府管制理论及其对我国的借鉴作用［J］．山东社会科学，2005(3).

［55］曾国安，李秋波．论解决信息不对称问题中的市场与政府［J］．当代经济研究，1999(5).

［56］谢康．西方信息经济学述评［J］．经济学动态，1997(3).

［57］陈裔金．设租与寻租行为的经济学分析［J］．经济研究，1997(4).

［58］张亦春，周颖刚．信息不对称、企业改革和证券市场［J］．经济研究，1997(5).

［59］张延峰，刘益等．国内外战略联盟理论研究评述［J］．南开管理评论，2002(2).

［60］周建．企业战略联盟的竞争力研究：核心竞争能力的观点［J］.

南开管理评论，2000(11).

[61]李其庆编译. 法国学者勒努阿谈市场与市场经济的效益和局限[J]. 国外理论动态，1992(41)：1-4.

[62]蒋海. 不对称信息、不完全契约与中国的信用制度建设[J]. 财经研究，2002(2).

[63]杨治宇，马士华. 供应链企业间的委托代理问题研究[J]. 计算机集成制造系统，2001(1).

[64]褚松燕. 我国政府信息公开现状分析与思考[J]. 新视野，2003(3).

[65]李春成. 信息不对称下政治代理人的问题行为分析[J]. 学术界，2000(3).

[66]朱立言，陈洪彩. 论危机管理中的行政信息公开[J]. 新视野，2003(4).

[67]许小年. 信息、企业监控和流动性[J]. 改革，1996(4, 5).

[68]马祖军，武振业. 供应链联盟及成因分析[J]. 软科学，2002(4).

[69]宋华. 供应链管理中企业间的冲突和合作机制分析[J]. 中国人民大学学报，2002(10).

[70]刘宁，任明强. 供应链中的合作与模式匹配的研究[J]. 河北科技大学学报，1998(2).

[71]丁伟东，刘凯，贺国先. 供应链风险研究[J]. 中国安全科学学报，2003(4).

[72]张翠华，黄小原. 供应链中的道德风险问题[J]. 东北大学学报(自然科学版)，2003(7).

[73]许志端. 供应链战略联盟中的风险因素分析[J]. 科研管理，2003(7).

[74]小约翰·科菲. 市场失灵与强制披露制度的经济分析[J]. 经济社会体制比较，2002(1).

[75]余晖. 管制的经济理论与过程分析[J]. 经济研究，1994(5).

[76]张维迎. 张维迎教授关于管制与放松管制系列谈话录[N]. 21世纪经济报道，2001-3-12.

［77］周勤. 管制与市场［J］. 南京大学学报，1997(3).

［78］周勤. 管制经济学的理论、政策及应用［J］. 东南大学学报，1999(3).

［79］杨继国. 诚信、非正式制度与政府管制［J］. 厦门大学学报(哲学社会科学版)，2004(3).

［80］杨治宇，马士华. 供应链企业间的委托代理问题研究［J］. 计算机集成制造系统，2001(1).

［81］陈志祥，马士华，陈荣秋. 供应链企业间的合作对策与委托实现机制问题［J］. 科研管理，1999.

［82］田宇，朱道立. 物流联盟形成机理研究［J］. 物流技术，2001(2).

［83］王圣广. 供应链的拓展应用研究［J］. 南开经济研究，1999(6).

［84］张维迎. 法律制度的信誉基础［J］. 经济研究，2002(1).

［85］马士华，王一凡，林勇. 供应链管理对传统制造模式的挑战［J］. 华中理工大学学报(社会科学版)，1998(2).

［86］陈国权. 供应链管理［J］. 中国软科学，1999(10).

［87］黄河，但斌，刘飞. 供应链的研究现状及发展趋势［J］. 工业工程，2001(4).

［88］陈安，刘鲁，李刚等. 虚拟企业协作博弈中的双优策略［J］. 系统工程理论与实践，2000(8).

(二) 英文文献

［1］Kahn A.. The Economics of Regulation：Principles and Institution ［M］. John Wiley & Sons. Inc.，1970.

［2］Baumol W. J.，Panzar，Willig R. D.. Contestable Markets and the Theory of Industry Structure［M］. New York：Harcourt Brace Jovanovich，1982.

［3］Baumol W. J.，Oats W. E.. The Theory of Environmental Policy：Externalities，Public Outlays and The Quality of Life ［M］.

Englewood Cliffs, NJ: Prentice—Hall, 1975.

[4] Foster. C. D.. Privatization, Public Ownership and the Regulation of Natural Monopoly[M]. Oxford: Blackwell, 1992.

[5] Harold Demsetz. Why Regulation Utilities? [J]. Joural of and Economics, 1968(11).

[6] Kip, W. Viscusi, John M. Vernon, Joseph E. Harrington, Jr. Eco-nomics of Regulation and Antitrust[M]. Cambridge: The MIT Press, 1995.

[7] Olson M. Jr. The Logic of Collective Action [M]. Cambridge: Harvard University Press, 1965.

[8] Posner R. A.. Theories of Economic Regulation [J]. Bell Journal, 1974(5).

[9] Sam Peltzmann. Toward a More General Theory of Regulation[J]. The Journal of Law and Economics, 1976: Vol. 19.

[10] Shleifer A.. A Theory of Yardstick Competition[J]. Rand Journal of Economics, 1985(16).

[11] Williamson O. E.. Franchise Bidding for Natural Monoplies[J]. Bell Journal of Economics, 1976: Vol. 7.